미래교육과 교육공학

Ronghuai Huang · J. Michael Spector
Junfeng Yang 공저 | 소효정 · 이재영 공역

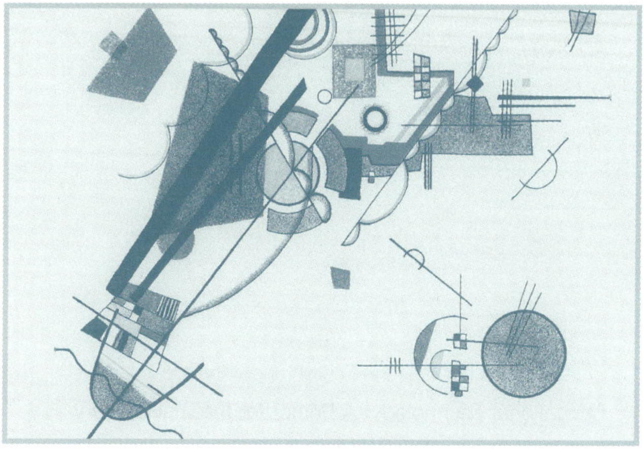

EDUCATIONAL TECHNOLOGY

A Primer for the **21st Century**

학지사

First published in English under the title
Educational Technology: A Primer for the 21st Century
by Ronghuai Huang, J. Michael Spector, and Junfeng Yang, edition: 1

역자 서문

전공 수업을 준비할 때마다 쉬운 강의는 없다고 느끼지만, 그중에서도 특히 개론 수업은 여러 의미에서 난이도가 높다. 전공 분야의 전반적인 내용을 다루어야 하다 보니 방대한 내용을 아우르면서도 동시에 일정한 수준의 깊이도 유지해야 하기 때문이다. 이러한 이유로 분야의 깊이와 폭을 균형 있게 두루 갖춘 교재의 필요성을 절감하였다. 이러한 맥락에서 『미래교육과 교육공학(Educational Technology: A Primer for the 21st Century)』은 교육공학 개론서로서의 기본 개념과 원리를 충실히 다루면서도, 최근 새롭게 주목 받는 영역들을 폭넓게 다루고 있어 수업 교재로서의 가치가 높다고 판단하였다. 이에 뜻을 함께한 학과 교수님과 번역을 진행하게 되었다.

이 책이 기존의 개론서와 차별화되는 점은 크게 두 가지이다. 첫째, 기존 개론서에서 상대적으로 덜 다루어졌던 사용자 중심 디자인, 학습자 중심 디자인, 학습자 경험, 학습공간 설계 등의 주제를 독립된 장(章)으로 심도 있게 다루고 있다는 점이다. 저자가 서문에서 밝힌 바와 같이, 이 책은 IEEE의 'Technical Committee on Learning Technology'에서 제시한 역량 체계를 기반으로 주제가 구성되어 있다. 따라서 이러한 주제들은 엔지니어링적인 공학분야의 영향과 새로운 역량 개발을 위한 노력을 반영한 것으로 볼 수 있다. 둘째, 이 책은 기존 개론서에서 주로 다루는 이론적 논의를 넘어서서 다양한 연구 방법론과 쟁점을 소개하고 있다. 그 예로 제7장의 사회연결망 분석, 제11장의 설계 기반 연구, 제12장의 설계 방법론 등은 교육공학을 전공하는 대학원생과 관련 연구자에게 유용한 가이드를 제공할 수 있을 것으로 기대한다.

많은 번역서가 그렇듯, 번역 과정에서 용어의 선정에 역자들의 고민이 있었다. 대표적으로 이 책에서는 'Educational Technology'를 '교육공학'으로,

'Emerging Technology'를 '신기술'로 번역하였으나, 문맥에 따라서는 '테크놀로지'라는 표현이 더 적합한 경우도 있었다. 전반적으로는 현재 국내 학계에서 주로 사용되는 용어를 우선적으로 채택하였지만, '공학' '기술' '테크놀로지' 간의 의미론적 차이를 고려할 때 향후 이에 대한 논의를 통해 학계 내부적으로 용어 정리가 필요할 것으로 생각된다.

생성형 인공지능 시대에는 '이제 상당 부분이 인공지능에 의해 대체될 것'이라 말하지만, 이번 작업을 통해 번역은 오히려 인공지능이 완전히 대체할 수 없는 인간 고유의 지적 · 해석적 행위임을 실감하였다. 문맥과 맥락에 맞는 용어를 선택하고, 원문의 의미를 충실히 살리면서도 독자가 이해하기 쉽게 표현을 다듬는 과정은 자동화가 아닌 인간의 섬세한 사고와 감수성이 필요한 영역임을 새삼 깨닫게 된 시간이었다.

이 책의 제1~7장은 소효정 교수가, 제8~13장은 이재영 교수가 번역하였다. 역자 외에도 이 책의 출판이 이루어지기까지 많은 분의 도움이 있었는데, 특히 학지사의 김지혜 선생님과 이화여자대학교 교육공학과 학생 송예림, 이초희, 장혜지, Yati Win Htut의 도움이 컸다. 지면을 빌려 아낌없는 도움을 주신 모든 분께 감사의 인사를 전한다.

아무쪼록 『미래교육과 교육공학』이 교육공학을 가르치고 배우고자 하는 이들에게 유용하게 활용될 수 있기를 기대한다.

2025년 10월

이화여자대학교 교정에서

소효정 · 이재영

교육공학은 다양한 환경에서 학습경험 향상을 위해 도구, 테크놀로지, 과정, 절차, 자원 및 전략을 활용하는 것을 의미한다. 교육에 활용되는 기술의 관점에서 볼 때, 교육공학은 다양한 교수·학습환경에서 학습경험을 향상시키기 위해 새로운 기술과 기존 기술을 활용하는 것이다. 여기에는 형식 학습(formal learning), 비형식 학습(informal learning), 무형식 학습(non-formal learning), 평생 학습(lifelong learning), 온디멘드 학습(learning on demand), 적시 학습(just-in-time learning) 등이 포함된다. 교육공학적 접근은 초창기 시청각 보조 자료 활용에서 시작하여 개인용 및 네트워크 기반 컴퓨터의 사용으로 발전하였고, 현재는 다양한 모바일 및 스마트 기술, 가상 현실(Virtual Reality: VR) 및 증강 현실(Augmented Reality: AR), 아바타 기반 몰입 환경, 클라우드 컴퓨팅(cloud computing), 웨어러블 및 위치 추적 등을 포함하는 수준으로 진화해 왔다. 교육공학은 '학습 테크놀로지/환경(learning technologies/environments)' 혹은 '교수 테크놀로지/시스템(instructional technologies/systems)' 등의 다양한 용어로 언급되었다. 이 책에서는 교수설계 접근법, 학습전략, 하드웨어 및 소프트웨어를 모두 포괄하는 광범위한 의미의 교육공학 개념을 채택하였다. 즉, 학습과 교수에 지속적으로 기여할 수 있는 모든 것을 교육공학으로 간주한다. 어떤 교육공학 기술은 매우 단순하고 오래전부터 존재해 왔으며, 어떤 기술은 매우 복잡하고 최근에서야 교육적 맥락에 도입되고 있다.

교육공학은 교수·학습을 지원하기 위한 기술적·교육적 방법과 수단에 초점을 둔다. 이러한 관점은 최근 이러닝(e-learning) 혁명의 성공에 기반이 되었다. 테크놀로지 기반 교수는 다양한 학습 촉진 수단과 방법을 통해 학습자의 동기를 유발하고 몰입도 높고 효율적이며 효과적인 학습을 유도함으로써 전통적인 교실 중심 수업을 능가할 수 있다.

교육공학에 대한 수요는 꾸준히 증가하고 있으며, 전 세계적으로 이러닝은 거대한 규모로 성장하고 있는 산업이다. 전 세계 이러닝 기업, 대기업과 조직의 교육부서, 소프트웨어 기업, 교육기관 등은 다양한 영역(프로그래밍, 그래픽 디자인, 교수설계, 과업 분석, 사용성 엔지니어링, 내용 분석, 편집 등)의 전문가를 필요로 한다. 학습이론을 이해하는 기술자(technologist), 기술을 이해하고 이를 효과적으로 학습 및 교수에 통합할 수 있는 교수설계자에 대한 수요가 매우 높지만 정작 조직은 특정 영역을 넘어 종합적인 지식을 지닌 적합한 인재를 찾는 데 어려움을 겪고 있다. 오늘날 교육공학은 전 세계 교육기관의 주요 교육 프로그램의 일부가 되어 가고 있으며, 기업 교육분야는 첨단 디지털 기술을 기반으로 지속적으로 빠르게 성장하고 있다.

학교와 기업은 교육공학 솔루션을 효과적으로 구현하기 위해 요구되는 지식과 기술이 서로 다르고, 그에 따른 필요와 조건도 다양하다. 여기에 더해, 교육공학을 전공하고자 하는 예비 학습자들의 수준과 배경도 매우 다양하다. 이들은 교육학, 컴퓨터공학, 공학, 디자인, 미술, 인문학, 금융, 자연과학 등 다양한 배경을 가지고 있으며, 학습동기와 기대, 학습 후 진출하고자 하는 분야 역시 매우 다양하다. 이 책은 학생들이 조직의 요구와 요청사항을 이해하고, 테크놀로지를 효과적으로 활용 및 관리하며, 관련 교수 · 학습전략을 적절하게 적용할 수 있는 역량을 기르는 데 목적이 있다. 또한 교육공학적 솔루션을 평가 및 관리하고, 미래의 가능성을 예견하며 준비할 수 있는 통찰력을 갖추도록 돕는다.

이 책은 교육공학에 관심이 있으며 다양한 관점에서 교육공학을 이해하고자 하는 독자들을 위한 것이다. 특히 교육공학, 교수설계, 미디어 정보 시스템 분야로 진로를 희망하거나, 학습과 교수 테크놀로지 관련 대학원 진학을 염두에 둔 학생들 그리고 교사나 기업 교육전문가를 희망하는 학생들을 대상으로 한다. 또한 교사 교육 프로그램에서도 교수설계와 교육공학 분야의 실질적인 자료로서 가치 있는 참고서 역할을 할 수 있다.

조직, 재직자, 학생의 다양한 요구를 고려하여, 이 책은 역량 기반 학습 및 진단 접근법을 채택하였다. 주제와 내용은 다학문적 접근을 기반으로 하며, 유능하고 혁신적인 교육공학 전문가 양성을 목표로 한다. 이 책이 채택한 방식은 IEEE 학습기술기술위원회(IEEE Technical Committee on Learning Technology)의 태스크포스(Task Force; Roger Hartley, Kinshuk, Rob Koper, Toshio Okamoto, Mike Spector 등)가 2010년에 발표한 첨단 학습 테크놀로지 교육과정 권고안을 반영하고 있다.

중국 베이징, Ronghuai Huang
미국 덴턴, J. Michael Spector
중국 항저우, Junfeng Yang

차 례

제2부 교육공학의 관점

제3부 교육공학을 위한 설계

제1부

교육공학 소개 및 이해

Introduction and Overview

제1장 교육공학

제2장 테크놀로지 환경에서의 학습

제3장 학습목표, 교수법, 테크놀로지의 연계

Educational Technology

A Primer for the 21st Century

제1장

교육공학

학습내용

- 교육공학의 이해
- 교육공학의 간략한 역사
- 교육공학의 범위
- 교육공학의 차원
- 교육공학의 관점
- 신기술과 변화하는 환경
- 교육공학자의 역할

학습목표

- 교육공학의 핵심 개념과 원리를 분류할 수 있다.
- 교육공학의 역사를 되돌아볼 수 있다.
- 교육공학의 범위, 차원 및 관점을 명확히 할 수 있다.
- 교육공학자의 역할을 성찰할 수 있다.

학습활동

01 Merrill, Tennyson과 Posey(1992)에 따르면, 개념을 가르치는 것은 예시와 비(非)예시를 제시하고, 예시와 비예시를 구별할 수 있는 규칙, 원리 혹은 기준을 설명하며, 연습의 기회를 제공하고 유익한 피드백을 제공하는 것을 포함한다. 이러한 맥락에서 가상의 학생인 호기심 많은 Cathy에게 '교육공학' 개념을 가르치는 상황을 가정했을 때, 교육공학의 예시와 비예시 세 가지를 제시하고, 예시와 비예시를 구별할 수 있는 규칙, 원리 또는 기준을 제시해 본다.

02 여섯 가지 사례(예시와 비예시 혼합)를 추가적으로 선정한 후, Cathy에게 그것들이 교육공학에 해당하는지 여부를 판단하도록 요청한다고 가정한다. 각각의 사례에서 Cathy의 응답이 정답일 경우와 오답일 경우에 제공할 형성적 피드백과 지원적 피드백을 작성해 본다.

03 예비 교사들을 대상으로 '교수·학습에서의 테크놀로지 통합'에 관한 첫 번째 강좌를 가르친다고 가정하고, 다음 활동을 해 본다. 첫 번째 수업의 단원은 '교육공학의 역사'에 관한 것이다.

- 해당 단원에서 다룰 주제와 개념을 나열한다. 몇 가지 예시를 제시하고, 그것들을 포함하는 이유를 설명해 본다.
- 예비 교사들에게 제공할 자료를 나열한다. 몇 가지 예시를 제시하고, 그것들을 포함하는 이유를 설명해 본다.
- 해당 단원의 목적, 범위, 목표 및 기대 학습성과를 명시해 본다.
- 기대 학습성과가 달성되었는지를 평가하는 방법을 제시해 본다.
- 어떤 교육적 접근법, 교수전략 및 테크놀로지의 사용을 선호하는지와 그 이유를 설명해 본다.

1. 교육공학의 이해

1) 목적 및 범위

교육공학은 다양한 환경에서 학습경험 향상을 위해 도구, 테크놀로지, 과정, 절차, 자원 및 전략을 활용하는 것을 의미한다. 이러한 환경에는 형식 학습, 비형식 학습, 무형식 학습, 평생 학습, 온디맨드 학습, 일터 학습, 적시 학습 등이 포함된다. 교육공학적 접근은 초기 교수도구를 활용하는 것에서 시작하여 최근에는 모바일 테크놀로지, VR 및 AR, 시뮬레이션 및 몰입형 환경, 협력 학습, 소셜 네트워킹, 클라우드 컴퓨팅, 플립 러닝 등으로 빠르게 확장되고 있다. 이 장에서는 교육공학의 역사적 이해, 핵심 정의와 원칙, 다양한 관점 및 대표적인 발전 과정을 다루며, 이후의 장에서 더욱 심층적으로 탐구될 것이다.

이 책의 기본적인 접근법은 역량 기반이다. 역량이란 개인이 특정 과업을 수행하는 데 필요한 지식(Knowledge), 기술(Skills), 태도(Attitudes)의 집합(KSAs)을 의미한다. 교육공학자는 자신의 역할과 책임의 일환으로 다양한 과업을 수행한다. 이 책은 그러한 과업들 및 21세기에 일반적으로 요구되는 KSAs를 상세히 설명하고, 학습심리학, 컴퓨터의 발전, 인간–인간 및 인간–컴퓨터 상호작용에 관한 기존 연구들을 바탕으로 근거를 제시한다.

이전에 출판된 교육공학 교재들은 주로 지식과 기술에 초점을 맞추고 있으며, 이 책만큼 태도와 가치를 강조하지는 않았다. 태도와 가치를 강조하는 이유는 이것이 학습자의 동기에 중요한 역할을 하기 때문이다. 동기는 거의 모든 인간 활동의 성공에 필수적이며, 특히 도전적인 교육공학 분야에서는 더욱 중요하다. 이 책을 활용하는 사람들이 "나는 이 상황에서 학습, 교수 및 수행을 향상하는 법을 안다."와 같은 태도를 갖게 되기를 기대한다.

2) 초기 동기

이야기와 서사적 형태는 맥락을 제공하고 동기를 부여하기에 유용할 수 있다. 다음은 실제로 있었던 이야기이다.

Charlie는 선천적으로 시각장애와 부분 청각장애를 가진 중학생이다. Charlie는 여름 방학 동안 수영을 배우고 싶어 하였다. 한 고등학생 자원봉사 구조요원이 2개월 동안 주 3회, 하루 1~2시간씩 Charlie와 함께하기로 하였다. 그 학생 구조요원은 Charlie가 아마도 수영을 배우지 못하겠지만, 그저 수영장에서 즐거운 시간을 보내는 것만으로도 좋을 것이라는 설명을 들었다. 처음 1~2주는 그 조언을 확인하는 시간이었다. Charlie는 더운 여름날 시원한 물속에 있는 것을 즐겼고, 수영장의 얕은 곳을 돌아다니며 대부분 시간을 보냈으며, 가끔 구조요원의 도움을 받아 물속에 머리를 담그기도 하였다.

2주 동안 물에 익숙해진 후, Charlie는 또렷하지 않은 말과 몸짓으로 자신이 언제 수영을 배우게 될지를 물었다. Charlie는 수영을 하고 싶어 하였다. 구조요원은 Charlie의 부모가 너무 어려운 도전을 시도하지 말라고 했음에도 불구하고, Charlie의 의지를 진지하게 받아들였다. 강습은 Charlie가 수영장 가장자리를 잡고 발차기 연습을 하는 것으로 시작되었으며, 구조요원이 그의 몸을 수평으로 유지하도록 도왔다. 그다음 주에는 수영장 가장자리에서 떨어진 더 깊은 물에서 같은 연습을 진행하였다. 첫 달이 끝날 무렵, Charlie는 구조요원이 곁에서 격려하는 가운데 깊은 물에서 다리를 차며 몇 분 동안 물에 떠 있을 수 있게 되었다. 성인 수영 강습의 감독은 Charlie의 성과에 다소 놀랐으며, 구조요원에게 계속해서 지도를 이어 가도록 격려하였다.

이야기를 간략하게 정리하자면, 두 번째 달이 끝날 무렵 Charlie는 다소 어설프지만 수영장의 한쪽 끝에서 반대편 끝까지(수영장의 길이가 아니라 10m 정도 되는 폭을) 수영할 수 있었다. 마지막 날에는 수영 강습을 받은 학생들의 부모도 함께하였다. Charlie의 부모도 방문하여, 그가 수영장의 폭을 가로질러 헤엄치는 모습을 보고 놀라움을 감추지 못하였다. 이는 아무도 기대하지 않았던 일이었다. 때때로 사람은 다른 사람들이 기대했던 것보다 더 많은 일을 해낼 수 있다. 이 경우에는 지역사회(구조요원과 수영 감독 포함)가 수영을 배우고자 하는 Charlie의 강한 의지를 지지한 것이다.

이 이야기의 핵심은 목표 달성에서 요구의 역할을 강조하는 것이다. 학습자의 요구는 주어진 상황의 합리적인 범위 내에서 경청되고, 수용되며, 지원될 필요가 있다. 교수자의 입장에서 중요한 태도는 학습자인 Charlie가 목표를 달성하도록 돕는 것이다. 교사와 훈련가는 이 사례에서 특정 기술(수영)을 익히려는 바람처럼 학습자가 적절한 태도를 형성하도록 도울 수 있다. 교사와 훈련가도 "내가 학습자의 목표 달성을 도울 수 있다."라는 적절한 태도를 가질 필요가 있다. 수영 강사를 양성하는 사람의 경우, 훈련생을 이해하고 동기를 부여해야 할 뿐만 아니라, 그 훈련생의 다양한 학습자도 이해하고 동기를 부여해야 한다는 점에서 이러한 문제가 두 배로 복잡해진다.

이러한 복잡성은 다양한 사람, 자원 및 상황을 다루는 교육공학자와 교수설계자가 자주 직면하는 문제이다. 이런 도전은 실제로 존재하며, 이 책의 목표 중 하나는 현실 세계에서 발생하는 다양한 문제에 효과적으로 대응할 수 있는 역량을 개발하는 데 도움을 주는 것이다.

3) 핵심 개념

- **태도**: 특정 대상(장소, 사람, 사건, 활동 등)에 대한 정신적 성향 또는 사고방식이다. 태도는 특정 신념을 가진 사람들과 그들이 특정 활동에 참여하려는 의지와 연결된다.
- **역량**: 개인이 특정 과업을 효과적으로 수행하기 위한 관련 지식, 특정 기술 및 태도의 집합이다.
- **교육**: ① 기초 및 전문 지식과 기술, ② 문제 해결 능력, ③ 생산적인 노동자, ④ 고차원적 추론 능력, ⑤ 책임감 있는 시민, ⑥ 평생 학습자를 개발하기 위한 체계적 노력이다(Spector, 2015).

- **교육공학**: "적절한 과학기술적인 과정과 자원을 창출하고, 활용하고, 관리함으로써 학습을 촉진하고 수행을 향상시키기 위해 연구하고 윤리적으로 실천하는 학문"(AECT 정의; Januszewski & Molenda, 2008, p. 1)이다. 학습, 교수 및 수행을 지속적으로 개선하기 위한 교수법, 교수전략, 매체, 도구 및 테크놀로지의 체계적 활용에 대한 것이다.
- **학습**: 개인 또는 집단이 믿고, 알고, 행할 수 있는 안정적이고 지속적인 변화이다(Spector, 2015).
- **형식 학습**: 명시적인 목표와 목적을 가지고, 제도적 맥락에서 설정된 의도적 학습을 지원하는 일련의 구조화된 교수법이다.
- **비형식 학습**: 공식적인 환경 맥락 밖에서 발생하는 학습이다. 예를 들어, 현장 학습, 박물관, 일상적인 활동 속에서의 우연 학습 등을 포함한다. 일부 비형식 학습활동과 경험은 형식 학습을 보완하거나 보충하는 것을 목적으로 한다(Spector, 2015).
- **교수**: 학습과 수행을 지원, 촉진, 향상하기 위한 활동이다(Gagné, 1985; Spector, 2015).
- **교수설계**: 설정된 목표와 목적을 지원하기 위한 활동과 자원을 계획, 창출, 개선, 선택, 계열화, 관리 및 평가하는 것이다(Spector, 2015).
- **의도적 학습**: 형식 학습 및 일터 학습의 상황에서 목표 지향적이고 목적을 가진 일반적인 학습이다.
- **평생 학습**: 개인의 생애 전반에서 일어나는 학습이다. 일반적으로 자발적이며, 자기 선택적 및 자기 조절적인 학습이다. 이러한 노력은 개인적인 관심사나 직업적 목표와 관련될 수 있다. '전생애(life-wide) 학습'이라고도 한다.
- **매체**: 디지털을 포함한 다양한 형태로 정보를 표현, 제시, 배포 및 저장하는 수단이다.
- **다중양식 자원**: 텍스트, 오디오, 비디오, 애니메이션, 그래픽, 시뮬레이션, VR 및 AR 등 다양한 형식과 양식으로 존재하는 자원으로 '멀티미디어 자원'이라고도 한다. 디지털 시대에는 다중양식 자원의 폭발적인 증가로 인해 전

통적인 언어 문해력뿐만 아니라 정보, 테크놀로지, 시각, 디지털 문해력의 개발 필요성이 대두된다.

- **무형식 학습**: 형식 학습과 비형식 학습의 중간 형태로, 일반적으로 어느 정도는 구조화되고 목표가 있으며 조직화된 활동과 관련된다. 요리, 댄스, 독서 모임과 같은 많은 성인 학습이 이 모호한 범주에 포함된다.
- **테크놀로지**: 지식의 실용적이고 목적 지향적인 적용이다. 전통적인 정의는 그리스어 어원으로 테크네(techné)는 기술, 로고스(logos)는 이성과 연결된다. 일반적으로는 스마트폰, 태블릿PC, 인터랙티브 화이트보드(Interactive Whiteboard: IWB) 등 물리적인 사물을 의미한다. 교육공학 맥락에서는 미국의 교육 커뮤니케이션 및 공학 학회(Association for Educational Communications and Technology: AECT)의 정의에 따라 학습, 교수 및 수행의 다양한 측면을 지원하기 위해 지식을 테크놀로지, 매체, 절차, 자원의 형태로 사용 및 적용하는 것을 의미한다.

4) 관련 원칙

- 사람들은 행하는 것을 학습한다. 이 원칙은 행동심리학에서 비롯되었으며(예: 원하는 행동을 강화하면 반복될 가능성이 높아짐), 신경과학에서도 지지를 받는다(예: 특정 행동이 자주 반복되면 해당 행동과 관련된 뇌의 신경 연결이 강화되어 이후 반복될 가능성이 높아짐). 이 원칙이 시사하는 바는 학습활동 설계는 미래에 원하는 수행을 염두에 두고 이루어져야 한다는 것이다.
- 사람이 학습과제에 투자하는 시간이 증가할수록, 그 과제를 숙달할 가능성이 높아진다.
- 학습자가 학습과제에 참여하는 동안 적시에 유익한 피드백을 제공하면 과제 숙달을 촉진할 가능성이 높아진다.

이러한 원칙들은 이 책 전반에 걸쳐 적용되며, 교육공학자로서 당신에게 두 번째 본능이 되기를 기대한다. 또한 기존 연구에 따르면, 과거의 학습경험이 향후 학습성과를 예측하는 주요 요인임이 밝혀졌다. 즉, 과거에 특정 과목에서 어려움을 겪은 학습자는 앞으로도 동일한 어려움을 겪을 가능성이 높다. 이는 학습자의 이전 경험과 수행을 고려하는 것이 교수자가 해당 학습자에게 적합한 학습활동을 개발하는 데 도움이 됨을 의미한다. 또한 테크놀로지는 교수자가 개별 학습자에게 적절한 맞춤형 학습활동을 개발하는 데 중요한 역할을 할 수 있으며, 이에 대한 논의는 이후 장에서 다룰 것이다.

5) 교육공학의 정의

'교육공학'이라는 용어는 교육전문가뿐만 아니라 일반인 사이에서도 널리 사용된다. 이처럼 일반적으로 사용되는 용어에 대해 별도의 정의가 필요하지 않은 것처럼 보일 수도 있다. 그러나 이러한 가정은 '철학(philosophy)'과 같은 학문적 탐구 영역을 나타내는 다른 용어들에도 적용될 수 있다. 실제로 대부분의 학문 분야에서는 해당 분야의 목표와 범위를 명확히 하기 위해 구체적인 정의를 제시하고 있다. 이에 따라, 우선 AECT의 정의를 제시한다(www.aect.org 참조).

교육공학이란 "적절한 과학기술적인 과정과 자원을 창출하고, 활용하고, 관리함으로써 학습을 촉진하고 수행을 향상시키기 위해 연구하고 윤리적으로 실천하는 학문"(Januszewski & Molenda, 2008, p.1)이다.

AECT의 정의를 보다 구체적으로 설명하면, 학습, 수행 및 교수를 촉진하기 위해 자원, 활동, 학습 및 교수도구를 설계, 변형, 맞춤화, 실행, 점검, 배포 및 평가하는 것이 교육공학의 범위에 포함된다. 해당 정의에서 '실천'이라는 개념을 강조하는 두 가지 이유가 있다. 첫째, 해당 정의는 숙련된 기술(skill)을 의미하는 그리스어 어원인 테크네와 직접적으로 관련된다. 둘째, 이 책 전반에 걸쳐 학습, 수행, 교수를 지원 및 촉진하기 위한 테크놀로지의 효과적 활용에 중점을 두며, 이것은 논리적인 추론을 의미하는 이성(로고스)의 개념과 특별히 연관된다. 즉, 교육공학이란 학습, 수행, 교수를 지원하거나 촉진하기 위한 테크놀로지의 합리적이고 효과적인 활용을 의미한다.

교수자 안내

교육공학의 예시를 질문한 후, 해당 예시가 앞서 제시한 정의에 어떻게 부합하는지 설명하도록 해 본다.

일반적으로 '테크놀로지'라는 용어는 물리적 사물이나 감각적으로 인지할 수 있는 대상(만지고, 보고, 듣고, 맛보고, 냄새를 맡을 수 있는 것)을 의미한다. 컴퓨터 과학에서 '테크놀로지'는 하드웨어와 소프트웨어 모두를 지칭하며, 이 둘은 원칙적으로 어떤 방식으로든 인지될 수 있다. 그러나 AECT의 정의에서는 테크놀로지를 물리적 대상에 한정하지 않고, 과정과 자원을 모두 포함하는 개념으로 본다. 이 책에서는 AECT의 정의에 따라 과정과 자원을 모두 다룰 것이다. 그러나 많은 경우 이 책에서는 특정 또는 일련의 과정을 지칭하기 위해 별도의 용어를 사용한다. 예를 들어, **교수설계, 교육적 접근법, 학습전략**이나, 특정한 유형의 과정을 설명하는 문제 기반 학습, 플립 러닝, 실습 훈련 등이 이에 해당한다.

많은 사람이 **학습**과 **교수**를 교육과 연관 짓지만, 일부는 왜 교육공학의 정의에 **수행**이 포함되는지 의문을 가질 수 있다. 수행이 포함되는 이유를 명확히 이해하기 위해서는 '학습'과 '교수'의 정의를 살펴볼 필요가 있다. 학습이란 개인 또는 집단이 믿고, 알고, 행하는 안정적이고 지속적인 변화를 특징으로 한다(Spector, 2015에서 인용). 의도적 학습은 목적이 분명하고 목표 지향적이며, 형식 학습환경에서 흔히 나타난다. 교수란 학습을 지원, 촉진, 향상하기 위한 요소와 과정으로 구성되며, 여기에서 학습이란 의도적 학습을 의미한다(Gagné, 1985; Gagné & Merrill, 1990; Merrill, 2002, 2013; Spector, 2015).

학습자의 수행은 안정적이고 지속적인 변화가 일어났음을 입증하는 데 사용되며, 이것이 교육공학의 개념 안에 수행을 포함하는 중요한 이유 중 하나이다. 테크놀로지를 효과적으로 활용하는 것이 핵심이며, 학습자가 알고 행하는 것의 향상은 테크놀로지의 효과적 활용의 지표가 된다. 더욱이 교수는 학습 향상을 위한 모든 요소를 포함하며, 여기에는 학습을 설계하고 지원하는 과정도 포함된다. 따라서 교수자의 수행도 교육공학과 직접적으로 관련이 있다(Merrill, 2007, 2013). 잘 설계된 도구나 학습자료라도 교수자가 이를 부적절하거나 잘못 활용하면 학습을 지원할 가능성이 낮다. 따라서 교사의 수행 역량이 매우 중요하며, 이에 따라 교사 연수 및 테크놀로지 활용을 위한 전문성 개발도 중요하다. 마찬가지로, 학습환경이 제대로 설계되지 않은 경우 풍부한 정보와 자원이 제공되더라도 효과적인 활용이 어려울 수 있다. 따라서 교수설계자의 수행도 교육공학의 중요한 요소이다. 또한 인적 자원 관리와 관련된 '수행 공학'이라는 별도의 학문 분야가 존재한다.

수행의 개념과 관련하여 효과성뿐만 아니라 효율성의 개념도 중요한데, 이는 생산성과 연계될 수 있다. 효과성과 효율성은 학습자, 교사, 설계자(또는 행정가, 지원 인력, 정책 결정자)에게도 모두 적용될 수 있다. 이후 장에서는 효과적인 학습과 학습 효과성을 높이는 요인인 학습자 동기 부여, 몰입, 역량 강화, 적시에 제공되는 유의미한 형성적 피드백 등에 대해 중점적으로 논의할 것이다.

학습자 안내

교육공학 학습 일지를 작성해 본다(종이 또는 디지털 형식). 첫 번째 항목의 제목을 '자신이 효과적·효율적·몰입적이라고 생각하는 기억에 남는 학습경험'으로 설정해 본다. 해당 경험이 효과적이었던 요인들을 파악하고, 그 요인들이 다른 상황에 있는 학습자들의 학습 경험에 도입될 수 있는지 생각해 본다. 만약 가능하다면, 간단히 설명하고 예시를 제시해 본다.

요약하면, 교육공학은 학습, 수행, 교수를 지원하는 테크놀로지, 도구, 기법, 자원, 과정을 효과적으로 활용하는 것에 초점을 맞춘 학문 분야이다. 〈표 1-1〉은 이러한 논의에 대한 개요를 제공한다.

〈표 1-1〉 교육공학 개념 정교화

교육	테크놀로지	자원 및 과정
기초 지식과 기술, 생산적인 노동자, 효과적인 문제 해결자, 성찰적 사고자, 평생 학습자를 양성하는 것이 목표	넓은 의미에서 교육으로 이해되는 학습, 교수 및 수행을 지원하는 자원과 과정의 합리적이고 효과적인 활용	도구와 기법뿐만 아니라 기기, 인공물, 학습환경, 그리고 설계, 개발, 배포, 평가, 관리와 관련된 과정

교수자 안내

학생들에게 계산자(slide rule)가 교육공학이 될 수 있는지 아닌지를 질문해 본다(http://www.computerhope.com/jargon/s/slide-rule.htm 참조).

6) 교육공학의 간략한 역사

학습은 일상적인 활동뿐만 아니라 조직된 상황에서도 자연스럽고 지속적으로 이루어지는 과정이다. 따라서 학습의 역사는 인류의 역사와 궤를 같이한다고 볼 수 있다. 교수 또한 매우 오랜 역사를 가지고 있으며, 이는 인간의 가족 및 부족 사회의 역사와 대체로 일치한다. 시대를 거치면서 교수와 학습을 지원하기 위해 다양한 도구와 기법이 사용되어 왔으며, 이를 바탕으로 교육공학도 매우 오랜 역사를 가지고 있다고 결론지을 수 있다(Spector & Ren, 2015). 일반적으로 인류의 역사는 원시 시대, 농경 시대, 산업 시대, 정보 시대, 그리고 최근 등장하고 있는 지능 사회 시대로 구분된다(지능 사회 시대에 대한 보다 자세한 논의는 이 책의 마지막 장에서 다룬다).

인류 역사 초기에는 학습을 지원하기 위해 실제 사물을 사용했을 가능성이 높다. 예를 들어, 연장자가 어린아이에게 사냥하는 법을 가르칠 때 실제 창을 사용하여 조준하고 던지는 법을 지도했을 수 있으며, 처음에는 동물이 아닌 나무를 목표로 연습했을 것이다. 주판은 초기 계산 도구 중 하나로, 재고를 기록하는 데 사용되었으며, 한 사람이 다른 사람에게 책임을 넘길 때 그 사용법을 익히는 과정이 필요하였다.

학습자 안내

주판([그림 1-1] 참조)과 계산자(https://en.wikipedia.org/wiki/Slide_rule 참조)를 기능과 도입된 시대적 배경 측면에서 비교해 본다. 두 도구의 사용 방식과 사람들이 이를 활용하는 방법을 학습했던 방식에 대해 생각해 본다. 주판을 이용한 계산과 계산자를 이용하여 같은 계산을 할 때 특히 두드러지는 차이점은 무엇인가?

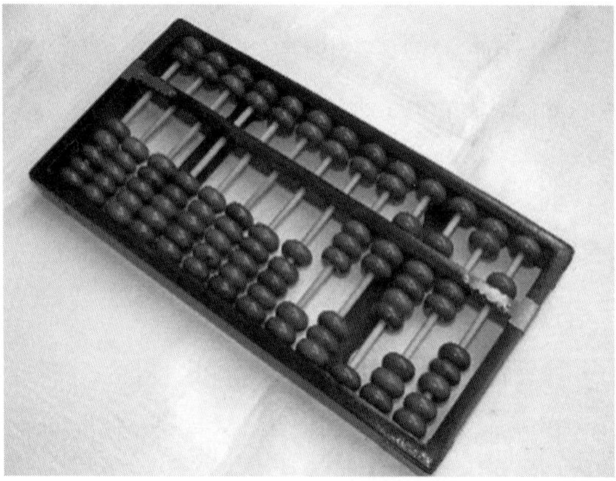

[그림 1-1] 전형적인 주판 계산 도구

아주 오래전부터 인류는 두루마리(scrolls)나 그림 문자를 통해 기록을 남기고 역사를 보존했으며, 이를 통해 새로운 세대에게 과거의 사건과 미래에 영향을 미칠 요소들을 가르쳐 왔다. 또한 사람들은 오랫동안 실제 도구를 사용하여 현장에서 직업 기술을 익혔으며, 이러한 도제 제도와 직장 내 훈련은 현재까지도 여러 분야에서 지속적으로 활용되고 있다.

15세기에 구텐베르크 인쇄기가 발명되면서, 이전보다 훨씬 더 많은 사람에게 정보와 지식을 공유할 수 있게 되었다. 인쇄술은 16세기에 이르러 유럽 전역에 널리 보급되었고, 책은 다양한 교육환경에서 주요한 학습자료로 자리 잡았다. 인쇄 기술이 널리 보급되는 데 약 100년 정도의 시간이 걸렸다는 점을 주목할 필요가 있다. 스마트폰이 대중적으로 보급되는 데는 얼마나 걸렸을까? 인쇄 기술의 변화가 자리 잡는 데는 수백 년이 걸리긴 했지만, 학습과 교수방식뿐만 아니라 사회적 · 정치적 · 경제적 구조까지 변화시켰다. 그렇다면 현재 등장하는 신기술(emerging technologies)이 유사한 변혁적 영향을 미칠 수 있을 것인가?

교수자 안내

신기술이 도입되는 속도에 대해 논의해 본다. 신기술을 계획하고 도입한 후, 그것을 효과적으로 활용하기까지 걸리는 시간에 대한 토론을 진행해 본다.

19세기에는 1839년에 발명된 다게레오타입(daguerreotype, 초기 카메라)과 같은 비텍스트(non-text) 매체들이 등장했으며, 1890년대에는 전자기파의 무선 전송 기술(초기 라디오)과 키네토스코프(kinetoscope, 초기 영상 장치)가 개발되었다(Spector & Ren, 2015). 20세기에는 학습, 교수, 수행을 지원하는 테크놀로지가 급격하게 발전하였으며, 20세기 전반에는 텔레비전과 애니메이션, 후반에는 컴퓨터와 인터넷의 발전이 두드러졌다([그림 1-2] 참조).

이 짧은 역사를 바탕으로 어떠한 결론을 내릴 수 있는가? 테크놀로지가 변화한다는 것은 분명하고, 테크놀로지 변화의 속도는 점점 더 가속화되고 있다. 이 빠른 변화의 속도는 앞으로도 지속될 것인가? 그렇다면 이러한 변화가 21세기 후반부의 교육공학에 미칠 영향은 무엇인가?

테크놀로지는 사람들이 하는 일을 변화시킨다. 많은 사람이 인쇄기가 교육을 변화시켰다고 말한다. 인쇄된 책이 도입되기 전, 교육은 특별히 선택된 소수의 사람에게만 제한되었으며, 훈련은 대개 직장이나 교사/멘토의 지도하에 일대일 또는 일대 소수의 형태로 이루어졌다. 그러나 책이 보급되면서 대중이 정보를 접할 수 있게 되었고, 더 많은 사람이 교육에 참여할 수 있게 되었으며, 훈련을 직장 밖에서도 학습할 수 있는 자료로 보충하는 것이 가능해졌다. 형식 학습은 보다 표준화되고 접근성이 높아졌다. 기원전 387년경 아테네에서 소수의 학생을 대상으로 설립된 플라톤아카데미부터 1502년 설립된 할레-비텐베르크의 마틴루터대학교까지, 소수의 학생이 교사 한 명의 구두 수업을 따르던 것에서 여

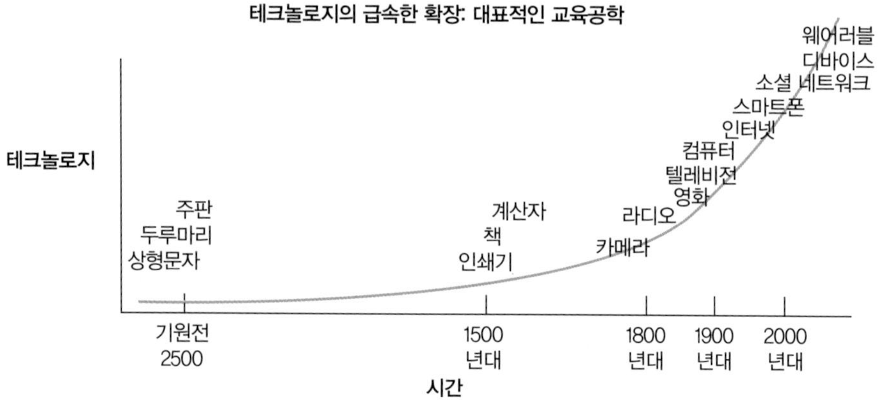

[그림 1-2] 교육공학의 급속한 확장

러 교사로부터 배우고 표준화된 교재를 활용하는 공공 교육기관의 형태로 변화가 이루어졌다.

테크놀로지는 사람들이 할 수 있는 일을 변화시킨다. 신기술이 등장하면서, 정보와 지식을 그림, 그래픽, 애니메이션, 영화를 포함한 다양한 형태로 표현하는 것이 가능해졌다. 다중 표현 양식이 등장한 것이다. 또한 다양한 형태의 의사소통 방식도 생겨났다. 일대일 및 일대다 대면 의사소통 방식뿐만 아니라, 인터넷 채팅방, 화상 회의, 토론 포럼, 소셜 네트워크 등 여러 디지털 의사소통 방식이 등장하였다.

학습자 안내

교육공학 일지에 '현재 사용되고 있는 주요 교육공학'이라는 항목을 작성하고 날짜를 기록해 본다. 그다음, '미래에 예상되는 교육공학'이라는 두 번째 항목을 작성하고, 최소한 하나 이상의 테크놀로지를 설명해 본다.

테크놀로지는 또한 사람들이 하고 싶은 일을 변화시킨다. 특히 20세기 말에 활용 가능한 자원이 증가하면서, 많은 사람이 개인적인 관심 분야를 추구하기 시작했고, 그 결과 비형식 학습이 꾸준히 증가하고 있다. 오늘날 많은 학생은 학교에서 자신이 추구하는 직업 및 진로와 관련된 경험을 하기를 원한다. 또한 학교 밖에서 스마트폰을 사용하는 학생들은 학교에서도 활용하고 싶어 하며, 이는 때때로 교사들의 불만을 초래하거나 의도적 학습활동을 방해할 가능성이 있다.

Merrill(2002, 2007, 2013)은 사람은 자신이 직접 수행한 것을 학습한다는 원리에 따라, 바람직한 학습성과를 촉진할 수 있는 교수적 요소들을 설명하였다. 그는 교수가 유의미하고 현실적인 문제를 중심으로 이루어져야 한다고 주장하였는데, 이는 주판이나 계산자 사용 훈련을 받았던 사람들의 사례에도 해당된다. 그는 또한 교수를 말하기, 질문하기, 보여 주기, 실행하기의 네 가지 요소로 설명한다.

교수자 안내

David Merrill이 제안한 교수의 으뜸원리와 Gagné(1985)의 아홉 가지 교수사태와 관련해 수업 내 또는 그룹 토론을 진행해 본다. 이 장에서 Merrill의 교수원리와 Gagné의 교수사태의 어떤 요소들이 나타나는가?

전반적으로, 현재 형식 학습환경에서는 강력한 테크놀로지로 인해 **설명하기**는 다소 줄어들고 **보여 주기**와 **실행하기**에 대한 강조가 증가하는 방향으로 변화가 일어나고 있다. 테크놀로지를 활용해 학습, 수행 및 교수를 효과적이고 효율적으로 지원할 수 있다는 점에서는 지금이 최고의 시기처럼 보인다. 그러나 학습을 지원하는 테크놀로지를 설계하고, 관리 및 지속의 책임을 맡고 있는 사람들에게는 가장 어려운 시기일 수도 있다. 교수설계자는 그 어느 때보다도 많은 자원과 지원 방법을 선택할 수 있게 되었다. 하지만 어떤 방법이 어떤 사람들에게 그리고 어떤 상황에서 가장 효과적인지를 결정하는 것은 그 어느 때보다도 어려워졌다. 비용 모델도 동적으로 변화하는데, 이는 기존의 테크놀로지가 매우 빠르게 신기술로 대체되고 있기 때문이다. 이렇게 급변하는 테크놀로지를 효과적으로 활용할 수 있도록 교사들을 훈련하는 것은 지속적인 과제이다.

학습자 안내

주판과 계산자를 사용하여 동일한 계산을 수행하는 것을 설명했던 활동을 떠올려 본다. 어떠한 차이점을 발견했는가? 어떤 사람은 계산자를 효과적으로 사용하기 위해서는 먼저 합리적인 해결 범위를 예상해야 한다고 주장할 수 있다. 이는 계산자의 눈금을 잘못 정렬하면 큰 오류가 발생할 가능성이 높기 때문이다. 문제를 미리 생각하고 합리적인 답을 예상하는 것은 학습활동이나 스스로에게 질문을 하는 형태로 간주될 수 있다. 교육공학 일지에 성찰의 학습적 가치와 성찰을 촉진하는 방법으로 질문이 가지는 교수적 가치에 대해 설명하고, 자신의 경험을 바탕으로 한 예시도 제시해 본다.

Edsger Dijkstra는 1972년에 컴퓨터가 아직 단 하나의 문제도 해결하지 못하였으며, 오히려 컴퓨터를 효과적으로 사용하려면 새로운 문제가 야기된다고 주장하였다. 이러한 주장은 교육공학의 역사와 최근 신기술의 폭발적인 발전에 비추어 보았을 때, 교육공학에도 적용될 수 있다. 여기에 교육공학의 간략한 역사를 포함시킨 이유는 이 학문이 얼마나 발전해 왔는지를 강조하기 위함이 아니며, 교육공학을 새롭게 접하는 사람들과 이 분야의 지속적인 성장 및 성공에 기여하는 사람들에게 다음과 같은 점을 상기시키기 위한 것이다.

- 다양한 상황과 테크놀로지를 고려할 때, 교육공학이 적용되는 학습문제나 상황에서 단 하나의 정답 또는 접근법이 존재하는 경우는 거의 없다.
- Plato이 아카데미에서 사용했던 방법이 21세기의 학교에서도 효과적으로 작동할 것이라고 보장할 수 없다. 또한 사람들이 'Socrates식 문답법'이라 부르며 찬양하는 방식도, 고대 아테네 시민들의 반응을 보면 정작 Socrates(Plato의 스승) 본인에게는 그다지 좋은 결과를 가져오지 못하였다는 점이 분명하다(Socrates를 잘 모르는 이들을 위해 덧붙이자면, Socrates는 거리에서의 문답식 가르침으로 인해 감옥에 갇히고 결국 처형되었다. 도시의 지도자들은 그가 청년들을 타락시킨다고 비난하였다).
- 교육공학의 효과적이고 효율적 활용 계획 수립은 특정 테크놀로지의 향후

대체 계획뿐만 아니라, 해당 테크놀로지와 관련된 자원, 과정, 교육적 접근법까지 고려해야 한다.

- 현재 사용 가능한 테크놀로지의 빠른 변화 속도를 고려할 때 미래를 계획하는 것은 특히 어려운 과제이다. 그럼에도 불구하고, 교육공학자들은 미래를 대비하는 계획을 수립해야 한다. 이후 장에서는 새롭게 등장하고 있는 테크놀로지와 그것들이 미칠 영향에 대해 논의할 것이다(스포일러 주의: 스마트 학습환경과 맞춤형 학습이 곧 우리의 현실이 될 것이다).

교수자 안내

학생들에게 유네스코(UNESCO)의 21세기 교육 관련 웹사이트(http://en.unesco.org/themes/education-21st-century)를 안내하고, 유네스코가 권장하는 교육방식, 실행 방안 및 시사점에 관해 논의해 본다.

2. 교육공학의 범위

교육공학의 범위는 학습, 교수, 수행을 지원, 촉진, 향상시키기 위한 테크놀로지(도구, 기법, 자원, 과정 등)를 적용하고 실천하는 것을 포함하므로 상당히 넓다. 교육공학은 지난 50년 동안 독립적인 학문이자 전문 직종으로 자리 잡았지만, 여전히 역동적이며 복잡하고 다학제적인 분야이다. 이러한 역동성은 부분적으로 테크놀로지의 급격한 변화에 기인한다. 또한 교육시스템 및 학습환경과 관련된 다양한 요인, 구성 요소, 사람들이 상호작용하기 때문에 복잡하다. 나아가서 이러한 요인들과 구성 요소, 사람들 간의 관계는 비선형적이며 시간이 지남에 따라 변화한다. 교육공학은 본질적으로 다양한 배경을 가지고 공식적 훈련을 받은 내용 전문가, 기술 전문가, 교사, 행정가 등이 포함된 다학제적인 분야이다. 고급 학습 테크놀로지(advanced learning technology)에 관한 교육과정의 보다 상세한 논의는 Hartley와 동료들(2010)을 참조해 보라.

교수자 안내

교육시스템에 대해 논의하기에 앞서, 인간을 하나의 시스템으로 간주하는 관점을 수업 내 토론으로 진행해 본다. 즉, 서로 연관되어 있으며 상호작용하는 다양한 구성 요소로 이루어진 하나의 시스템으로서 바라보는 것이다. 이 시스템의 하위 시스템을 파악하고, 그 중 하나 이상을 보다 상세하게 논의해 본다. 또한 가능하다면, 인간 시스템 내에서 지연 효과와 일부 구성 요소들 간의 비선형적인 관계를 파악해 본다.

교육공학의 범위를 정교화하는 한 가지 방법은 대표적인 교육시스템 또는 학습환경의 수명 주기를 고려하는 것이다. 먼저, 당신이 휴가를 앞두고 있고, 가족과 함께 휴가지에서 무엇을 할지에 대해 논의하고 있다고 가정하자. 이 논의는 어떻게 진행될 수 있을까? 먼저 원하는 바(휴가에서 기대하는 것)로 시작할 수도 있고, 반대로 제약사항(시간, 비용, 거리 등)으로 논의를 시작할 수도 있다. 어느 쪽이든 논의는 어떤 방식으로든 시작되어야 하며, 원하는 바와 제약사항 두 가지 모두 중요한 고려사항이 된다. 어떤 의미에서 보면, 이러한 고려사항들은 선택의 폭을 좁히게 할 것이다. 어느 시점에서 논의는 합의의 근거가 되는 특정 활동, 장소 또는 경험을 중심으로 진행될 것이며, 논의에 참여하는 각 개인은 자신의 관점을 제시하고 의견을 표현하게 된다. 이러한 상황에서, 휴가를 최대한 성공적으로 계획하기 위해 논의에 참여하는 사람들의 의견을 반영하는 것은 자연스러운 일이다. 논의가 진행됨에 따라 타협이 이루어질 가능성이 높다. 결정이 내려지면, 해당 결정을 실행하는 데 필요한 다양한 과제(예: 예약하기, 적절한 옷을 준비하고 짐 싸기, 친구들에게 알리기 등)를 분담하는 것이 바람직할 것이다. 이러한 휴가 계획 과정을 하나의 모델로 삼아, 보다 복잡한 교육공학 계획 수립 과정을 설명할 것이다.

교육공학 계획 수립 과정에 대한 설명을 위해, 모든 고등학생을 대상으로 하는 새로운 과목인 '형식과 비형식 논리' 과목이 필수로 지정되었다고 가정해 보자. 이 설명을 따라가기 위해 논리학에 대한 사전 지식이 요구되지는 않는다. 실제로 이 과목에 참여하기 위해 고용된 교육공학자도 논리학에 대한 전문적인 지식을 전혀 가지고 있지 않을 수 있다. 이 과정은 어떻게 진행될 수 있을까? 다음에서는 교육공학의 관점에서 이 과정의 수명 주기 계획 및 지원과 관련된 몇 가지 우려사항, 질문, 활동 및 과정들을 설명한다. 거의 모든 교육과정에서 어떤 형태로든 테크놀로지가 관련되며(또는 이에 대해 수업에서 논의하거나 도전적인 질문을 제기할 필요가 있으며), 따라서 이 논의는 자연스럽게 교육공학과 연결된다. 다음에 제시되는 관점은 새로운 교육과정을 계획할 때 일반적으로 따르는 절차와 반드시 일치하는 것은 아니다. 대부분의 경우 교육과정 기획의 주도자는 내용 전문가나 교사이다. 하지만 테크놀로지가 중요한 역할을 하고 규모가 큰 과정일수록, 교육공학자와 교수설계자의 주도적인 역할 수행이 더욱 중요해진다.

1) 요구 분석

고등학생을 위한 형식 및 비형식 논리 수업의 지원 계획을 어떻게 시작해야 할까? 당신이 교수설계자로서 교육공학자의 역할을 맡고 있고, 논리학 교사, 학교 행정가, 시스템 전문가와 함께 이 과정의 초기 계획 회의에 참석하였다고 가정해 보자. 학교 행정가는 이 과정의 필수적인 사항들을 설명한다. 즉, 형식과 비형식 논리에 관한 새로운 과목을 개설하는 것, 이 과목은 학생들이 졸업 요건으로 필수 이수해야 하며, 고등학교 마지막 2년 동안 학생 개인의 속도에 맞추어 온라인으로 진행될 예정이기 때문에 이를 학교의 학습관리 시스템(Learning Management System: LMS)을 통해 운영하는 것 등을 설명한다.

논리학 교사는 이 과목이 이렇게 특별한 대우를 받자 기대하고 있다. 하지만 당신은 이 과목의 개설 근거와 동기에 대해서 우려하며 다음과 같이 질문한다. "이 과목이 개설되어야 한다는 결정은 누가 내렸는가요?" "이 과목의 필요성은 어떻게 판단되었는가요?" "우리가 해결하려는 문제는 무엇인가요?" 학교 행정가는 이에 대한 답변으로, 지난 5년간 졸업생들의 성공과 실패를 분석한 연구 결과를 제시하며 이 연구가 졸업생들의 성취를 탐색적으로 분석한 것이라고 설명한다. 연구 결과에 따르면, 졸업 후 대학에 바로 진학한 학생들 73% 중 57%가 첫 2년 내에 중퇴한 것으로 나타났다. 설문조사에 따르면, 중퇴한 학생들 대부분이 대학 생활에 대한 준비가 부족하다고 느낀 것으로 나타났다. 후속 인터뷰 결과, 이러한 준비 부족은 많은 대학 과정에서 요구되는 비판적 사고와 논리적 사고 능력의 부족과 관련이 있는 것으로 나타났다. 당신은 이 연구가 매우 적절하며 하나의 요구 분석 과정으로, 궁극적으로 고등학교 교육에서의 격차를 판별한 것이라고 말한다. 회의에 참여한 사람들은 일종의 요구사항 평가인 이 연구를 수행한 것이 현명하였다고 답하고, 격차가 존재하며 이를 해결해야 한다는 데 모두 동의한다.

이 사례는 하나의 증상(대학에 입학하는 고등학생의 높은 중퇴율)에서 문제(고등학생들에게 비판적 사고와 논리적 사고를 준비시키는 과정의 부족)로, 그리고 궁극적으로 해결해야 할 요구사항(전반적인 논리적 사고 능력을 함양하는 새로운 과목 개설을 통한 격차 해소)을 판별하는 진행 과정을 보여 준다. 요구 분석은 나타나는 증상과 관련된 근본적인 원인을 파악하여 해결해야 할 문제를 명확하고 논리적으로 설명하는 방법이다. 잘못된 문제를 해결하거나 불필요한 재작업을 방지하기 위해, 문제의 본질과 관련된 필요성을 정확히 파악하는 데 충분한 시간과 노력을 들이는 것이 중요하다. 이 논의는 개괄적이고 개념적인 설명을 위한 것이므로, 이후의 장에서는 수명 주기와 관련된 다른 측면들을 순차적으로 다룰 것이며, 특히 요구 분석은 첫 번째 중요한 단계이기에 중점을 두었다.

2) 요구사항 및 타당성 분석

문제와 필요성이 확인되면, 이 과정에서 달성해야 할 목표를 파악할 수 있다. 목표는 해결책이 개발되고 실행된 후, 해당 노력이 얼마나 성공적인지를 판단하는 기준이 된다. 이제 해결 방법과 해결책의 고려를 시작할 수 있다. 이 과정에서 반드시 설정된 목표를 염두에 두어야 하는데, 이는 해결책이 목표를 기준으로 평가되고 성공 여부가 결정되기 때문이다. 요구사항 분석은 해결 방법의 틀을 마련하는 역할을 한다.

이 사례에서는 기존 학교 일정 내에 새로운 교육과정을 추가할 자리가 없다는 점이 확인되었다. 학교에는 온라인 학습관리 시스템이 이미 구축되어 있었으며, 시스템 관리자는 이 시스템을 활용하여 새 교육과정을 운영할 수 있다고 밝혔다. 논리학 교사는 교육과정의 내용을 온라인으로 제공할 수 있으며, 피드백이 포함된 연습도 가능하다고 설명하였다. 다만, 공식적인 시험은 학교에서 감독하에 진행되어야 한다고 덧붙였다. 이 교육과정에서는 두 번의 시험이 계획되었으며, 첫 번째 시험은 형식 논리 과정의 전반부를, 두 번째 시험은 비형식 논리 과정의 후반부를 평가하는 것으로 설계되었다. 이 교육과정을 이수하려면 두 시험을 모두 통과해야만 한다. 각 시험에서 80% 이상의 점수를 받아야 통과할 수 있으며, 재수강과 재시험 기회도 제공될 예정이다.

교육공학자를 영입하기 전에 이미 많은 결정이 있었던 것으로 보인다. 이는 그리 드문 일이 아니며, 저자 중 한 명은 '모든 시스템의 보편적 근본 원리(교육시스템 포함; Universal Underlying Principle of all Systems: UUPS; 발음은 '윱스')를 다음과 같이 정의한 바 있다. 무언가 이미 잘못되어 있다. 프로젝트가 시작되고 교육공학자가 작업에 참여할 때, 이미 잘못된 결정이 내려졌다고 생각하게 되는 경우가 흔하다. 때때로, 이는 요구 분석이 제대로 이루어지지 않았기 때문이다(이 경우는 아님). 다른 경우에는 특정한 해결 방법이 강제되지만, 그것이 반드시 최적의 방법이 아닐 수도 있기 때문이다. 예를 들어, 자동화된 피드백이 제공되는 자기 주도형(self-paced) 온라인 과정에서 협력 학습이 거의 없거나 전혀 이루어지지 않는 형태가 최선이 아니라고 생각할 수도 있다. 따라서 해당 수업을 정규 일정 외에 온라인으로 제공되어야 한다는 점은 인정하지만, "왜 이런 특정 접근법이 선택되었는가?" 하는 의문을 제기할 수 있다. 그러면 학교 행정가는 이에 대해 자동화된 피드백을 활용한 자기 주도형 온라인 과정은 자신의 학교 학생이 아닌 다른 학생들도 등록할 수 있으며, 이를 통해 학교가 추가 수익을 창출할 수 있다고 답변한다.

그러나 당신은 이것이 처음에 정의된 필요성이나 해결해야 할 문제의 일부가 아니었다는 점을 지적한다. 이것은 계획자들과 실행자들이 **임무 확장**(mission creep)이라고 부르는 현상, 즉 시간이 지나면서 프로젝트의 범위가 확장되는 과정에 해당한다. UUPS의 첫 번째 필연적인 귀결은 '실수나 간과는 단독으로 발생하지 않으며, 하나의 실수가 또 다른 실수를 초래할 가능성이 크다'는 것이다. 당신은 학교 행정가에게 이 점을 지적하며, 이제 수익 창출이라는 두 번째 요구가 추가되었고, 이에 따른 두 번째 목표 및 성과 지표도 설정해야 한다고 설명한다.

내용 전문가와 협력하여 이러한 교육과정을 설계하고 개발할 수 있겠느냐는 질문을 받았을 때, 당신은 그렇게 생각하지만, 내용 전문가와 시스템 관리자에게 추가적인 정보를 얻어야 한다고 답변한다. 이러한 후속 논의는 현재 설정된 요구사항에 대한 초기 타당성 검토로 간주될 수 있다. 설계 과정 초기에 간단한 프로토타입이 만들어지면(Rossett, 2009), 계획된 것이 실제로 달성 가능한지 확인하는 보다 정교한 타당성 분석을 수행할 수 있다.

학습자 안내

UUPS의 세 가지 당연한 결과를 확인하였다. ① 실수가 단독으로 발생하는 경우는 거의 없고, 하나의 실수가 또 다른 실수를 초래하는 경향이 있다. ② 수행해야 할 작업을 완전히 충족할 만큼 자원이 충분한 경우는 드물다. ③ 타인은 일반적으로 좋은 아이디어를 가지고 있다. 새 온라인 논리학 교육과정 개발 사례에서, 이러한 당연한 결과 중 명확한 것이 있는가? 그렇다면 어떻게 나타났는지를 설명해 본다. 그렇지 않다면, 이러한 당연한 결과가 어떻게 논의에 포함될 수 있는지를 제시해 본다.

3) 설계 및 재설계

학습활동의 설계 및 계획, 자원의 선정 및 계열화, 교수단위의 구성, 형성평가 및 총괄평가 결정은 수업설계에서 수행하는 대표적인 작업이다. 수업을 계획하고 실행하는 사람들에게 중요한 세 가지 핵심 질문은 다음과 같다. ① 무엇을 가르칠 것인가(학습해야 할 내용), ② 어떻게 가르칠 것인가(이해와 숙달을 촉진하는 전략과 활동), ③ 어떻게 다르게 해야 할지 판별하는가(향후 버전 개선을 염두하고 수업평가)이다.

이러한 활동을 효과적으로 수행하기 위해서는 전체적인 접근 방식과 이에 적절한 교수전략을 염두에 두는 것이 유용하다. 이 단계에서는 내용 전문가와의 긴밀한 협력이 필요하다. 내용 전문가는 학습내용은 잘 알지만, 원하는 학습을 가장 효과적으로 촉진하는 방법은 잘 알지 못할 수도 있다. 내용 전문가가 가진 가정을 파악하는 것이 중요한데, 일부 가정은 검증이 필요하거나 근거가 부족할 수도 있기 때문이다. 또한 내용 전문가는 현실적으로 달성할 수 있는 것을 넘어서는 목표를 설정하려는 경향이 있으며, 초기 목표와는 다른 목표를 염두에 두고 있을 가능성도 있다. 예를 들어, 내용 전문가는 무의식적으로 학생들이 해당 학문 분야의 연구자가 되기를 기대할 수도 있는데, 이는 원래의 목표가 아니었다. 목표와 기대되는 학습성과에 집중하는 것은 지속적인 과제이다. 창의적인 교육공학자는 내용 전문가로부터 특정 목표와 긴밀하게 연결된 혁신적인 활동과 학습경험에 대한 아이디어를 이끌어 낼 수 있다.

내용 전문가는 자신의 지식을 최대한 포괄적이고 깊이 있게 포함하려는 경향이 있는 반면, 교육공학자나 교수설계자는 일반적으로 원하는 학습성과와 직접적으로 연계된 활동, 내용, 자원에 집중하도록 훈련받는다. 이러한 서로 다른 관점을 인식하는 것이 중요하다. 내용 전문가의 태도는 "나는 학생들이 나처럼 이 과목을 좋아하기를 바란다"로 표현할 수 있다. 반면, 교육공학자의 태도는 "학생들이 목표한 학습성과를 성공적으로 달성하기를 바란다"로 표현할 수 있다.

수업에는 다양한 접근 방식이 활용될 수 있다. 논리학 수업의 경우, 개별 학습자와 학습시스템 간의 상호작용을 중심으로 한 자기 주도형 온라인 과정이라는 전체적인 접근 방식은 부분적으로 사전에 결정되었다. 이러한 전반적인 접근 방식 내에서도, 교훈적이고 설명적인 전략(내용 제시, 연습 문제와 피드백 제공, 퀴즈 등)에서부터 문제 기반 전략(문제를 먼저 제시하고 학습자가 자료를 탐색하여 해결책을 찾는 방식)까지 다양한 교수전략을 활용할 수 있다. 또한 학습자가 얼마나 많은 통제권을 가질 것인지, 그리고 문제, 주제, 학습자원 등의 선택을 언제 학습자에게 맡기는 것이 바람직한지에 대한 다양한 방식이 존재한다. 어떤 상황에서 가장 적합한 접근 방식을 찾는 것은 교육공학자가 직면하는 전형적인 도전 과제이다.

많은 중요한 결정이 계획 또는 설계 단계에서 이루어지며, 이러한 결정에 대해 다른 사람들의 의견을 듣는 것이 바람직하다. UUPS의 또 다른 귀결은 '다른 사람들도 종종 좋은 아이디어를 가지고 있다'는 것이다. 이 경우, 두 번째 내용 전문가를 초청하여 의견을 제시하도록 하거나, 유사한 수업을 수강한 학생들을 초대하여 학생의 관점에서 의견을 듣는 것도 가능하다. 이 수업은 고등학교 졸업생들이 대학 입학 초기 몇 년간 성공적으로 적응하는 것을 돕기 위해 설계되므로, 논리적 사고력이 부족하여 중도 탈락하는 학생들이 많았던 대학의 교수자들을 참여시키는 것도 유용할 수 있다. 설계 과정에서는 학습자원과 활동을 선정하는 작업이 포함되므로, 이를 완전히 개발하기 전에 해당 자원의 의미와 적절성에 대한 의견을 수렴하는 것이 현명할 수 있다. 마지막으로, 설계 과정에서는 사용자 인터페이스(User Interface: UI)의 동작 방식을 결정하는 작업이 포함되므로, 개발 자원을 투입하기 전에 UI의 사용 편의성과 학습 가능성에 대한 의견을 수렴하는 것도 좋은 방법이다.

설계 단계 또는 경우에 따라 그 이전에, 개발 및 실행을 안내하는 실행 계획을 수립하고, 형성평가와 총괄평가를 포함하는 평가 계획을 마련하는 것이 일반적으로 바람직하다. 많은 연구 과제에서 이러한 계획을 프로젝트 제안서와 함께 제출할 것을 요구한다.

4) 개발

설계가 확정되면 수업의 개발 및 실행을 시작하며, 이 과정은 실행 계획에 따라 진행된다. 개발 과정에는 내용 전문가뿐만 아니라 여러 전문가(예: 미디어 전문가, 프로그래머, 시스템 전문가 등)가 참여할 가능성이 높다. 개발 단계에서는 이미 다양한 제약사항을 고려하고 절충안이 마련되고, 이것들은 문서화되어야 한다. UUPS의 또 다른 귀결은 '자원은 거의 항상 당신과 팀이 작업을 완료하기에 충분하지 못하다'는 점이다. 때로는 절충이 필요하지만 수업목표 자체는 결코 타협해서는 안 된다.

여러 훈련을 받은 숙련된 이들이 참여하는 만큼, 개발은 인터페이스를 포함한 모든 주요 구성 요소가 포함된 작동 가능한 프로토타입을 시작으로 단계적으로 진행하는 것이 바람직하다. 이러한 프로토타입이 개발되면 내부적으로 테스트를 진행할 수 있으며, 이는 설계가 개발 단계로 넘어가기 전에 여러 차례 테스트되는 과정과 유사하다. 이러한 반복적인 설계 및 개발 과정은 '설계 연구(design research)'라고도 불린다(Reeves, 2006). 이러한 반복적인 개선 과정은 학생들의 실제 사용 데이터를 확보하면서 배포 단계까지 이어질 수 있다.

여기서 강조할 점은 이러한 활동이 일회성으로 끝나는 경우는 거의 없다는 점이다. 논리학 수업을 발전시키는 과정에서 자동화된 피드백 시스템이 제대로 작동하지 않거나, 학습자의 진행 상황이 시스템 내 여러 모듈에서 제대로 추적되지 않는 문제가 발생할 수 있다. 개발 과정에서 구현과 관련된 다양한 문제는 발견하고 해결할 수 있다. 다양한 교육공학자가 이러한 개발 과정에 참여할 가능성이 높다(교육공학자의 역할에 대한 자세한 내용은 다음을 참조). 다양한 업무를 조율하는 것은 어려운 과제이며, 내용 전문가나 시스템 관리자가 아니라 수석 교육공학자 또는 교수설계자가 가장 잘할 수 있다.

5) 운용

학교 전체 또는 더 큰 규모로 본격적인 운용(deployment)을 진행하기 전에, 우수한 성취도를 보이는 학생들과 학업에 어려움을 겪는 학생들을 포함한 대표적인 소규모 학습집단을 대상으로 먼저 수업을 점검해 보는 것이 바람직하다. 이러한 현장 검증을 거치면서 수업설계 및 개발의 수정이 필요할 수도 있다. 이 역시 설계 연구 접근 방식의 한 단계이며, 이러한 진화적 과정의 모든 단계는 잘 문서화되어야 한다.

마침내 수업이 정식으로 운영된다. 이제 교육공학자의 역할이 끝난 것일까? 만약 '그렇다'고 생각하였다면, 그대로 진행하지 말고 다시 점검해 보라. 아직 해야 할 일이 많다.

학습자 안내

새롭게 개발된 논리학 수업이 성공적이라는 평가를 받기 위해서는 어떤 작업이 추가적으로 필요한가?

6) 관리

역할의 무게 중심이 교육공학자에서 학습 진행 상황을 모니터링하고 문제가 발생할 경우 교육공학 팀에 이를 보고하는 시스템 관리자 및 내용 전문가로 옮겨 갈 가능성이 높다. 이를 위해, ① 학생들의 진행 상황 모니터링, ② 학생 수행 성과, 인식 및 반응의 수집 및 보고, ③ 졸업 후 학생들의 경로 추적과 관련된 계획을 수립해야 한다. 일부 경우에는 이러한 관리 계획이 필수적으로 요구될 수 있으며, 규모가 큰 프로젝트에서는 필수 사항이 아니더라도 관리 계획을 마련하는 것이 바람직하다.

7) 평가

수업이 배포되면 자연스럽게 따라오는 질문은 '이 수업이 원래 의도한 목표를 달성하고 있는가?'이다. 목표 달성 정도는 어느 수준인가? 이러한 질문은 총괄평가 또는 정기적인 형성평가를 수행하는 근거가 된다. 앞서 수업이 설계 · 개발 · 배포되는 동안 모든 진행 상황을 문서화하는 것이 중요하다고 언급한 바 있다. 이러한 문서화 작업과 관찰, 핵심 관계자들과의 인터뷰는 형성평가의 일부로 간주되며 설계 연구 접근 방식과도 일치한다. 형성평가 결과가 없이는 효과 연구 또는 총괄평가의 결과를 해석하기 어려운 경우가 많다. 평가 계획에는 일반적으로 형성평가 계획(예: 주로 과정을 기록하고 인터뷰 및 관찰을 포함하는 실행 타당성 연구)과 총괄평가 계획(예: 효과성 연구)이 포함된다. 앞서 언급했듯이 평가 계획은 종종 프로젝트 초기에 개발된다. 논리적 사고력 향상을 통해 고등학교 졸업생들이 대학에서 성공적으로 학습할 수 있도록 돕는 온라인 논리학 수업의 경우, 신규 수업을 마친 후 몇 년이 지난 졸업생들을 대상으로 효과성 연구를 수행해야 한다.

8) 지원

교육공학 프로젝트에서 지원은 전 과정에 걸쳐 이루어진다. 지원 요구 및 필요 사항을 결정하는 것은 초기에 이루어진다. 핵심 인력을 선정하고 훈련하는 과정도 초기 단계에서 시작되며, 설계 · 개발 · 배포 단계 전반에 걸쳐 지속적으로 이루어진다. 온라인 논리학 수업의 운영 지원에는 교육공학자뿐만 아니라 시스템 전문가, 프로그래머 및 다양한 인력이 참여할 가능성이 높다. 학생들은 문제가 발생했을 때 누구에게 도움을 요청해야 하는지 명확히 알고 있어야 한다. 논리 및 문제 해결과 관련된 어려움이 발생할 경우, 이를 지원할 수 있는 튜터를 선정하고 훈련할 필요가 있다.

9) 훈련

앞서 언급했듯이, 훈련의 필요성을 파악하고 훈련 자료와 수업을 준비 및 실행하는 것은 혁신적인 교육공학 프로젝트의 성공을 보장하는 데 중요하다. 튜터와 지원 인력은 신규 수업의 적절한 지원을 위해 반드시 훈련을 받아야 한다. 또한 수업의 첫 주 동안 학생들에게 기본적인 교육을 제공하여, 과정에서 기대되는 바를 명확히 인식하고 요구되는 모든 활동을 수행할 수 있도록 하는 것이 필요할 수 있다. 많은 혁신적인 교육공학 프로젝트가 실패하는 주요 원인 중 하나는 부족한 의사소통과 핵심 인력의 부실한 준비 및 훈련 때문이라고 보고된 바 있다(Rogers, 2003).

3. 교육공학의 차원

교육공학은 다학문적 분야일 뿐만 아니라 앞서 논의한 과정과 이후 논의할 역할을 고려할 때 다양한 차원을 포함하는 다면적 특성을 가진다. 교육공학을 흥미로운 분야로 만드는 요소 중 하나는 이 분야가 다양한 사람, 문제, 요구, 테크놀로지 및 해결책과 관련되어 있다는 점이다. 도전과 복잡성을 즐기는 사람이라면 교육공학은 충분히 추구할 가치가 있다.

Hartley와 동료들(2010)은 고급 학습 테크놀로지 분야의 교육과정을 개발하기 위해 3년 동안 연구를 진행한 후, 이 분야의 실천과 학문적으로 중요한 차원으로 다음과 같은 요소들을 제시하였다.

- 컴퓨터 및 소프트웨어 아키텍처 및 엔지니어링
- 설계 연구
- 인간–컴퓨터 상호작용
- 학습심리학
- 프로그램 평가
- 프로젝트 관리
- 사회적 상호작용
- 체계적 사고

이 복잡하고 다학제적인 학문의 차원을 개념화하는 또 다른 방법은 다음의 간단한 개요에 제시된 바와 같이 교육공학자가 일반적으로 관여하는 활동, 과정 및 관련 요소를 중심으로 살펴보는 것이다.

1) 의사소통 및 조정

교육공학의 다양한 영역에서 활동하는 전문가들이 갖춰야 할 역량을 연구하는 과정에서, 국제 훈련 · 성과 · 교수 표준 위원회(International Board of Standards for Training, Performance and Instruction: IBSTPI)는 의사소통이 가장 중요한 역량임을 확인하였다. 의사소통 역량에는 구두, 서면, 청각적 기술뿐만 아니라, 다양한 의사소통 방식과 표상 형태를 효과적으로 활용하는 능력이 포함된다. 효과적인 의사소통 기술과 함께 협력, 타협, 관리, 리더십 등의 조정 기술도 중요하다. 안타깝게도, 많은 학문 프로그램에서 주로 학문적 내용 습득에는 초점을 두고, 의사소통 및 조정 기술 개발에는 상대적으로 적은 노력을 기울인다. 사람들이 선천적으로 뛰어난 언변이나 리더십을 타고난다는 것은 잘못된 믿음이다. 이러한 기술은 훈련을 통해 개발될 수 있으며, 이는 Hartley와 동료들(2010)이 제안한 고급 학습 테크놀로지 전문가로 훈련받는 이들의 핵심 역량에 속한다.

2) 콘텐츠 및 자원

인터넷의 등장과 함께 교육공학자와 내용 전문가가 학습환경에 포함할 수 있는 자원의 양이 방대해졌다. 이 차원의 복잡성을 이해하는 한 가지 방법은 맨 아래에 정보 자원이 위치하는 피라미드 계층 구조를 생각하는 것이다([그림 1-3] 참조). 신뢰성과 정확성이 검증된 정보는 지식으로 간주될 수 있으며, 학습자원에 포함될 후보가 될 수 있다. 이 지식이 학습목표 또는 목적과 연결되면 학습자원으로 간주될 수 있다. 학습자원에 활동, 피드백, 평가가 추가되면, 이는 교수객체 또는 교수자원으로 발전하게 된다.

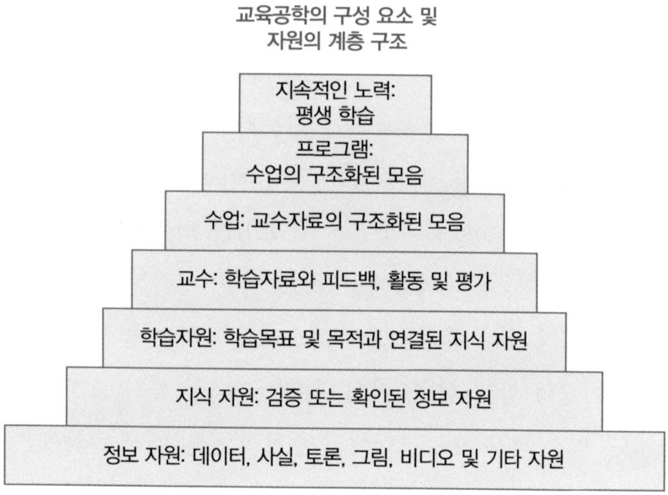

[그림 1-3] 자원의 계층 구조

출처: Spector(2015)에서 수정.

3) 하드웨어 장치 및 소프트웨어

교육공학자는 방대한 학습자원을 다룰 뿐만 아니라 다양한 기기와 관련 소프트웨어를 숙지하고, 이해하며, 관리해야 한다. 만약 학습지원과 학습제공 장치로서 컴퓨터만 고려한다고 해도, 다양한 워크스테이션, 태블릿PC, 개인용 컴퓨터, 휴대용 컴퓨터 등을 비롯하여, 여러 운영 체제, 소프트웨어, 네트워크 환경, 클라우드 기반 시스템 등 다양한 요소를 고려해야 한다. 교육공학자로서의 역량을 유지하기 위한 대가는 끊임없는 전문성 개발이라고 할 수 있다. 신기술의 어포던스(affordance)로부터 창출되는 새로운 가능성에 열린 태도는 교육공학자가 전문 실무자로서 최신성과 적합성을 유지하기 위해 반드시 필요하다.

4) 실행

교육공학자는 사람들이 학습하는 방식과 학습을 지원하는 자원 및 기기를 이해하는 것뿐만 아니라, 학습지원을 실질적이고 효과적으로 구현하는 다양한 방법을 알아야 한다(Hartley et al., 2010). 일부 경우에는 신뢰할 수 있는 텍스트 기반 자료를 시각적 형태로 변환하는 작업이 필요할 수도 있다. 또 다른 경우에는 학습환경에 토론 포럼과 채팅방의 지원이 필요하거나, 학습자의 행동과 입력 데이터 수집 및 분석에 대한 지원이 필요할 수도 있다. 전반적으로 교육공학자는 교사, 학생, 지원 인력이 수행하는 역할을 이해하고, 이들이 보다 효과적이고 생산적으로 활동할 수 있도록 적절한 도구와 테크놀로지를 제공할 수 있어야 한다. 다음과 같은 질문들을 중심으로 교실 또는 온라인에서 흥미로운 활동이나 토론을 진행할 수 있다.

- 어떤 유형의 학습경험이 존재하는가?
- 학습을 지원하는 데 누가 참여하는가?
- 학습, 수행, 교수활동에 참여하는 모든 사람을 지원하기 위해 테크놀로지를 활용하여 할 수 있는 일은 무엇인가?

5) 매체 및 표상 형식

인터넷을 통해 활용할 수 있는 자원이 폭발적으로 증가함에 따라, 다양한 표상 형식도 나타났다. 교육공학의 타임라인을 살펴보면, 19세기와 20세기 전반에는 문자, 그림, 오디오, 비디오가 주로 사용되었다. 이러한 각각의 매체 유형 내에서도 흑백 사진, 텍스트와 함께 제공되는 그래프 등 다양한 형식이 존재하였다. 컴퓨터와 인터넷의 등장으로 지식 자원을 표상하는 방법과 수단이 비약적으로 발전하였다. 이러한 다양한 표상 형식의 풍부함을 극적으로 보여 주는 사례 중 하나는 기원후 1100년경 송나라 시대에 장택단이 그린 수묵화 족자 「청명상하도」이다(중국 온라인 박물관 https://www.comuseum.com/painting/famous-chinese-paintings/along-the-river-during-the-qingming-festival/ 참조). 이 웹사이트는 길이가 5m 이상인 원본 족자의 다양한 복제본의 발전 과정을 보여 주며, 그 절정은 2010년 상하이 엑스포에서 전시된 길이 150m 이상의 전자 애니메이션 3D 버전이다.

4. 교육공학의 관점

앞서 언급한 바와 같이, Hartley와 동료들(2010)이 실시한 광범위한 고급 학습 테크놀로지 분야의 교육과정 개발 연구는 교육공학자가 갖추어야 할 지식 · 기술 · 역량을 이해하는 데 중요한 기초를 제공한다. 이 연구는 3년 동안 전문가 및 학자를 대상으로 한 다양한 설문조사, 연구 및 실천 문헌에 대한 상세한 검토, 인터뷰, 포커스 그룹 토론을 포함하였다. 이 연구의 목표가 교육과정 프레임워크를 개발하는 것이었기 때문에, 역량 프레임워크를 채택하는 것이 적절하다고 판단되었다. 그 결과, 다섯 개의 주요 역량 범주가 도출되었다.

- **지식 역량 영역**: 이제까지의 논의를 통해 알 수 있듯이, 교육공학자는 학습 심리학, 인간–컴퓨터 상호작용, 사회심리학, 교수설계, 소프트웨어 엔지니어링, 테크놀로지 통합 등 다양한 분야에 대해 깊이 있는 지식을 가지고 있어야 한다.
- **과정 역량 영역**: 교육공학자는 다양한 기기와 소프트웨어를 활용하여 무엇이 가능한지를 이해하는 것이 중요하다. 교육공학 전문가로서 어떤 작업이 가능하고 불가능한지, 이를 수행하는 데 필요한 비용과 전문성을 지속적으로 파악하는 것이 요구된다.
- **응용 역량 영역**: 교육공학자는 학습환경이나 강좌에 대한 기획서나 설계안을 받아 그것을 현실로 전환하는 것과 같이 **무언가를 실제로 구현하는 역할**을 맡는다. 이를 위해서는 미디어 자료와 평가 메커니즘 개발을 비롯한 다양한 응용 분야에 대한 역량이 필요하다.
- **개인적 · 사회적 역량 영역**: 교육공학자의 업무는 다양한 배경과 전문성을 가진 사람들이 포함된 팀 내에서 수행된다. 앞서 언급한 바와 같이, 효과적인

의사소통, 협업, 조정 능력은 전문 실무자로서 성공하기 위해 필수적이다.

- **혁신 및 창의성 역량 영역**: 신기술과 학습방식이 등장함에 따라, 교육공학자는 목표 달성을 위해 적절한 자원과 테크놀로지를 유연하고 창의적으로 활용할 수 있어야 한다. 이는 종종 학습활동, 교수방법 및 교수설계에 상당한 변화를 수반한다.

5. 신기술과 변화하는 환경

이 책에서 중요한 기본 개념 중 하나는 '변화'이다. 학습이란 개인이나 집단이 알고 수행하는 바의 안정적이고 지속적으로 변화를 특징으로 한다. 교사와 학습자와 마찬가지로 교육공학 전문가는 학습의 변화와 진행 과정을 모니터링하는 것을 이해해야 한다. 앞서 교육공학의 역사적 논의에서 언급한 바와 같이 테크놀로지는 끊임없이 변화한다. 또한 테크놀로지의 변화 속도는 점점 더 빨라지고 있다. 더불어 형식 학습의 개념화 및 조직 방식에도 변화가 일어나고 있다. 교육공학자의 세계는 변화에 의해 지배되고 있으며, 변화하는 다양한 요소는 서로에게 영향을 미친다. 신기술은 새로운 교수방식의 도입을 가능하게 한다. 이 책의 후속 장에서 이러한 변화가 학습, 수행 및 교수에 미치는 영향을 다시 논의할 것이다. 신기술이 학습 및 교수에 미치는 영향을 다룬 유용한 자료로는 NMC의 연례 『Horizon 보고서』가 있다. 후속 장의 선행 조직자(advance organizer)로서 신기술과 변화하는 환경에 대한 몇 가지 논의를 제시하면 다음과 같다.

1) 신기술

현재 주목받고 있는 신기술에는 어떤 것들이 있을까? 기기 및 하드웨어 분야에서는 3D 프린터와 웨어러블 컴퓨팅 기기를 떠올릴 수 있다. 3D 프린터는 이미 학습자들이 3D 프린터를 활용하여 실제로 물체나 인공물을 제작하고 실험하면서 '실천을 통한 학습'과 설계 기반 학습을 수행하는 메이커스페이스(makerspace) 움직임과 연계되어 영향을 미치고 있다. 스마트 워치나 인터넷 연결이 가능한 헤드 마운티드 디스플레이(Head Mounted Display: HMD)와 같은 웨어러블 기기는 이미 존재하며 다양한 학습 및 교수 상황에서 활용될 가능성이 높다.

첨단 기술의 과정 및 적용에는 학습분석학(learning analytics), 적응형 교수시스템, 맞춤형 학습이 초기 지능형 튜터링 시스템(Intelligent Tutoring System: ITS)의 확장 개념으로서 소규모 상황에서 시험 적용되고 있다. 이러한 시스템은 사전 지식과 수행 능력, 관심, 동기, 선호도, 심지어 감정 상태에 근거한 정교한 학습자의 동적인 표상을 고려한다. 게임 기반 학습, 게이미피케이션, VR 및 AR은 학습과 교수 상황에 점차 도입되고 있는 신기술이다. 향후 10년 내에 등장할 수 있는 모든 테크놀로지를 예측하는 것은 거의 불가능하다. 분명한 것은 수많은 신기술이 등장할 것이며, 이에 따라 교육공학자로서의 전문성을 유지하는 것이 더욱 어려워져서 보다 세분화된 전문성과 역량이 필요해질 것이라는 점이다.

2) 변화하는 환경

신기술은 학습과 교수 환경에 어떤 영향을 미칠 것인가? 어떤 사람들은 모든 사람이 자동화된 학습 및 교수 기기와 메커니즘을 통해 인류의 축적된 지식과 지혜에 접근할 수 있는 세상을 상상한다. 어떤 사람들은 그런 세계에서는 심지어 학교와 교사가 사라질 것이라고 전망하기도 한다. 우리는 그러한 특정 미래 전망에는 동의하지 않지만, 형식 학습환경이 비형식 학습환경의 증가와 함께 변화하고 있다는 점은 명백하게 인정한다. 형식 학습환경에서 가장 명백한 변화는 온라인 학습의 급격한 성장이다. 온라인 학습자원과 활동을 대면 환경과 통합하는 하이브리드 학습환경은 현재 많은 고등교육기관과 일부 K-12 학교에서 표준이 되고 있다. 인터넷에는 수많은 사람이 이용할 수 있는 방대한 양의 자료가 있으며, 그 중 많은 자료가 무료로 제공되기 때문에, 많은 교사가 플립 러닝 방식을 채택하고 있다. 플립 러닝은 수업 외 시간에 읽기 과제와 관련 토론을 포함하고, 때로는 인터넷 기반 환경에서 이를 수행한다. 수업시간에는 학생들이 그룹 활동을 통해 문제를 해결하면서 배운 내용을 실제로 적용한다. 이를 통해 교사는 단순히 정보 전달자의 역할에서 벗어나, 학습자의 역량을 개발하고 유의미한 문제 해결 능력을 키울 수 있도록 건설적이고 유의미한 피드백을 제공하는 역할로 전환할 수 있다.

이 외에도 다양한 변화가 일어나고 있다. 과거에는 문해력(literacy)이 주로 읽기, 쓰기, 기초 산수에 초점을 맞추었으나, 현재는 다양한 리터러시(예: 정보 리터러시, 테크놀로지 리터러시, 시각 리터러시)를 포함하는 디지털 리터러시 개념으로 확장되고 있다. 이는 초·중등학교에서 가르치는 기본 능력의 개념이 확대되었으며, 테크놀로지를 활용하는 디지털 리터러시 능력 개발을 지원하는 것이 분명한 접근 방식중 하나로 자리 잡고 있음을 의미한다.

교육적 접근 방식도 변화하고 있다. 지난 세기 후반에 상호작용형 시뮬레이션이 도입된 이후 실제적 학습 또는 상황 학습이라고 하는 '실천을 통한 학습'의 중요성이 강조되고 있다. VR, AR 및 몰입형 환경은 상호작용형 시뮬레이션의 영향력을 크게 향상시켰다. 따라서 이러한 적용은 지식과 전문성을 개발하는 방식을 변화시키고 지속적으로 영향을 미칠 것으로 예상된다.

6. 교육공학자의 역할

교육공학을 전공한 사람들은 다양한 직무에서 각기 다른 역할을 수행하게 된다. 다음은 교육공학 전문가들이 수행하는 직책, 역할, 책임을 간략하게 정리한 것이다. 이는 교육공학자가 맡을 수 있는 모든 역할을 포괄하는 완전한 목록은 아니다.

- **교수설계자**: 다양한 강좌, 교수체제 및 학습환경을 계획, 분석, 설계, 개발,

수정, 실행, 평가 및 관리하는 책임이 있음

- **교수 프로젝트 관리자**: 교수개발 프로젝트를 이끌고, 교육 프로그램을 진행하며, 학습환경 구축을 관리하는 책임이 있음
- **미디어 전문가**: 다양한 형식의 미디어 자료를 제작, 탐색, 수정 및 활용하는 책임이 있음
- **테크놀로지 코디네이터**: 교사와 강사가 다양한 교육공학 자원을 탐색, 수정, 활용 및 통합할 수 있도록 지원하는 책임이 있음
- **시스템 관리자**: 교육시스템, 콘텐츠 관리 시스템(Content Management System: CMS), 학습관리 시스템, 학습 및 교수를 지원하는 데 사용되는 네트워크 환경을 관리하고 지원하는 책임이 있음
- **개발자/프로그래머**: 교수와 관련된 소프트웨어를 코딩하거나, 학습 및 교육을 지원하는 매개 객체 및 자원을 개발하는 책임이 있음
- **평가자**: 수업, 강좌, 프로그램, 교수체제, 학습환경을 형성적 및 총괄적으로 평가하는 책임이 있음
- **교수자**: 형식 학습 맥락에서 수업을 주도하고, 학생을 지도하고, 학습지도 및 피드백을 제공하는 책임이 있음

교육공학의 복잡성을 설명하는 또 다른 방법은 Tennyson(1995)의 4세대 교육체제 개발(Instructional Systems Development: ISD) 모델을 참조하는 것이다([그림 1-4] 참조). 여기서 '개발'이라는 개념은 교수 프로젝트의 계획, 실행, 관리, 평가의 전체 수명 주기를 포함하는 포괄적인 의미를 가진다. 일부 실무자들은 이러한 개발 개념을 'Big D'라고 부르며, 일부는 '설계' 용어를 동일한 'Big D' 개념으로 사용하여 전체 수명 주기를 포함하는 의미로 활용하기도 한다. 이 책에서는 설계와 개발을 전체 과정이 아닌 특정한 작업을 지칭하는 용어로 사용한다.

전문 용어는 특정 분야에서 역량을 갖추는 중요한 요소이다. 따라서 이 책에서는 교육공학자들이 일반적으로 사용하는 방식과 일치하도록, 각 장에 주요 용어의 정의를 포함하였다. 그럼에도 불구하고, 다양한 상황에서 용어가 다르게

사용될 가능성이 있다. 특히 이 책의 후속 장에서 다룰 '진단(assessment)'과 '평가(evaluation)'라는 용어는 서로 다르게 사용될 수 있다. 일반적으로 '진단'은 주로 개인(학습자 또는 직원)을 의미하는 경우가 많다. 반면, '평가'는 수업, 프로젝트, 프로그램, 제품, 정책, 절차, 실천 등을 지칭하는데 사용된다. Tennyson(1995)의 ISD 모델에서 특히 주목해야 할 두 가지 사항이 있다. 첫째, '상황 평가'는 해당 모델에서 작업이 이루어지는 위치와 관계없이 적용된다. 둘째, 이 모델은 주로

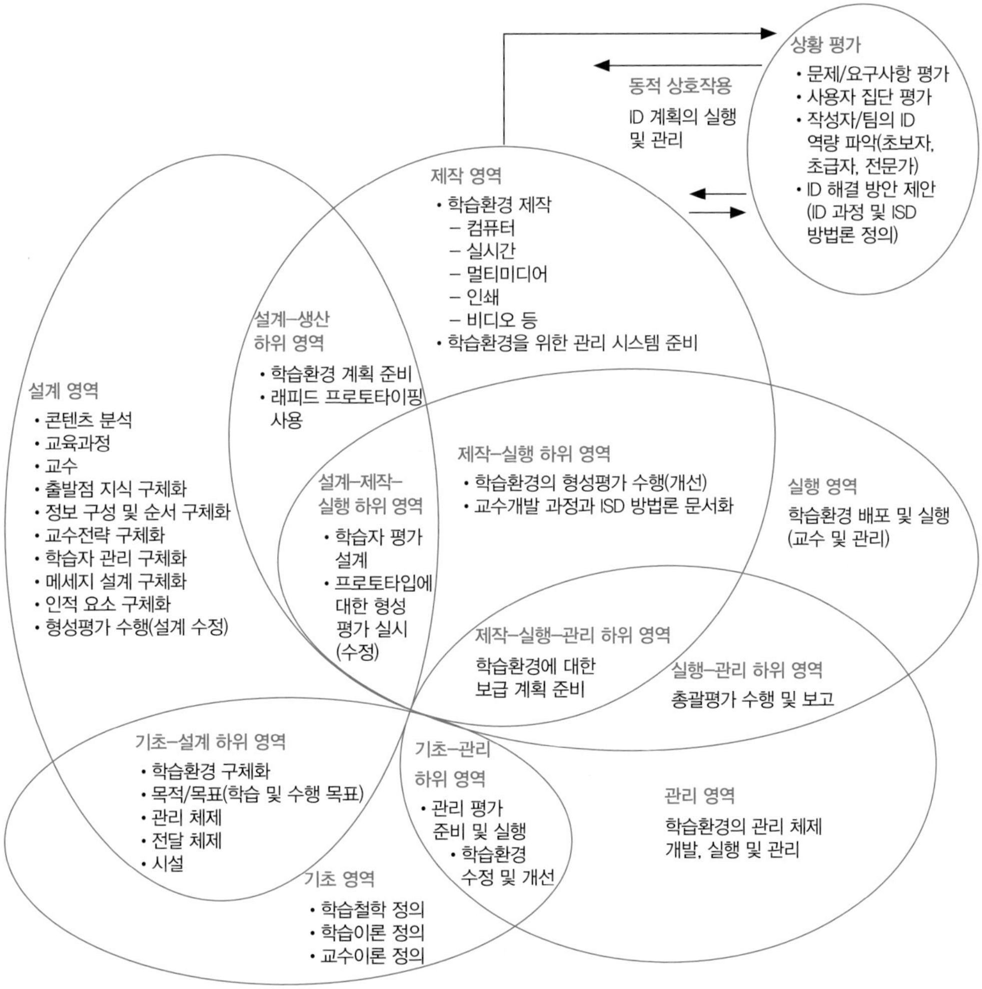

[그림 1-4] Tennyson의 4세대 ISD 모델

출처: Tennyson(1995)에서 허가를 받아 게재함.

사람들이 수행하는 활동을 중심으로 정교하게 설계되어 있다. 따라서 이 모델은 교수설계자의 역할을 보다 구체적으로 설명하는 출발점으로 활용될 수 있으며, 교육공학자의 역할과는 다르게 정의된다.

핵심 내용

1. AECT가 제시한 교육공학의 정의는 적절한 과학기술적인 과정과 자원을 창출하고, 활용하고, 관리함으로써 학습을 촉진하고, 수행을 향상시키기 위해 연구하고, 윤리적으로 실천하는 학문이다.
2. 교육공학의 범위에는 요구 분석, 요구사항 및 타당성 분석, 설계 및 재설계, 개발, 운용, 관리, 평가, 지원, 훈련이 포함된다.
3. 교육공학의 주요 차원에는 의사소통 및 조정, 콘텐츠 및 자원, 하드웨어 기기 및 소프트웨어, 실행, 매체 및 표상 형식이 포함된다.
4. 교육공학자의 역할에는 교수설계자, 교수 프로젝트 관리자, 매체 전문가, 테크놀로지 코디네이터, 시스템 관리자, 개발자/프로그래머, 평가자, 교수자가 포함된다.

학습자료

- Instructional Design Central: 교수설계자를 위한 민간 운영 웹사이트(http://www.instructionaldesigncentral.com)
- International Board of Standards for Training, Performance and Instruction (IBSTPI): 강사, 교수설계자, 평가자, 온라인 학습자, 훈련 관리자를 위한 표준 제정 (https://ibstpi.org)
- Makerspace Movement: 학습과 교수를 지원하는 객체와 산출물을 3D 프린터로 제작하는 커뮤니티(http://library-maker-culture.weebly.com/what-are-they.html)
- The New Media Consortium: 학습과 교수에 영향을 줄 가능성이 있는 신기술을 추적하고 기록하는 기관으로 다양한 맥락의 연례『Horizon 보고서』발간
- Open Educational Resource: Edutopia에서 제공하는 자료 정리(http://www.

edutopia.org/open-educational-resources-guide)

- Smithsonian Institute: 교육자를 위한 자료(http://www.si.edu/Educators)
- Theory Into Practice Database/Instructional.org: Greg Kearsley가 1992년에 최초로 개발하고 이후 여러 번 업데이트된 데이터베이스(http://instructionaldesign.org)
- UNESCO: 21세기 교육(http://en.unesco.org/themes/education-21st-century)

참고문헌

Dijkstra, E. W. (1972). The humble programmer. *Communications of the ACM, 15*(10), 859-866.

Gagné, R. M. (1985). *The conditions of learning and theory of instruction* (4th ed.). Holt, Rinehart & Winston.

Gagné, R. M., & Merrill, M. D. (1990). Integrative goals for instructional design. *Educational Technology Research and Development, 38*(1), 23-30.

Hartley, R., Kinshuk, Koper, R., Okamoto, T., & Spector, J. M. (2010). *The education and training of learning technologists: A competences approach. Educational Technology & Society, 13*(2), 206-216. Retrieved from http://www.ifets.info/journals/13_2/17.pdf

Januszewski, A., & Molenda, M. (Eds.). (2008). *Educational technology: A definition with commentary*. Routledge. Retrieved from http://www.aect.org/publications/EducationalTechnology/

Merrill, M. D. (2002). First principles of instruction. *Educational Technology Research and Development, 50*(3), 43-59.

Merrill, M. D. (2007). The future of instructional design: The proper study of instructional design. In R. A. Reiser & J. V. Dempsey (Eds.), *Trends and issues in instructional design and technology* (2nd ed., pp. 336-341). Pearson Education Inc.

Merrill, M. D. (2013). *First principles of instruction. Identifying and designing effective, efficient, and engaging instruction*. Wiley & Sons.

Merrill, M. D., Tennyson, R. D., & Posey, L. O. (1992). *Teaching concepts: An instructional design guide* (2nd ed.). Educational Technology Publications.

Reeves, T. C. (2006). Design research from the technology perspective. In J. V. Akker, K. Gravemeijer, S. McKenney, & N. Nieveen (Eds.), *Educational design research* (pp. 86-109). Routledge.

Rogers, E. M. (2003). *Diffusion of innovations* (5th ed.). Free Press.

Rossett, A. (2009). *First things fast: A handbook for performance analysis* (2nd ed.). Wiley & Sons.

Spector, J. M. (2015). *Foundations of educational technology: Integrative approaches and interdisciplinary perspectives* (2nd ed.). Routledge.

Spector, J. M., & Ren, Y. (2015). History of educational technology. In J. M. Spector (Ed.), *The SAGE encyclopedia of educational technology*. Sage.

Tennyson, R. D. (1995). Instructional systems development: The fourth generation. In R. D. Tennyson & A. E. Barron (Eds.), *Automating instructional design: Computer-based development and delivery* (pp. 33-78). Springer.

제2장

테크놀로지 환경에서의 학습

학습내용

- 행동주의
- 인지주의
- 구성주의
- 기타 학습이론
- 테크놀로지 강화 학습

학습목표

- 다양한 학습이론의 배경과 핵심 개념을 명확히 설명할 수 있다.
- 테크놀로지와 학습이론 간의 관계를 설명할 수 있다.
- 행동주의, 인지주의, 구성주의, 연결주의 및 인본주의를 포함한 학습이론이 교수에 미치는 영향에 대해 설명할 수 있다.

학습활동

01 학습이란 무엇인가에 대해 고민해 보고, 프로그램 교수법의 장점과 단점을 동료들과 논의해 본다.

02 감각 기억, 단기 기억, 장기 기억의 특징 및 기능과 더불어 정보 처리 이론이 교수에 주는 시사점에 대해 생각해 본다. 보다 구체적으로, 행동주의와 인지주의에 대한 논의를 접할 때 자신의 반응은 어떠했는가? 단순히 수동적인 독자로 머물렀는가, 아니면 읽은 내용을 처리하고 아이디어 또는 인지 구조를 창출하는 과정을 경험했는가?

03 개인적·인지적 구성주의와 사회적 구성주의의 차이점은 무엇이고, 구성주의가 교수에 주는 함의에 대해 생각해 본다.

04 연결주의가 교수에 주는 함의에 대해 생각해 본다. 예를 들어, 기후 변화에 대해 더 자세히 학습하고 싶다면 누구에게 물어보아야 더 잘 이해할 수 있는가? 관심 분야를 지속적으로 탐구하기 위해 참여할 만한 집단이 있는가?

05 시간이 지남에 따라 테크놀로지와 교육의 통합, 그리고 학습이론이 어떻게 발전해 왔는지 생각해 본다. 특정 테크놀로지와 학습이론 사이의 연관성을 발견할 수 있는가? 몇 가지 예를 들어 설명할 수 있는가?

06 그룹 또는 동료와 협력하여 학습이론과 테크놀로지가 서로 어떻게 연관되어 있는지 보여 주는 개념도를 작성해 본다. 그룹에서 논의한 내용을 바탕으로 개념도를 수정해 본다.

1. 서론

학습이란 개인적 및 환경적 경험과 영향을 결합하여 지식, 기술, 가치, 태도, 행동 및 세계관을 습득, 강화 또는 수정하는 과정이다. 학습이론은 이러한 과정이 어떻게 일어나는지를 설명하는 가설을 세운다. 학습에 대한 과학적 연구는 20세기 초에 본격적으로 시작되었다. 학습자의 인지양식과 신기술에 대한 관심이 증가함에 따라, 행동주의(behaviorism), 인지주의(cognitivism), 사회적 구성주의(social constructivism) 등의 이론이 제안되었다. 이러한 학습이론은 이후 절에서 논의할 것이다.

이 장은 먼저 테크놀로지 환경에서 학습의 정의에 대해 설명하고, 행동주의, 인지주의, 구성주의 및 기타 이론을 포함한 다양한 학습이론을 다룬다. 마지막으로, 테크놀로지 강화 학습에 대해 간략히 설명한 후, 후속 장에서 이를 보다 심층적으로 설명한다.

2. 학습이론

학습은 누구에게나 어디서나 매일 일어나지만, 과연 학습이란 무엇인가? 대부분의 사람은 학습이란 학습자가 이전에 할 수 없었던 일을 할 수 있게 되거나, 이전에 몰랐던 지식을 새롭게 습득하는 과정이라고 직관적으로 이해한다.

대부분의 심리학 이론에서는 학습을 인간의 수행 또는 수행 잠재력에 나타나는 지속적인 변화로 정의한다(Lohr & Chang, 2005). Spector(2016)에 따르면, 이러한 변화에는 개인의 능력, 태도, 신념, 지식, 기술이 포함될 수 있다. 그러나 학습의 주요 개념과 원리는 시대에 따라 학습이론마다 다르게 정의된다. 학습이론은 학습과정에서 지식이 어떻게 흡수 · 처리 · 유지되는지를 설명하는 개념적 틀이다(Simandan, 2013). 교수체제, 학습환경 및 학습활동을 설계하고 개발하는 과정에서 행동주의, 인지주의, 구성주의, 연결주의(connectivism), 인본주의

(humanism) 등의 학습이론과 심리학적 관점이 적용된다.

1) 행동주의

행동주의는 다양한 학자 중 John B. Watson에 의해 정교화되었다. Watson은 20세기 초에 연구를 발표한 미국의 심리학자이다. 행동주의는 1920년대부터 1960년대까지 반세기 동안 미국 심리학에서 지배적인 위치를 차지하였으며, 여전히 미국의 심리학에서 가장 중요한 학파 중 하나로 남아 있다. 주요 대표 학자로는 Watson(1878~1958), Burhus F. Skinner(1904~1990), Edward L. Thorndike(1874~1949) 등이 있다.

(1) 주요 개념

행동주의는 학습을 설명하기 위해 직접적으로 관찰 가능한 요소들에만 초점을 맞추는 이론적 관점이다(Spector, 2016). 행동주의에서 학습과 가장 밀접한 요소는 학습자의 환경에서 즉각적으로 관찰 가능하며, 학습목표와 시간적 · 공간적으로 가장 가까운 자극 조건이다. 자극에 대한 학습자의 반응 역시 직접적으로 관찰 가능하며 학습의 지표로 사용된다(Spector, 2016).

행동주의의 주요 개념은 다음과 같다.

- 학습과정은 지속적인 성공에 도달하기 까지 점진적인 시도와 오류로 이루어진다.
- 학습의 성공 여부는 강화에 의해 결정된다.
- 학습은 자극–반응(S–R) 연쇄 과정으로 이루어진다.

Thorndike(1905)는 학습에 대한 자극–반응 이론을 개발하였다. 자극–반응 이론에서는 지식을 학습자가 행동목표로 표현된 자극에 대해 형성한 특정 반응의 집합으로 정의한다(Koehler et al., 2014). 그는 행동의 결과에 따라 특정 반응

(또는 행동)이 강화되거나 약화된다고 보았다. ① 자극에 대한 반응이 긍정적인 보상을 받을 경우, 해당 반응이 강화된다. ② 자극에 대한 반응은 연습과 반복을 통해 더욱 강화된다. 서로 다른 강화의 유형(예: 연속적 또는 간헐적)이 학습성과에 미치는 영향도 다른 것으로 밝혀졌다(Ferster & Skinner, 1957).

행동주의는 개인이 학습하는 동안 환경의 중요성을 강조한다. 행동주의에서 교수목표는 원하는 결과를 얻기 위해 학습환경을 통제하는 것이며, 올바른 반응을 강화하는 것이 학습행동을 통제하는 주요 방법이다. 행동주의의 선구자인 Watson(1930)은 다음과 같이 말하였다.

> 나에게 건강하고 잘 자란 유아 12명을 주고, 내가 원하는 환경에서 양육할 수 있게 해 준다면, 나는 그중 아무나 골라서 내가 원하는 유형의 전문가(의사, 변호사, 예술가, 상인, 심지어 거지나 도둑으로까지)로 훈련시킬 수 있다고 보장한다. 이 과정에서 그들의 재능, 성향, 능력, 적성, 조상의 인종은 문제가 되지 않는다. 물론 나는 지금 나의 연구의 범위를 넘어선 주장을 하고 있지만, 행동주의 반대론자들도 수천 년 동안 비슷한 방식으로 실행해 왔다(Watson, 1930, p. 82).

(2) 교수에 미친 영향

Skinner(1953)는 조작적 조건화를 제안하였다. 조작적 조건화란 보상이나 처벌과 같은 행동의 결과에 따라 특정 행동의 강도가 수정되는 학습형태를 의미한다. 조작적 조건화에서는 행동을 통제하기 위해 그 행동을 보상하거나 처벌하는 자극이 존재한다. 예를 들어, 아이가 상자를 열어 안에 있는 사탕을 얻는 방법을 배우거나, 뜨거운 난로를 만지지 않는 법을 학습할 수 있다. 이때 상자와 난로는 변별 자극으로 작용한다.

조작적 조건화에 따르면, 이 시나리오에서 특정 행동이 발생할 확률은 강화에 의해 증가한다. 학습은 보상과 처벌을 활용하여 목표로 하는 행동의 일부를 단계적으로 또는 점진적으로 근접하게 형성하는 과정이다.

프로그램 교수(programmed instruction)는 Skinner의 조작적 조건화를 기반으로 한다. 이는 학생들에게 새로운 학습내용을 통제된 단계의 점진적 순서로 제시하는 방법이다.

- 프로그램 교수는 교과서를 작은 단위와 단계로 나누고, 각 단위마다 별도의 학습목표를 설정한다. 학습자는 특정 학습절차를 따라가면서 목표를 달성할 수 있다.
- 학생들은 프로그램화된 학습자료를 각자의 속도에 맞추어 학습한다. 각 단계가 끝나면 시험 문제를 풀거나 도표를 완성하는 방식으로 이해도를 점검할 수 있다. 이후 즉시 정답을 확인하거나 추가적인 정보를 제공받는다(The Columbia Encyclopedia, 2001).
- 교수(instruction)는 자기 주도적이며, 학습자는 연습과 시험을 수행하고 교수에서 받은 피드백을 바탕으로 다음 단계로 나아가는 능동성이 요구된다.

행동주의 학습의 본질은 환경에 의해 야기되는 외적 행동 변화에 있다. 교수에 미친 영향은 원하는 학습결과를 얻기 위해 학습환경을 조절할 수 있다는 점이며, 학습통제의 주요 방법으로는 자극 제시, 연습 제공, 올바른 반응을 증가시키는 피드백과 강화가 포함된다.

더 읽어 보기

Skinner 상자(box)는 조작적 조건화 실험실이라고도 불리며, 동물이 막대기나 버튼을 누르거나 조작하여 강화의 한 형태인 음식이나 물을 얻을 수 있도록 설계된 밀폐된 장치이다. Skinner가 개발한 이 상자는 동물이 보인 각 반응과 해당 동물에게 적용된 강화 일정을 기록하는 장치도 포함되어 있다.

> 고양이를 상자에 넣으면 분명히 불편함의 징후와 갇힌 곳에서 탈출하려는 충동을 보일 것이다. 틈이 있는 어떤 곳이든 뚫고 나가려고 하고, 철망을 발톱으로 물어뜯고, 발을 구멍 밖으로 뻗어 닿을 수 있는 모든 것을 긁으려 한다. …… 외부

> 의 음식에는 그다지 관심을 기울이지 않고, 단순히 본능적으로 상자로부터 탈출하려고 노력하는 듯하다. 충동적으로 상자 곳곳을 긁어 대던 고양이는 결국 우연히 끈, 고리 또는 버튼을 건드려 문을 열게 된다. 성공하지 못한 행동들은 점차 사라지고, 성공적인 행동을 유발한 특정 반응은 결과로 얻은 즐거움에 의해 강화된다. 이런 시도가 여러 번 반복된 후에, 고양이는 상자에 들어가자마자 즉각적으로 특정 방식으로 버튼이나 고리를 긁어 문을 열게 될 것이다(Thorndike, 1898, p. 13).

2) 인지주의

인지주의 심리학은 1950년대 후반에 시작되었으며, 1970년대 후반부터 1980년대 초반까지 주류를 이루었다. 대표적인 학자로는 Jean Piaget(1896~1980), Jerome S. Bruner(1915~2016), David P. Ausubel(1918~2008), Robert M. Gagné(1916~2002) 등이 있다.

인지주의는 행동주의가 언어 학습과 같은 복잡한 인간의 학습을 충분히 설명하지 못하면서 심리학 내에서 발전하게 되었다. 심리학자들은 인간의 행동을 설명하기 위해, 행동주의자들이 관찰할 수 없는 블랙박스로 간주했던 인간의 생각 속 정보 처리 과정을 탐구하기 시작하였다(Spector, 2016). 인간은 행동주의자들이 이해했던 것처럼 단순히 외부 자극에 대한 반응의 집합체가 아니라, 정보를 처리하는 존재로 이해되기 시작한 것이다.

(1) 주요 개념

인지심리학에서 학습은 지식의 습득으로 개념화된다. 학습자는 정보를 받아들이고, 인지적으로 처리하며, 기억 속에 저장하는 정보 처리자로 간주된다. 인지주의에서 학습은 자극–반응의 연속 과정이 아니라 인지구조의 형성 과정이다. 학습자는 단순히 자극을 기계적으로 받아들이고 수동적으로 반응하는 것이 아니라, 자극을 처리하고 적절한 반응을 결정한다.

인지주의는 인지심리학과 정보 처리 이론에 그 뿌리를 두고 있다. 인지주의를 가장 잘 설명하는 방법 중 하나는 Anderson(1983)의 ACT-R 정보 처리 모델을 살펴보는 것이다(http://act-r.psy.cmu.edu/publication/ 참조). 정보 처리 이론은 인간이 정보를 받아들이고, 저장, 통합, 회상, 활용하는 과정을 설명한다. 이 이론의 기본 개념은 인간의 두뇌가 컴퓨터나 정보 처리 시스템과 유사하다는 것이다.

이 모델은 정보가 감각 기억, 단기 기억, 장기 기억의 세 단계를 거쳐 처리되고 저장된다고 본다. 이 단계들은 환경으로부터 정보를 받아들이고, 이를 저장하고, 기억과 수행에 사용된다고 가정한다(Huitt, 2003).

- 학습자가 처한 환경은 (감각) 수용체를 활성화하고, 정보는 감각 기억을 거쳐 선택적이며 인식가능한 패턴(7±2개의 정보 조각)으로 단기 기억으로 전달된다. 단기 기억 속 정보는 약 20~30초 동안 유지되며(반복되지 않는 경우), 이후 회득된 정보는 의미적 부호화라는 과정을 거쳐 장기 기억에 저장되는 형태로 변환된다(Cognitivism and Gagné's Model of Learning, 1970). 감각 기억을 통해 학습자는 환경 속에서 조직화된 패턴을 인지하고, 이러한 패턴의 재인식과 부호화 과정을 시작한다.
- 단기 기억(작업 기억)은 학습자가 더 깊은 이해를 위해 정보를 일시적으로 머릿속에 유지하고, 이미 장기 기억에 있는 다른 정보와 연결되도록 한다.
- 장기 기억은 학습자가 학습한 정보를 오랜 시간이 지나도 기억하고 적용할 수 있게 해 준다.

(2) 교수에 미친 영향

인지심리학자인 Gagné(1985)는 정보 처리 과정을 활성화하고 지원하기 위한 효과적인 수단으로 **아홉 가지 교수사태**와 학습조건을 제안하였다. 〈표 2-1〉의 왼쪽 열은 교수사태를, 오른쪽 열은 이에 대응하는 내부 정신적 과정을 보여 준다. 인지주의가 교수에 미친 영향은 다음과 같다.

- 컴퓨터 보조 교수(Computer-Assisted Instruction: CAI) 설계에서 학습자의 내부 정신적 과정에 주목하고, 학습자의 심리적 특성과 인지구조를 연구하고 강조하기 시작하였다.
- 교육자들은 더 이상 학습을 외부 자극에 대한 학습자의 수동적인 반응으로 보지 않고, 태도, 요구, 흥미, 취미, 인지구조가 포함된 과정으로 인식하게 되었다.
- 교사의 임무는 학습자의 흥미와 동기를 유발하고, 현재의 교수내용을 학습자의 기존 지식과 경험에 연결하는 것이다.

〈표 2-1〉 교수사태와 내부 정신적 과정

교수사태	내부 정신적 과정
1. 주의 집중하기	자극 수용체 활성화
2. 학습자에게 목표 알려 주기	학습에 대한 기대 수준 생성
3. 사전 지식 회상 자극하기	단기 기억의 회상 및 활성화
4. 내용 제시하기	내용의 선택적 지각
5. 학습안내 제공하기	장기 기억 저장을 위한 의미적 부호화
6. 수행 '연습' 유도하기	부호화와 검증 향상을 위한 질문에 응답
7. 정보적 피드백 제공하기	올바른 수행 강화 및 평가
8. 수업을 잘 배웠는지 수행평가하기	최종평가로서 내용 회상 및 강화
9. 파지와 전이 향상하기	학습한 기술을 새로운 상황으로 전이 및 일반화

출처: Gagné, Wager, Golas, & Keller (2005).

더 읽어 보기

Piaget의 인지발달이론

Piaget의 기본 관점은 사람이 성숙함에 따라 세상에 적응하는 방식이 변화한다는 것이다. 적응의 두 가지 기본 과정은 동화(assimilation)와 조절(accommodation)이며, 이는 분리될 수 없다. 동화란 아동이 새로운 개념과 아이디어를 습득하고 이를 기존의 개념과 아이디어에 흡수하는 것으로 학습과정을 설명한다. 조절은 동화와는 다른 개념으로, 기존의 인지구조에 새로운 정보를 동화하는 것이 어려울 때, 아동의 인지구조가 재구성 및 변화되는 과정을 의미한다.

Ausubel의 인지동화이론

Ausubel은 Piaget의 이론에 영향을 받았으며, 유의미 학습에 초점을 둔 인지동화이론을 제안하였다. 유의미 학습이란 새로운 정보가 학습자의 기존 지식 구조의 관련된 요소와 연결되는 과정이다. 인지동화이론에서 학습자가 새로운 지식을 유의미하게 학습할 수 있는지는 인지구조 내에 이미 존재하는 개념에 달려 있다. 이러한 개념들은 새로운 지식을 기존 지식과 연결하는 데 활용되며, 학습자는 자신의 기존 인지구조 내에서 관련 개념을 찾아내거나 새롭게 형성할 수 있다. 새로운 지식의 의미는 학습자의 인지구조에 통합되어 이해를 형성하는 것이며, 이 과정에서 기존 인지구조에 약간의 변화가 발생한다.

3) 구성주의

구성주의는 1970~1980년대에 인지주의의 확장된 형태로 등장하였으며, 학습자의 내적 정신 구조와 학습에서 타인의 영향을 중요한 요소로 강조한다. 구성주의의 주요 개념은 John Dewey(1859~1952)와 Lev Vygotsky(1896~1934)의 연구에 기반을 두고 있다.

(1) 주요 개념

구성주의는 학습이 환경과의 상호작용을 통해 내부 정신적 표상을 구성하는 과정이라고 본다. 학습자를 돕는 것은 학습자가 사물의 본질, 규칙성, 내적 연결성을 이해하도록 돕는 것이다(Chen & Liu, 2011). 구성주의의 기본 요소에는 맥락, 협력, 대화, 의미 구성이 포함된다. 구성주의에서 학습은 다음과 같이 이해된다.

- 학습은 학습자 중심으로 이루어져야 한다.
- 학습은 학습자가 내부 정신적 표상을 능동적으로 구성하는 과정이다.
- 학습과정은 기존 지식의 재조직 및 재구성과 새로운 지식의 유의미한 구성이라는 두 가지 측면으로 이루어진다.
- 학습은 단순히 개인적 행동이 아니라 사회적이고 언어 중심적인 행동이며, 학습에는 의사소통과 협력이 필요하다.
- 학습이 이루어지는 상황을 강조하며, 학습을 지원하는 유의미한 상황을 조성하는 것이 중요하다.
- 효과적인 학습을 위해서는 의미 구성을 지원할 수 있는 적절한 자원이 필요하다.

(2) 교수에 미친 영향

구성주의에서 교사는 전통적인 방식으로 가르치는 것이 아니라 학생들이 동료와 협력하거나 상호작용하도록 장려해야 한다. 학생들은 정보를 능동적으로 처리하고 지식의 의미를 구성해야 하며, 단순히 교사의 설명을 수동적으로 듣는 것에 그쳐서는 안 된다. 구성주의가 교수에 미친 영향은 다음과 같다.

- 학습 시나리오 설계에 주의를 기울인다. 교사는 학습자가 다양한 측면에서 원리의 개념을 이해하고 문제 해결, 의사결정 및 혁신적인 역량을 개발할 수 있도록 다차원적인 학습 시나리오를 설계해야 한다.
- 학습자의 능동적인 역할을 강조한다. 학습을 위한 심리적 준비 상태와 사전 지식을 활성화하기 위해 학생들의 자기 관리 능력을 배양하는 데 중점을 둔다.
- 오개념이 학습에 미치는 긍정적인 영향을 고려한다. 상황적 인지이론은 학습목표와 학습과정을 하나로 본다. 따라서 학습과정에서 생성된 오류 개념조차도 전체 지식 구조를 형성하는 데 긍정적인 기여를 할 수 있다.

○ ○ ○ **더 읽어 보기**

Leo Lionni의 동화『물고기는 물고기야(Fish is Fish)』(1970)는 육지에서 일어나는 일에 대해 호기심이 많지만 물에서만 살 수 있기 때문에 육지를 탐험할 수 없는 한 물고기에 대한 이야기이다. 이 물고기는 한 올챙이와 친구가 되는데, 올챙이는 시간이 지나 개구리로 성장하고 결국 육지로 나간다. 몇 주 후 개구리는 연못으로 돌아와 육지에서 본 것들을 물고기에게 이야기 해 준다. 개구리는 새, 소, 사람 등 다양한 것에 대해 묘사한다. 책에는 개구리의 설명을 듣고 물고기가 상상한 그림들이 등장하는데, 각각은 물고기와 비슷한 형태를 하고 있으며 개구리의 설명에 따라 약간씩 변형된 형태로 나타난다. 사람은 꼬리 지느러미로 걷는 물고기로, 새는 날개가 달린 물고기로, 소는 젖이 달린 물고기로 그려진다. 이 이야기는 사람들이 기존의 지식을 바탕으로 새로운 지식을 구성할 때 나타날 수 있는 창의적 기회와 내재된 위험성을 모두 보여 준다.
(이미지를 보려면 https://www.ectaveo.ch/Mediathek/2012/07/FroescheundFische.jpg 참조)

(3) 사회적 구성주의

구성주의는 단순히 개인적 · 인지적 구성주의로 간단히 이해될 수 있지만, 사회적 구성주의는 학습에서 언어와 타인의 역할을 강조한다. 사회적 구성주의의 핵심 개념은 학습이 의미를 구성하는 과정이라는 점이다. 개인적 구성주의는 주로 Piaget의 사상을 바탕으로 발전하였다. Piaget의 인지발달이론에서 학습은 학습자가 새로운 지식과 기존의 지식 및 경험의 상호작용을 통해 자신의 인지구조를 형성 · 확장 · 조정하는 과정이다. 여기에서 동화(기존의 정신적 구조나 스키마를 새로운 상황에 적용)와 조절(새로운 상황에 맞게 기존의 스키마를 수정하거나 새로운 스키마를 형성)은 두 가지 주요한 인지적 과정이다.

사회적 구성주의는 학습과 지식의 형성 과정에서 사회적 · 문화적 메커니즘에 초점을 둔다. 사회적 구성주의의 기본 관점은 학습이 문화적 참여의 과정이며, 학습자는 특정 문화의 지원을 받으며 공동체의 실제 활동에 참여함으로써 관련 지식을 습득한다는 것이다. 지식은 개인과 물리적 환경 간의 상호작용뿐만 아니라 사회문화적 상호작용을 통해서도 형성된다(Chen & Liu, 2011).

Lev Vygotsky는 사회적 구성주의의 대표적인 학자로서 다음의 측면을 강조하였다.

- 사회적 · 문화적 상호작용은 학습과정에서 매우 중요한 역할을 한다.
- 지식은 공동으로 구성되며, 개인은 서로 배울 수 있다.
- 학습자는 학습과정에 적극적으로 참여해야 한다. 학습은 타인의 도움을 통해 일어난다.

Vygotsky(1987)는 사회적 구성주의 연구를 바탕으로 근접 발달 영역(Zone of Proximal Development: ZPD) 개념을 제안하였다. ZPD란 "개인이 혼자서 익히기에는 너무 어렵지만, 성인이나 더 숙련된 또래의 도움이나 지도를 받으면 숙달할 수 있는 과제의 범위"(Vygotsky, 1987)를 의미한다. 이 이론의 또 다른 핵심 개념은 스캐폴딩으로, 학습자에게 적절한 시점에 적절한 양의 도움을 주는 것을 강조한다. 학습자가 어느 정도의 도움을 받아 과제를 수행할 수 있다면, 그 과제를 숙달하는 단계에 더 가까워진 것이다. 이러한 이론은 교수에 중요한 영향을 미쳤으며, 앵커드 교수(anchored instruction), 협력 학습, 상호교수와 같은 새로

더 읽어 보기

- **앵커드 교수:** 앵커드 교수는 학습할 내용을 실제적 사건의 맥락에서 제시하여 학습내용을 고정하거나 맥락화하고, 나아가 학습자가 이를 다양한 관점에서 탐색할 수 있도록 하는 교수법을 말한다(Bransford et al., 1990, p. 5).
- **협력 학습:** 협력 학습은 공동의 목표를 달성하고 개별 학습자의 학습효과를 극대화하기 위해 그룹이 함께 작업하는 것이다(Huang & Liu, 2001).
- **상호교수:** 상호교수는 텍스트 의미 구성을 위해 교사와 학생이 특정 텍스트를 대화하는 형태로 이루어지는 교수활동이다(Palincsar & Brown, 1986).

운 교수법 개발에 기여하였다.

4) 기타 학습이론

행동주의, 인지주의, 구성주의 외에도 다양한 학습이론이 존재하며, 교수·학습활동을 안내하는 데 중요한 역할을 한다. 대표적인 예로, 연결주의와 인본주의가 있다.

(1) 연결주의

지난 20년 동안 테크놀로지는 우리의 생활 방식, 의사소통 방식과 학습방식까지 변화시켰다. 연결주의는 소셜 네트워킹과 클라우드 컴퓨팅과 같은 정보 기술의 발전과 함께 제안되었으며 점점 더 많은 주목을 받고 있다. 대표적인 학자로는 George Siemens와 Stephen Downes가 있다.

연결주의는 사회적·문화적 맥락의 역할을 강조하는 학습에 대한 가설이다. 연결주의는 혼돈 이론, 네트워크 이론, 복잡성 이론, 자기 조직화 이론의 원리를 통합한 개념이다. 연결주의의 핵심은 노드와 연결로 구성된 네트워크에 대한 은유적 비유이다(Siemens, 2005). 여기서 노드(node)란 조직, 정보, 데이터, 감정, 이미지 등 다른 노드와 연결될 수 있는 모든 요소를 의미한다. 이와 같이 연결주의는 지식의 구조를 네트워크로 보고, 학습을 패턴 인식의 과정으로 설명한다(AlDahdouh, Osório, Caires, & Susana, 2015).

연결주의에서 학습은 네트워크를 형성하는 것이다([그림 2-1] 참조). 노드는 네트워크를 형성하는 데 사용되는 외부 요소로, 사람, 조직, 도서관, 웹사이트, 책, 데이터베이스 등 다양한 정보원이 될 수 있다. 학습행위는 정보와 지식원을 연결하는 외부 노드 네트워크를 형성하는 과정이다. 우리의 머릿속에서 일어나는 학습은 내부 네트워크(신경망)이다. 학습 네트워크는 우리가 최신 정보를 유지하고 지속적으로 경험을 습득하며, 새로운 지식을 창출하고 연결하기 위해 만들어지는 구조(외부 네트워크)로 볼 수 있다. 또한 학습 네트워크는 이해의 패턴

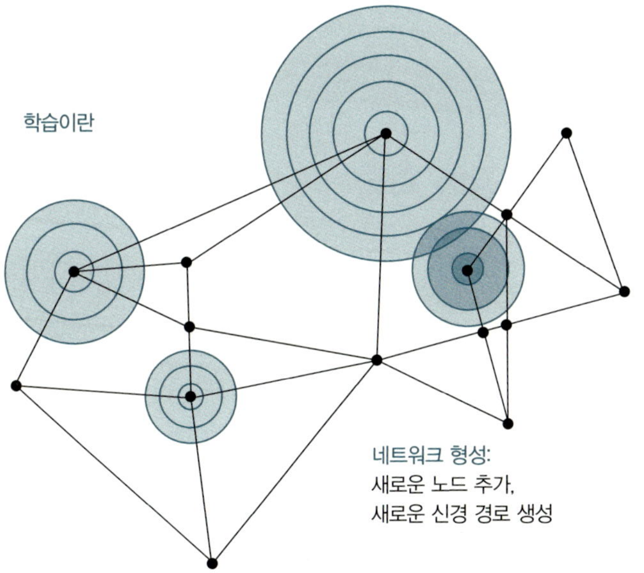

[그림 2-1] 네트워크 형성으로서의 학습

출처: Siemens(2006)에서 수정.

을 연결하고 만들어 내는 우리의 사고 속에서 존재하는 구조(내부)로 볼 수 있다(Siemens, 2006).

(2) 인본주의

인본주의는 1950년대에 등장하여 1960년대 이후 널리 확산되었다. 인본주의 심리학자들은 학교가 도덕 교육의 개념과 실천을 다양한 교수활동에 통합하고, 학생들이 건전한 인격을 형성할 수 있도록 도와야 한다고 본다. 주요 대표 학자로는 Abraham Maslow(1908~1970)와 Carl Rogers(1902~1987)가 있다.

인본주의는 개인의 가치와 자유를 중시하는 관점이다. 인본주의에서 보는 개인은 자신의 잠재력과 동기를 개발할 수 있는 능력을 가지고 있다. 개인은 자신의 발전 방향과 가치를 자유롭게 선택할 수 있다. 인본주의는 인간의 전인적 발달을 강조하며, 인간의 존엄성과 가치를 중시하고, 개인의 정신적 · 육체적 건강과 정직성에 초점을 둔다. 인본주의는 학습자가 자신의 관점에서 세계를 인식하고 이해할 수 있도록 돕는 최적의 환경 조성을 연구하며, 궁극적으로는 인간이 최고 수준의 자기 실현에 도달하는 것을 목표로 한다.

3. 테크놀로지 강화 학습

학습이론과 테크놀로지는 정보 처리 및 지식 습득과 밀접하게 연결되고 얽혀 있다(Spector et al., 2014). 테크놀로지 강화 학습을 이해하기 위해 다양한 학습이론이 등장하고 확산되던 역사적 시기에 사용된 테크놀로지를 살펴보는 것이 유용하다([그림 2-2] 참조).

첫째, 1920년대부터 1960년대에는 행동주의 학습이론이 제안되고 지배적이었다. 이 시기에는 티칭 머신, 케모 카드(chemo-card) 등의 테크놀로지가 교수 과정에 활용되었다.

1924년에 심리학자 Sydney L. Pressey는 반복 연습에 적합한 최초의 티칭 머신을 설계하였다([그림 2-2] 참조). 이 기계는 주로 학생들의 자동 시험 시스템으로 활용되어, 학생이 자신의 학습 속도를 조절하고, 긍정적인 반응이나 즉각적인 피드백을 제공하였다. 티칭 머신에는 퀴즈와 학습이라는 두 가지 작동 모드가 있다. 그는 "티칭 머신은 학생이 단순히 수동적으로 듣고, 보고, 읽는 것이 아니라 적극적으로 반응하도록 유도한다는 점에서 다른 교수보조 도구와 차별화

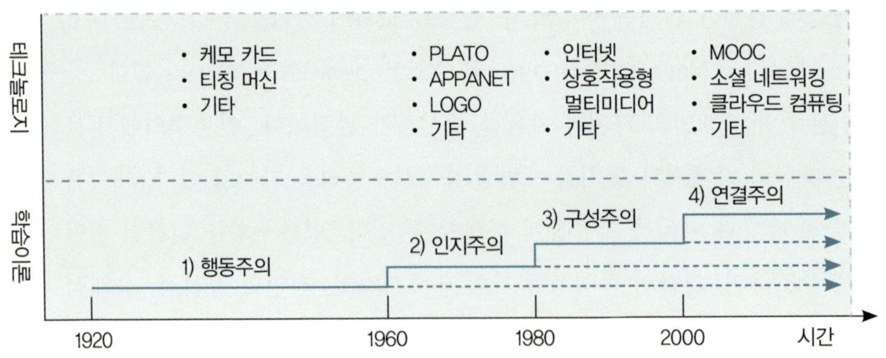

[그림 2-2] 학습이론과 테크놀로지의 타임라인

된 특징을 가진다. 또한 학생들은 자신의 답변이 정답인지의 여부를 즉시 확인할 수 있으며, 이를 기록하여 학습자료를 개선하는 데 활용할 수도 있다."라고 주장하였다. 1930년에 J. Peterson은 자동 채점과 적시 피드백을 지원할 수 있는 케모 카드를 설계하였다.

더 읽어 보기

티칭 머신(Benjamin, 1988)

Skinner는 교실에서 개별 학생이 활용할 수 있는 티칭 머신을 개념화하였다. 1954년 Skinner는 티칭 머신을 활용하는 것이 많은 교수 문제를 해결할 수 있다고 제시한 『학습의 과학과 교수의 기술(The Science of Learning and the Art of Teaching)』을 출판하여, 그 시기의 프로그램 교수 움직임의 발전을 촉진하였다. 그는 조작적 조건화와 긍정적 강화 이론에 따라 티칭 머신과 프로그램 교수를 설계하였다.

티칭 머신에 대해 더 자세히 알고 싶다면, 『티칭 머신의 역사(A History of Teaching Machine)』(Benjamin, 1988)를 읽어 보기를 바란다.

둘째, 인지주의는 1970년대와 1980년대에 지배적이었다. 초기 교육공학 개발은 주로 대학에서 이루어졌으며, 자동화된 교수작업을 위한 프로그램 논리(Programmed Logic for Automated Teaching Operations: PLATO)와 로고(Logo)와 같은 다양한 컴퓨터 기술과 밀접하게 연관된다.

PLATO는 1960년대에 일리노이대학교에서 개발된 최초의 범용 CAI 시스템이다. PLATO는 학습환경의 설계 · 개발 · 배포를 지원하는 다양한 도구 개발에 활용되었다. PLATO는 포럼, 메시지 보드, 온라인 시험, 이메일, 채팅방, 그림 언어, 실시간 메시징, 원격화면 공유, 멀티플레이어 게임 등 다중 사용자 컴퓨팅의 현대적 개념 발전에 기여하였다.

1980년대에는 로고 프로그래밍 언어가 다양한 교수활동을 지원하기 위해 도입되었고, 당시 일부 사람들은 로고가 학교의 교수 · 학습을 혁신할 것이라고 예상하였다(Spector, 2016). 1980년에 Seymour Papert가 개발한 로고는 아이들이 발견을 통해 학습하도록 설계된 최초의 프로그래밍 언어였다.

셋째, 1980년대 이후 구성주의가 점차 주류 학습이론으로 자리 잡았다. 상호작용형 멀티미디어, 인터넷 및 현대적 기술이 교수·학습에 적용되었다. 테크놀로지 지원 학습환경에서 학습자는 환경과의 상호작용과 기존 인지구조의 재구성을 통해 능동적으로 지식을 구성할 수 있게 되었다.

넷째, 정보 기술이 급속히 발전하면서, MOOC, 소셜 네트워킹, 클라우드 컴퓨팅 등이 교수·학습에 널리 사용되고 있다. 사람과 사람, 사람과 지식, 지식과 지식 간의 연결이 이상적인 개념에서 현실로 바뀌고 있다. 원격 교육에서 활용되는 MOOC는 2006년에 처음 원격 교육으로 도입되었으며, 2012년부터는 대중적인 학습방식으로 부상하였다(Lewin, 2013). MOOC는 웹을 통해 무제한 참여와 개방형 접근이 가능한 온라인 강좌이다(Kaplan & Haenlein, 2016). 학습분석학은 사람들의 학습을 예측하고 조언하기 위해 지능형 데이터, 학습자 생성 데이터, 분석 모델을 활용하여 정보와 사회적 연결을 발견하는 것이다(Siemens, 2010).

정보 기술은 교육에서 중요한 도구가 되었으며, 풍부한 정보 자원뿐만 아니라 인간의 역량을 확장하고 학습을 지원하는 사회적 환경을 확장한다. 테크놀로지와 학습이론의 발전 역사는 개인에서 공동체 학습으로, 내용 중심 학습에서 과정 중심 접근법으로, 단독 미디어에서 통합적 활용으로, 제시 미디어에서 상호작용형 미디어로, 장소와 시간적 의존에서 유비쿼터스 학습으로, 고정된 도구에서 휴대용 기기로의 변화를 반영하고 있다.

향후 정보 기술이 지속적으로 발전함에 따라 학습이론도 더욱 개선 및 발전하고, 교수설계 이론은 보다 과학적이고 체계적으로 정립될 것이다. 교육공학의 실천은 학습이론의 지속적인 발전을 촉진하고 서로 보완하며 발전해 나갈 것이다.

핵심 내용

1. 학습이론은 학습과정에서 지식이 흡수·처리·저장되는 방식을 설명하는 개념적 틀이다. 교수체제를 설계하고 개발하는 과정에서 학습이론과 심리학적 관점을 반영한 학습환경과 학습활동에는 행동주의, 인지주의, 구성주의, 연결주의, 인본주의가 포함된다.
2. 행동주의의 핵심 개념은 다음과 같다. ① 학습과정은 성공에 도달할 때까지의 지속적 시도와 시행착오이다. ② 학습성공의 핵심 요소는 강화이다. ③ 학습은 자극-반응의 연쇄작용으로 일어난다.
3. 아홉 가지 교수사태에는 다음이 포함된다. 주의 집중하기, 학습자에게 목표 알려 주기, 사전 지식 회상 자극하기, 내용 제시하기, 학습안내 제공하기, 수행 '연습' 유도하기, 정보성 피드백 제공하기, 수업을 잘 배웠는지 수행평가하기, 파지와 전이 향상하기이다.
4. 구성주의는 학습을 환경과의 상호작용 과정에서 내부 정신적 표상을 구축하는 과정으로 본다. 구성주의는 학습자 중심, 상황 기반, 협력적, 유의미한 구성을 강조한다.
5. 테크놀로지와 학습이론은 상호작용한다. 학습이론과 테크놀로지는 정보 처리와 지식 습득이라는 과정을 통해 연결되고 얽혀 있다. 정보 기술이 급속도로 발전하면서 MOOC, 소셜 네트워킹, 클라우드 컴퓨팅과 같은 테크놀로지가 교수·학습환경에서 폭넓게 활용되고 있다.

학습자료

- 행동주의는 아동이 자연 언어를 어떻게 습득하는지 설명하지 못했으며, 또한 비슷한 시기에 메인프레임 컴퓨터는 인간의 마음을 컴퓨터 프로세서에 비유한 인지구조 모델을 확산시켰다(Anderson, 1983; 카네기멜론 대학교의 ACT-R 웹사이트 http://act-r.psy.cmu.edu/ 참조).
- 학습이론에 대한 타임라인 그림의 x축에 시간을 추가하여 1913년[Watson의 「행동주의자가 보는 심리학(Psychology as the Behaviorist Views it)」]부터 2020년까지를 표현하고 y축에 깊이와 폭을 표현해 본다. 행동주의, 인지주의, 사회적 구성주의, 조직 학습, 머

신 러닝을 포함시키고 다른 몇 가지 주요 학습이론을 추가하는 것도 좋다.

참고문헌

AlDahdouh, A. A., Osório, A. J., & Portugal, S. C. (2015). Understanding knowledge network, learning and connectivism. *International Journal of Instructional Technology and Distance Learning, 12*(10), 1-19.

Anderson, J. R. (1983). *The architecture of cognition*. Harvard University Press.

Benjamin, L. T. (1988). A history of teaching machines. *American Psychologist, 43*(9), 703-712.

Bransford, J. D., Sherwood, R. D., Hasselbring, T. S., Kinzer, C. K., & Williams, S. M. (1990). Anchored instruction: Why we need it and how technology can help. In *Cognition, education and multimedia* (pp. 115-141). Erlbaum Associates.

Chen, Q., & Liu, D. (2011). *Educational psychology*. Higher Education Publication.

Cognitivism and Gagné's Model of Learning. (1970). Retrived from http://faculty.coe.uh.edu/ smcneil/cuin6373/idhistory/cognitivism.html

Ferster, C. B., & Skinner, B. F. (1957). *Schedules of reinforcement*. Appleton-Century-Crofts.

Gagné, R. M. (1985). *The conditions of learning* (4th ed.). Holt, Rinehart & Winston.

Gagné, R. M., Wager, W. W., Golas, K. C., & Kelle, J. M. (2005). *Principle of instructional design* (5th ed.). Thomson Learning Inc.

Huang, R., & Liu, H. (2001). Systematic view of collaborative learning. *Modern Educational Technology, 11*(1), 30-34.

Huitt, W. (2003). The information processing approach to cognition. *Educational Psychology Interactive*. Valdosta State University.

Kaplan, A. M., & Haenlein, M. (2016). Higher education and the digital revolution: About MOOCs, SPOCs, social media, and the Cookie Monster. *Business Horizons, 59*(4), 441-450.

Koehler, M. J., Mishra, P., Kereluik, K., Shin, T. S., & Graham, C. R. (2014). The technological pedagogical content framework. In J. M. Spector, M. D.

Merrill, J. Elen & M. J. Bishop (Eds.), *Handbook of research on educational communications and technology* (4th ed., pp. 101-111). Springer.

Lewin, T. (2013). Universities abroad join partnerships on the web. Retrieved from https://www.edx.org/news/new-york-times/universities-abroad-join-partnerships

Lionni, L. (1970). *Fish is Fish.* Alfred Knopf.

Lohr, L., & Chang, S. L. (2005). Psychology of learning for instruction. *Educational Technology Research and Development, 53*(1), 108-110.

Palincsar, A. S., & Brown, A. L. (1986). *Reciprocal teaching: Teaching reading as thinking.* North Central Regional Educational Laboratory.

Siemens, G. (2005). *Connectivism: Learning as network-creation.* ASTD Learning News.

Siemens, G. (2006). Knowing knowledge. Retrieved from http://www.elearnspace.org/ KnowingKnowledge_LowRes.pdf

Siemens, G. (2010). What are learning analytics.

Simandan, D. (2013). Introduction: Learning as a geographical process. *The Professional Geographer, 65*(3), 363-368.

Skinner, B. F. (1953). *Science and human behavior.* The Free press.

Spector, J. M. (2016). *Foundations of educational technology: Integrative approaches and interdisciplinary perspectives* (2nd ed.). Routledge.

Spector, J. M., Merrill, M. D., Elen, J., & Bishop, M. J. (2014). *Handbook of research on educational communications and technology* (4th ed.). Springer.

The Columbia Encyclopedia. (2001). *sixth edition.* Columbia University Press.

Thorndike, E. L. (1898). Animal intelligence: An experimental study of the associative processes in animals. *Psychological Monographs: General and Applied, 2*(4), i-109.

Thorndike, E. L. (1905). *The elements of psychology.* A. G. Seiler.

Vygotsky, L. S. (1987). *The collected works of L. S. Vygotsky: Problems of general psychology.* (Vol. 1). (R. W. Rieber & A. S. Carton, Eds.). Plenum Press.

Watson, J. B. (1930). *Behaviorism* (Revised edition). University of Chicago Press.

제3장

학습목표, 교수법, 테크놀로지의 연계

학습내용

- 교수전략과 학습목표의 연계
- 교육적 활용을 위한 테크놀로지의 유형
- 교육적 활용을 위한 테크놀로지 선정 원칙

학습목표

- 학습목표의 유형을 구분할 수 있다.
- 주어진 학습목표에 적합한 교수전략을 선택할 수 있다.
- 특정 학습유형에 적합한 교육적 접근과 관련 테크놀로지를 파악할 수 있다.
- 학습유형에 적합한 교육적 접근과 테크놀로지를 선정하는 방법에 대한 조언을 제공할 수 있다.

학습활동

01 이 장에서 언급된 교육적 접근 중, 적절한 테크놀로지의 선정에 영향을 미치는 것을 생각해 본다. 적절한 테크놀로지를 선정할 때 추가될 수 있는 다른 교육적 접근에는 무엇이 있는가? 이 장에서 사용된 교육적 접근은 무엇인가? 이 장의 내용을 교실 환경에서 다루기 위해 추가할 수 있는 전략과 테크놀로지로 무엇을 추천하겠는가?

02 8학년 학생에게 바다의 조수(tide; 또는 당신이 선택한 학습주제)를 가르친다고 가정해 보자. 조수에 대한 수업목표를 설정하고, 이를 효과적으로 지원할 수 있는 교육적 접근을 선택해 본다. 그런 다음 해당 수업지원에 적절한 테크놀로지는 무엇인지 생각해 본다.

1. 서론

이 장에서는 학습설계에 대해 이론적으로 일관된 방식으로 접근하려면, 교수법 이론을 학습의 바람직한 특성들과 연계하고, 이를 학습목표 및 적절한 교육적 접근과 연결하여 관련 활동, 도구, 인적 · 기술적 자원을 조정해야 한다고 설명한다. 이러한 접근법은 교육적 실천이 학습이론을 효과적으로 반영하도록 하는 데 목적이 있다. 다양한 학습이론과 인식론적 관점(예: 행동주의, 인지주의, 구성주의)은 정보 처리 및 지식 구축 방식에 대한 서로 다른 개념을 제시하며, 이는 효과적인 테크놀로지 활용 방식에도 영향을 미친다. 교육의 핵심 기능이 학습자가 선언적 · 절차적 · 맥락적 지식을 습득하고 발전시키도록 돕는다는 점에서 학습이론과 테크놀로지는 동반자라고 할 수 있다.

학습이론과 테크놀로지를 연계하는 개념은 학습이론(예: 인지주의, 사회적 구성주의)이 더욱 성숙해지고, 신기술이 보다 저렴해지고 보편화됨에 따라(예: 인터넷, 소셜 네트워크) 중요해졌다. 학습이론과 테크놀로지의 관계에 대한 비판적 분석은 다음과 같은 관점에서 구조화할 수 있다. ① 사회 및 교육의 변화는 학습이론과 테크놀로지의 선정 및 활용 방식에 영향을 미쳐 왔다. ② 학습이론과 테크놀로지는 광범위하고 명확히 정의되지 않은 개념적 영역에 위치해 있다. ③ 학습이론과 테크놀로지는 정보 처리, 지식 습득 및 형성과 연결되어 있으며 서로 밀접하게 얽혀 있다. ④ 교육공학은 프로그램이나 교수자 통제에서 점차 공유 및 학습자 중심의 통제를 강조하는 방향으로 변화하였다. ⑤ 학습이론과 그 연구 결과는 다양한 원칙과 적용이 복합적으로 구성된 형태를 띠고 있다(Spector, Merrill, van Merriënboer, & Driscoll, 2008). 이 장에서는 교육적 접근(pedagogical approach)과 교수전략(instructional strategy)이라는 용어를 혼용하여 사용하지만, 일부 학자들은 학습이 형식 학습환경뿐만 아니라 비형식적 상황도 포함한다는 점에서 두 개념이 차이가 있다고 주장한다.

2. 학습목표와 교수전략의 연계

1) 학습목표의 유형

교수설계의 분석 단계에서 설계자는 학습내용의 유형을 고려할 필요가 있다(Anderson & Krathwohl, 2001). Gagné(1985)는 학습 가능한 요소를 다음과 같이 다섯 가지로 구분하였다. ① 언어 정보(예: 사실적 지식, '~라는 것을 안다'에 해당), ② 인지전략(예: 문제 상황을 해결하는 과정 선택, '~하는 이유와 시기를 안다'에 해당), ③ 지적 기능(예: 규칙을 적용하여 문제 해결, '~하는 방법을 안다'에 해당), ④ 운동 기능(예: 자전거 타기, '~을 수행할 수 있다'에 해당), ⑤ 태도(예: 과학에 대한 흥미, '~에 관심 또는 성향을 갖고 있다'에 해당)이다(〈표 3-1〉 참조).

〈표 3-1〉 Gagné의 학습유형

언어 정보	사실적 지식
인지전략	문제 해결과 사고를 위한 메타인지전략
지적 기능	변별, 개념 적용, 규칙 사용, 문제 해결
운동 기능	행동적인 신체적 기능
태도	개인의 행동 선택에 영향을 미치는 내적 상태

용어 정의

- **언어 정보**: 특정 사실을 아는 것으로, 예를 들어 하루가 24시간이라는 것, 조수(tides)가 하루에 두 번 발생한다는 것을 아는 것이 이에 해당한다. 선언적 지식이라고도 한다. 언어 정보의 예로는 곤충이 다리가 여섯 개라는 사실이나 1바이트가 8비트(0과 1)로 구성된다는 사실을 아는 것 등이 있다.
- **인지전략**: 특정 문제를 해결하기 위해 적절한 접근법을 선정하는 것이다. 문제에 대한 인식뿐만 아니라 문제와 관련된 자신의 지식과 능력을 인식하는 인지과정으로 상황적 지식 또는 인과적 지식이라고도 한다. 인지전략의 예

로는 문제 해결을 위해 반반 나누기 기법을 사용하는 것, 특정 데이터 세트에 버블 정렬 알고리즘을 적용하는 것 등이 있다.

- **지적 기능**: 무엇인가를 수행하는 방법을 아는 것으로 절차적 지식이라고도 한다. 하위 기능에는 변별, 개념 적용, 규칙 사용, 문제 해결이 포함되며, 지적 기능에는 방정식 풀기, 사물을 범주별로 분류하기, 특정 상황에 적용할 관련 원리 파악하기 등이 있다.
  - **변별**: 특정 범주에 속하는 개체들을 구별하여 각각 다르게 반응하는 능력을 의미한다. 변별 과제의 예로는 꽃, 개, 채소, 다른 국적의 사람 등 여러 종류의 사물을 구별하는 것이 있다.
  - **개념 적용**: 적절한 개념(구체적과 추상적 개념 모두)을 판별하고 활용하는 것이다. 구체적 개념의 예로는 의자와 테이블이 있고, 추상적 개념의 예로는 증오와 사회적 응집력이 있다.
  - **규칙 사용**: 주어진 상황이나 조건에서 특정 입력 유형과 적절한 행동을 취하는 방식으로 규칙을 적용하는 것이다. 규칙 사용의 예로는 개별 사건의 확률을 곱하여 두 사건이 동시에 발생할 확률을 구하는 것이 있다.
  - **문제 해결**: 기본적인 규칙들을 결합하여 복잡한 문제를 해결하는 것이다. 문제 해결은 대부분의 학습과제에서 중요한 목표이며, 이러한 과제는 종종 복잡한 구조를 갖는다.
- **운동 기능**: 근육 활동을 포함하는 신체적 기술과 몸의 움직임을 포함한다. 운동 기능의 예로는 직선 그리기, 자전거 타기, 타이어 교체하기 등이 있다. 또한 많은 운동 기능은 언어 정보, 인지전략, 지적 기능을 필요로 한다. 학습할 수 있는 다섯 가지 유형의 요소들은 서로 연결되어 있지만, 보통 특정 유형의 학습이 주를 이룬다.
- **태도**: 특정 대상, 사람, 사건에 대한 개인의 행동 선택에 영향을 미치는 내적 상태이다. 태도의 예로는 특정 방식으로 반응하는 성향을 가지거나, 특정 주제에 관심을 가지는 것 등이 있다.

여기서 핵심 내용은 학습해야 할 내용의 유형이 학습목표, 활동, 결과, 평가와 밀접하게 연관되므로 교수계획의 중요한 측면이라는 점이다. 학습내용의 유형을 파악하면 적절한 교수방법과 전략을 결정하는 데 도움이 된다. 물론 학습자, 학습자의 사전 지식, 학습이 이루어질 환경 등 고려해야 할 다른 측면도 있다(예: Eckel, 1993; Spector, Johnson, & Young, 2014 참조).

2) 교수전략과 학습목표의 유형

교수전략이란 특정 교수나 학습활동에 대한 접근 방식을 설명하는 것이다. 교수전략은 학습내용의 유형과 밀접하게 연관되어 있다. 예를 들어, 학습해야 할 내용이 비행기에서 레이더를 제거하는 방법이라면, 설명 중심(즉, 단순히 말해 주는 방식)이나 질문 중심(즉, 질문하기) 교수법만 활용하는 것은 적절하지 않을 것이다. 이러한 절차적 과제는 시범을 보이고 실제로 수행하는 방식으로 학습하는 것이 가장 효과적이다. 물론 레이더 장치의 위치나 안전 예방 조치와 같은 정보는 필요하다. 이러한 과제의 학습전략으로는 시범을 보이고 모델링한 후 학습자가 직접 수행하여 피드백을 받는 방식이 있다. 또 다른 변형 방식으로는 과제를 여러 하위 과제로 세분화하고 부분 과제 방법을 사용하는 것이다. 예를 들어, 첫 번째 준비 단계(예: 모든 시스템을 종료하고 레이더 장치에 접근하기 위해 패널을 제거하는 과정)를 하나의 단위로 보고 마스터할 때까지 충분히 연습할 수 있다. 앞서 언급한 설명 중심이나 질문 중심 교수법 외에도 지금까지 교수이론가들이 수년에 걸쳐 개발한 다양한 교수전략이 있다. 다음은 몇 가지 교수전략의 예시이다. 다음 목록은 완전하지 않은 참조용 예시이다. 상황에 따라 더 적절한 대안이 있을 수 있다.

- **반복 연습**: 어떠한 이유로든 반드시 암기해야 하는 언어 정보를 학습하는 데 적합하다.
- **튜토리얼 교수**: 간단한 절차나 특정 소프트웨어 시스템을 탐색하는 방법을

익히는 데 적합하다.

- 탐색 학습: 학습자가 처음 접하는 현상의 이해 증진에 적합하다.
- 상호작용형 시뮬레이션: 역동적이고 복잡한 시스템에 대한 비판적 사고 촉진에 적합하다.
- Socrates식 문답법: 학습자가 새로운 개념이나 낯설게 느껴지는 내용을 기존에 알고 있는 것과 연결하도록 돕는 데 적합하다.
- 강의: 새로운 주제를 소개하고 학습동기를 부여하며, 해당 주제에 대한 기초 형성에 적합하다.

〈표 3-2〉 학습목표 유형에 따라 가능한 교수전략

학습목표 유형	가능한 교수전략/교수법	
운동 기능	• 반복 연습 • 부분 과제 훈련 • 완전 학습	• 프로그램 교수 • 직접 교수
태도	• 역할 놀이 • 시나리오 분석	• 학급 회의 • 경험 기반 학습
언어 정보	• 반복 연습 • 튜토리얼 • 프로그램 교수 • 게임	• 강의 • 완전 학습 • 직접 교수
인지전략	• 탐색 학습 • 시뮬레이션	• Socrates식 문답법 • 집단 조사
지적 기능: 변별, 개념 적용	• 반복 연습 • 튜토리얼 • 사례 연구 • 강의	• 귀납적 사고(분류) • 개념 습득 • 선행 조직자
지적 기능: 규칙 사용	• 튜토리얼 • 탐색 학습	• 시뮬레이션 • 사례 연구, 게임, 강의, 토론
지적 기능: 문제 해결	• 탐색 학습 • 협력 학습 • 협력적 지식 구축	• Socrates식 문답법 • 프로젝트 기반 학습

물론 이 외에도 많은 전략이 존재하며 다양한 방식으로 적용될 수 있다. 강의 수준에서의 일반적인 접근 방식은 경험적 전략일 수 있지만, 개별 단원 수준에서는 기본 개념을 소개하기 위해 강의가 효과적이고, 활동 수준에서는 사례 기반 협력적 담화나 상호작용형 시뮬레이션 등이 효과적으로 활용될 수 있다. 중요한 것은 몇 번이나 언급하였듯이, 교수전략을 학습내용의 유형과 일치시키는 것이다. 특정 학습과제에 적절한 전략을 결정하는 것은 교수설계의 핵심 요소이며, 이는 앞서 여러 차례 언급하였다. 교수설계자는 교수이론과 관련 학습이론에서 제안하는 다양한 전략과 학습내용의 유형 및 학습자 특성을 반영하고, 최적의 학습성과를 달성하기 위한 전략을 배치하는 방안을 수립해야 한다(〈표 3-2〉 참조).

완전 학습

완전 학습 모델은 모든 학생이 자신의 필요, 흥미, 능력에 따라 충분한 시간, 적절한 교수, 즉각적 지원이 제공되면, 학습을 하고 숙달 수준에 도달할 수 있다고 가정한다(Schwartz & Beichner, 1998). 따라서 이 모델은 충분한 시간과 적절한 유형의 스캐폴딩 및 피드백(즉, 학습지원)을 제공하여 거의 모든 학생, 즉 학습자의 95%가 숙달 수준(즉, 과목 숙달 지표인 A 학점)을 달성하는 데 중점을 둔다(Bloom, 1971 참조).

프로그램 교수

일반적으로 프로그램 교수나 프로그램 학습은 티칭 머신 또는 프로그램된 교재를 활용하여 수행된 교수나 학습을 의미한다. 프로그램 교수는 교사의 도움 여부와 관계없이 프로그램된 교재, 티칭 머신, 컴퓨터 등의 다양한 자료를 활용하여 개별화된 학습을 제공하거나 받는 방식이다(Schwartz & Beichner, 1998).

시뮬레이션

시뮬레이션은 학생들에게 훈련을 제공하기 위한 기법으로 활용된다. 이러한 유형의 교수활동은 학생들에게 강력한 학습도구를 제공한다(Schwartz & Beichner, 1998).

직접 교수

직접 교수는 학문적 지식과 기술 습득을 핵심 목표로 하는 교육적 접근이다. 이 접근법은 다양한 주제 영역을 학습하는 전략 개발에도 활용될 수 있다(Schwartz & Beichner, 1998). 행동주의 교육적 접근은 운동 기능과 언어 정보의 학습성과에 적합하다. 가능한 교수법에는 반복 연습, 부분 과제 훈련, 튜토리얼, 게임, 강의 등이 있다. 운동 기능 학습의 전략에는 실제적이거나 시뮬레이션된 인공물을 활용한 실습 경험, 시뮬레이션 및 VR과의 상호작용이 포함된다.

귀납적 사고

귀납적 사고 모델은 학생들이 여러 개의 예제와 비예제를 바탕으로 일반적인 규칙이나 패턴을 도출하는 개념 형성의 사례이다. 이 접근법은 Taba(1971)에 의해 개발되었다(https://www.csus.edu/indiv/m/mcvickerb/imet_sites/fundamentals/inductive/taba_handbook.htm 참조). 분류하는 법을 배우는 기본 요소로서, 학생들은 분류 활동을 통해 정보와 개념을 학습한다. 또한 학생들은 특정 주제 영역의 개념적 이해를 형성하는 방법과, 분류를 기반으로 가설을 설정하고 검증하는 방법을 학습한다. 귀납적 사고에서 분류는 고차원적 사고 능력의 기본이 된다고 여겨지고, 음운학에서 물리학까지 다양한 지식 분야에 적용될 수 있는 일반적 모델이다.

개념 획득

개념 획득 모델은 개념 학습과 같은 학습유형을 촉진하는 모델로서 사실 정보나 어휘를 암기하는 방식과 대조된다. 실제에서는 예제를 활용하여 개념을 가르치기 위한 귀납적 모델로 작동한다. 따라서 학생들이 특정 개념을 습득하는 데 도움을 줄 뿐만 아니라, 개념 형성 과정 자체를 인식하도록 돕는다.

선행 조직자

Ausubel이 주장했듯이, 선행 조직자는 학습자의 인지구조를 강화하고, 새로운 지식이나 정보를 학습하고 기억할 가능성을 높이는 핵심적인 도구이다. Ausubel은 선행 조직자를 학습과제에 앞서 제시되는 소개 자료 또는 활동으로, 학습과제 자체보다 추상화와 포괄성이 더 높은 수준으로 설명하였다. 선행 조직자의 목적은 학습과제의 내용을 설명 및 통합하며, 이전에 학습한 내용과 연결하는 것이다(Ausubel, 1968). 선행 조직자는 특히 강의나 독서를 통해 학습할 때 정보를 흡수하고 조직하는 능력을 향상시킨다. 활용 가능한 영역으로는 인지 전략 및 지적 기능(예: 변별 과제, 개념 학습, 탐색 학습 및 시뮬레이션)에 대한 학습이 있다. Socrates식 문답법 역시 선행 조직자의 한 형태로 활용될 수 있다. 활용 가능한 테크놀로지에는 관리 비행 시뮬레이터, 상호작용형 시뮬레이션, 퍼즐(Suchman, 1964), 탐구 훈련 시스템, ITS 등이 있다.

집단 탐구

집단 탐구는 학급이 소규모 그룹으로 나누어 적극적으로 협력하여 학습하며, 학생들이 자신의 학습목표와 과정을 주도적으로 설정하도록 하는 교수법이다. 집단 탐구의 예로는 모둠으로 곤충 행동 관찰하기, 과학 연구팀에서 소행성의 운동 곡선을 분석하는 것 등이 있다(Sharan & Sharan, 1990). 소규모 집단 탐구는 문제 기반의 의학 훈련에서도 자주 활용된다.

학급 회의 전략

학급 회의 전략은 학생들이 모둠으로 학급 내 문제를 논의하도록 시간을 따로 배정하는 다목적 학급 관리 접근법이다. 학급 회의 모델의 예로는 "부정행위를 어떻게 다뤄야 하는가" "학교에서 괴롭힘과 따돌림 문제를 해결하기 위해 무엇을 할 수 있는가?"와 같은 질문을 다루기 위해 학급 회의를 개최하는 것이 있다(Class Meetings–TeacherVision, n.d.). 교실 수업방식은 많은 비판을 받아 왔지만, 여전히 적용 범위는 매우 넓다.

프로젝트 기반 학습 접근법

프로젝트 기반 학습 접근법은 교사가 설정한 제약 조건 내에서 능동적인 학습을 장려하는 교수법이다. 이 접근법에서 학생들은 단순하지 않은 문제의 해결책을 찾기 위해 질문을 설정하고 수정하기, 아이디어 논의하기, 예측 세우기, 계획 및 실험 설계하기, 데이터 수집 및 분석하기, 결론 도출하기, 자신의 아이디어와 연구 결과를 타인과 공유하기, 새로운 질문 제기하기, 최종 결과물 제작하기의 과정을 거친다. 프로젝트 기반 학습은 오늘날 테크놀로지의 도움을 받아 교실에서 다시 활발히 활용되고 있다. 학생들은 정보를 수집하기 위해 디지털 도구를 활용하고, 학습결과물을 제작하기 위해 멀티미디어를 활용한다. 학생들은 자신들이 예상하는 프로젝트의 최종 결과물을 중심으로 안내를 받는다. 교사는 학생들이 학습에 집중하고 생산적인 활동을 이어 나갈 수 있도록 팀을 코칭하며, 이 과정에서 학생들은 자기 관리 능력과 협업 능력을 키운다. 또한 학생들은 내용에 대해 동료 피드백을 제공하고 자신의 연구 결과에 대한 존중을 보임으로써 더욱 심층적인 내용을 학습하게 된다. 각 팀의 최종 결과물은 전체 수업에서 발표되어 학습한 내용에 대한 이해를 보여 준다.

탐구 기반 학습 접근법

탐구 기반 학습 접근법은 학생들이 특정 질문이나 복잡한 문제를 중심으로 지식을 습득하는 방식이다. 교사는 학생들이 의견을 제시하고, 질문을 도출하며, 웹에서 관련 데이터를 수집하는 과정에서 적절한 스캐폴딩을 제공하여 돕는다. 이 과정에서 문제의 설정이 매우 중요하다. 협력적 탐구는 프로젝트 기반 학습과 과정적으로 유사하지만, 핵심 질문과 학생들이 차후 분석을 위한 데이터를 수집하는 복잡한 문제를 중심으로 한다는 점에서 차이가 있다. 탐구 기반 학습에서 문제 설정은 해결책을 찾는 것만큼, 혹은 그보다 더 중요하다. 모바일 기술을 활용하면 현장 데이터에 더 쉽게 접근할 수 있으며, 분석 도구를 활용하여 수집한 데이터를 더 쉽게 이해할 수 있다.

구성주의적 접근을 지원할 수 있는 테크놀로지로는 툴킷이나 기타 지원 시스템이 있다. 자료와 전문 지식에 대한 접근성은 흥미롭고, 학습자 중심적이며, 적극적이고 실제적인 학습환경을 조성할 수 있다. 적합한 테크놀로지에는 마이크로월드와 시뮬레이션이 있다.

협력 학습

협력 학습은 일반적으로 두 명 또는 그 이상이 함께 학습하거나(Dillenbourg, 1999), 공유된 목표를 달성하기 위한 상황으로 정의된다(Johnson & Johnson, 1986). 효과적인 협력 학습의 특징으로는 구성원 간의 긍정적인 상호의존성, 그룹 및 개인의 책임감, 대인 관계 기술, 자기 모니터링 능력, 지속적인 진척도 확보, 진행을 방해하는 행동 패턴을 중단하는 것 등이 있다(Johnson & Johnson, 1986). 협력 학습의 예로는, 부모가 자녀와 함께 과제를 수행하는 것, 지역 사회 경제 활동에 참여하는 것 등이 있다(Collaborative Learning, 2017). 3~5명의 학습자로 구성된 소규모 그룹이 효과적인 경우가 많으며, 때로는 그룹 구성원 간의 역할을 주기적으로 교대함으로써 모든 학습자가 과제의 모든 측면을 학습할 수도 있다(Johnson & Johnson, 1996).

협력적 지식 구축

협력적 지식 구축(collaborative knowledge building)은 문제와 심층적인 이해에 초점을 맞추며, 집단으로 개념적 산출물을 생성 · 검증 · 개선하는 단계를 거친다. 지식 구축은 교육을 근본적인 방식으로 재구성하려는 시도로, 학생들을 지식 창출 문화로 이끄는 통합적 노력을 의미한다. 따라서 학생들은 지식 구축 역량을 개발하는 것뿐만 아니라, 자신과 자신의 작업을 문명 전체의 지식 발전 노력의 일부로 인식하게 된다. 이러한 맥락에서 인터넷은 단순히 데스크톱 기반 도서관이나 빠른 메일 전달 체제 그 이상의 의미를 갖는다. 인터넷은 학생들이 문명 전체의 지식 구축과 연결되고, 수업활동을 그 일부로 만들 수 있는 최초의 현실적인 수단이 된다(Scardamalia & Bereiter, 2014). 지식 구축의 예로는 그룹 토론, 대화형 질문, 대화 등이 있다.

3. 교육적 활용을 위한 테크놀로지 유형

1) 테크놀로지

Rogers(1995)에 따르면, 테크놀로지는 원하는 결과를 달성하는 과정에서 인과 관계의 불확실성을 줄이기 위한 도구적 행동의 설계이다. 또 다른 정의에서는 테크놀로지를 집단이나 사회가 중요하게 여기는 문제를 해결하기 위한 체계적인 지식의 적용이라고 설명한다. 이 두 가지 경우에서 공통적인 테크놀로지의 목적은 원하는 결과를 달성하는 것이다. 테크놀로지는 두 가지 요소로 구성될 수 있다. ① 테크놀로지를 물질적 또는 물리적 대상으로 구현하는 도구로 구성된 하드웨어적 측면, ② 해당 도구의 정보로 구성된 소프트웨어적 측면이다. 일부 테크놀로지는 이러한 구성 요소 중 하나 또는 둘 다를 포함하지 않으며, 표준 절차나 범용 알고리즘적 접근 방식으로만 구성될 수도 있다.

2) 교육공학

교육공학은 동질적인 중재가 아니라 학습을 위한 다양한 양식, 도구, 전략을 포괄하는 개념이다. 따라서 그 효과성은 교사와 학생이 원하는 교수목표 달성을 얼마나 잘 지원하는지에 달려 있다(Bruce & Levin, 1997). Bruce와 Levin(1997)은 Dewey(1938)가 수년 전에 제안한 네 가지 범주(탐구, 의사소통, 구성, 지식 표현)를 바탕으로 교육공학의 활용을 분류하는 새로운 방식을 설명하였다. 다음 〈표 3-3〉은 각 범주에 대한 간략한 설명이다.

〈표 3-3〉 교육적 활용을 위한 테크놀로지 유형

탐구	• 모델 탐색 및 시뮬레이션 툴킷 • 시각화 소프트웨어 • VR 환경 • 데이터 모델링(범주, 관계, 표현 정의) • 절차적 모델 • 수학적 모델 • 의미 네트워크와 개요 작성 도구와 같은 지식 표현 및 통합 도구 • 텍스트, 비디오, 데이터 세계에 연결하는 데이터 접근 • 하이퍼텍스트 및 하이퍼미디어 환경 • 도서관 자원 • 디지털 도서관 • 음악, 음성, 이미지, 그래픽, 비디오, 데이터 테이블, 그래프, 텍스트 등이 포함된 저장소	• 풍부한 입력을 제공하는 기술을 활용한 데이터 수집 • 네트워크를 통해 접근 가능한 원격 과학 기기 • 온도, 동작, 심박수 등을 측정하는 센서가 장착된 마이크로컴퓨터 기반 실험실 • 학생이 직접 실행하는 설문조사 및 인터뷰를 위한 설문도구 • 비디오 및 음성 녹음 • 데이터 분석 방법 및 기술 • 탐색적 데이터 분석 • 통계 분석 • 탐구 환경 • 이미지 처리 • 스프레드시트 • 표 및 그래프 제작 프로그램
의사소통	**문서 작성** • 워드 프로세싱 • 개요 작성 • 그래픽 • 철자, 문법, 용법, 스타일 도우미 • 기호 표현 • 데스크톱 출판 • 프레젠테이션 그래픽 **협력적 미디어** • 협력적 데이터 환경 • 그룹 의사결정 지원 시스템 • 공동 문서 작성 • 소셜 스프레드시트	**다른 사람과의 의사소통** • 전자메일 • 비동기식 컴퓨터 회의 • 동기식 컴퓨터 회의(텍스트, 오디오, 비디오 등) • 월드 와이드 웹과 같은 분산형 정보 서버 • 학생이 제작한 하이퍼텍스트 환경 **교수 미디어** • 튜터링 시스템 • 교수 시뮬레이션 • 반복 연습 시스템 • 원격 멘토링
구성	• 레고 구성 요소, 탱그램 퍼즐, 루빅 큐브	• 컴퓨터 지원 설계 소프트웨어 • 3D 프린팅
지식 표현	• QR 코드, GPS 디스플레이와 같은 센서 및 기술 활용 • 그래프 및 차트 • 그림 그리기 및 페인팅 프로그램 • 음악 제작 및 반주	• 음악 작곡 및 편집 • 상호작용형 비디오 및 하이퍼미디어 • 애니메이션 소프트웨어 • 멀티미디어 작곡

4. 교육적 활용을 위한 테크놀로지 선정 원칙

Mayer(2009)는 멀티미디어 학습의 몇 가지 원칙을 제안했으며, 이는 교육적 활용을 위한 테크놀로지 선정의 안내 기준으로도 활용될 수 있다. 해당 원칙들은 다음과 같다.

① 적절성 원칙

- 테크놀로지는 수업의 일반적 및 구체적 목표를 촉진해야 한다.
- 테크놀로지는 어휘 수준, 개념의 난이도, 전개 방식, 학습자의 흥미와 같은 의도된 수준에 적합해야 한다.
- 테크놀로지는 교육과정의 기본 요소이거나 보조 역할을 해야 한다.

② 진위성 원칙

- 테크놀로지는 정확하고 최신이며 신뢰할 수 있는 정보를 제공해야 한다.

③ 비용 원칙

- 대체 가능한 해결책과 대안 간의 상충 관계를 고려해야 한다.

④ 흥미 원칙

- 테크놀로지는 학습자의 관심을 끌고, 호기심을 자극하며, 학습자의 지적 호기심을 충족시켜야 한다.
- 테크놀로지는 학습자의 동기를 유발하고 창의성을 장려하며, 학습자가 상상력을 발휘할 수 있도록 해야 한다.

⑤ 조직 및 균형 원칙

- 테크놀로지는 내용이 체계적으로 구성되고 균형 잡혀 있어야 한다.
- 자료의 목적이 명확하게 제시되거나 인식될 수 있어야 한다.

- 자료의 논리적 구성과 명확성이 보장되어야 하며, 강화 · 전이 · 적용과 같은 학습원칙과 일치해야 한다.

핵심 내용

1. 선택해야 할 교수전략의 유형은 학습목표와 학습유형에 따라 달라진다. 테크놀로지는 교수전략과 일치해야 한다.
2. 학습목표 달성을 위해 학습자는 탐구, 의사소통, 구성, 지식 표현과 같은 학습활동에 참여하게 된다. 적절한 테크놀로지를 선택할 때 학습유형과 교수법을 함께 고려해야 한다.
3. 테크놀로지 선정에 적합한 교수법에는 연습 및 피드백 접근, 표상적 접근, 협력적 접근, 프로젝트 기반 접근, 탐구 기반 접근, 비형식적 및 자율 학습 접근이 포함된다.
4. 교육적 활용을 위한 테크놀로지 선정의 원칙에는 적절성 원칙, 진위성 원칙, 비용 원칙, 흥미 원칙, 조직 및 균형 원칙이 포함된다.

참고문헌

Anderson, L. W., & Krathwohl, D. R. (2001). *A taxonomy for learning, teaching and assessing: A revision of bloom's taxonomy of educational objectives*. Longman.

Ausubel, D. P. (1968). *Educational psychology: A cognitive view*. Holt Rinehart and Winston.

Bloom, B. S. (1971). *Mastery learning*. Holt, Rinehart, & Winston.

Bruce, B. C., & Levin, J. A. (1997). Educational technology: Media for inquiry, communication, construction, and expression. *Journal of Educational Computing Research, 17*(1), 79-102. https://doi.org/10.2190/7HPQ-4F3X-8M8Y-TVCA

Class Meetings - Teacher Vision. (n.d.). Retrieved from https://www.teachervision.com/classroom-management/class-meetings

Collaborative learning. (2017, June 5). *In Wikipedia*. Retrieved from https://en.wikipedia.org/w/index.php?title=Collaborative_learning&oldid=783993063

Dewey, J. (1938). *Experience and education*. Kappa Delta Pi.

Dillenbourg, P. (1999). What do you mean by collaborative learning? In P. Dillenbourg (Ed.), *Collaborative-learning: Cognitive and computational approaches* (pp. 1-19). Elsevier.

Eckel, K. (1993). *Instruction language: Foundations of a strict science of instruction*. Educational Technology Publications.

Gagné, R. M. (1985). *The conditions of learning* (4th ed.). Holt, Rinehart & Winston.

Johnson, D., & Johnson, R. (1986). *Circles of learning*. Interaction Book Company.

Johnson, D. W., & Johnson, R. T. (1996). Cooperation and the use of technology. *Handbook of research for educational communications and technology: A project of the Association for Educational Communications and Technology*, 1017-1044.

Mayer, R. E. (2009). *Multimedia learning* (2nd ed.). Cambridge University Press.

Rogers, E. (1995). *The diffusion of innovations* (4th ed.). Free Press.

Scardamalia, M., & Bereiter, C. (2014). Knowledge building: Theory, pedagogy, and technology. In K. Sawyer (Ed.), *Cambridge handbook of the learning sciences*.

Schwartz, J. E., & Beichner, R. J. (1998). *Essentials of educational technology*. Allyn & Bacon.

Sharan, Y., & Sharan, S. (1990). Group investigation expands cooperative learning. *Educational Leadership, 47*(4), 17-21.

Spector, J. M., Johnson, T. E., & Young, P. A. (2014). An editorial on research and development in and with educational technology. *Educational Technology Research and Development, 62*(1), 1-12.

Spector, J., Merrill, M. D., van Merrienboer, J., & Driscoll, M. P. (2008). *Handbook of research on educational communications and technology*. Springer.

Suchman, J. R. (1964). The Illinois studies in inquiry training. *Journal of Research in Science Teaching, 2*(3), 230-232. http://doi.org/10.10

Taba, H., Durkin, M. C., Fraenkel, J. R., & NcNaughton, A. H. (1971). *A teacher's handbook to elementary social studies: An inductive approach* (2nd ed.). Addison-Wesley.

제2부

교육공학의 관점

Perspectives of Educational Technology

Educational Technology

A Primer for the 21st Century

제4장

교육공학의 체제적 관점

학습내용

- 시스템(체제)에 대한 이해
- 교육체제
- 교육공학 체제
- 지능형 컴퓨터 보조 교수
- 지능형 튜터링 시스템

학습목표

- 시스템의 개념, 형성 조건 및 세 가지 기본 원칙을 설명할 수 있다.
- 교육체제의 일반적인 구조를 설명할 수 있다.
- 교육공학 체제의 일반적인 구성 요소를 설명할 수 있다
- 교육공학 체제의 네 가지 기본 요소와 이들이 어떻게 상호작용하는지 설명할 수 있다.

학습활동

01 시스템(체제)을 형성하는 조건에 대해 동료들과 토론해 본다. 시스템의 특징과 구성 요소는 무엇인가? 특정 예시를 들어 자신의 생각을 설명해 본다.

02 자신이 경험한 교육체제를 하나 선정하고, 그 체제의 요소들이 무엇이며 요소들 간의 전형적인 상호작용은 무엇인지 주요 투입 및 산출 요소와 관련하여 나열해 본다.

03 교실을 하나의 체제로 보는 관점을 생각해 본다. 일반적인 요소들은 무엇인가? 그 요소들은 서로 어떻게 영향을 미치는가? 책상과 의자의 배치가 상호작용에 영향을 미치는가? 교실 체제의 전형적인 투입과 산출 요소는 무엇인가?

04 중등학교 교사들이 다양한 과학 주제의 학습목표에 맞춘 상호작용형 게임 제작을 지원하는 시스템을 설계 · 개발 · 배포하는 과정을 포함하도록 하고, 개념도를 작성해 본다. 다른 사람들이 설계 및 개발을 담당하고, 자신의 역할은 이 시스템이 사용될 더 큰 맥락을 개념적으로 도식화하는 것이다. 개념도는 시스템의 주요 구성 요소들과 시간이 지남에 따라 발생할 수 있는 동적인 상호작용을 반드시 포함해야 한다. 개념도는 한 페이지 이내로 작성하고 각 구성 요소와 상호작용을 설명하는 주석을 포함해야 한다.

1. 시스템(체제)*에 대한 이해

오스트리아의 생물학자 Ludwig Von Bertalanffy(1901~1972)는 1968년에 발표된 일반 시스템 이론의 창시자 중 한 명으로 알려져 있다. Bertalanffy에 따르면, 시스템이란 서로 환경 내에서 상호관련된 요소들의 집합으로 정의된다(Bertalanffy, 1968). Peter Michael Senge(1947~)는 미국의 시스템 과학자이자 조직 학습 학회(Society for Organizational Learning)의 창립자이다. Senge는 기업을 학습조직으로 변화시키기 위해 시스템 사고 기법을 활용한 집단 문제 해결에 초점을 맞춘 책인 『제5경영: 학습하는 조직의 기술과 실제(The Fifth Discipline: The Art and Practice of the Learning Organization)』의 저자로 알려져 있다.

시스템은 자연계(예: 태양계, 신경계, 다양한 생태계 등)는 물론 인간이 만든 것(예: 정부 시스템, 학교 시스템, 도서관 시스템 등)에도 널리 퍼져 있다. 요컨대, 우리는 매일 다양한 방식으로 시스템 속에서 살아가며 상호작용하고 있다. 이 장에서는 교육과 테크놀로지가 결합된 시스템을 중점적으로 다룰 것이며, 이러한 시스템은 이미 매우 다양하며 앞으로도 더욱 많아질 것으로 예상된다.

시스템은 서로 상호작용하고 연결되어 있는 두 개 이상의 요소가 유기적, 통합적, 또는 조정된 전체로 기능하는 조합이다. 시스템에는 다음과 같은 세 가지 주요 측면이 있다(Huang, Sha, & Peng, 2006).

- 시스템은 두 개 이상의 요소로 구성된다. 시스템은 보편적으로 존재하며, 많은 객체와 과정을 포함한다.
- 시스템은 단순히 요소들의 집합이 아니라, 요소들이 어떻게 연결되어 있으며 시간이 지남에 따라 어떻게 상호작용하는지를 포함한다. 시스템은 시간의 흐름에 따라 변화한다. 각 시스템의 변화와 발전은 물질, 에너지, 정보의 교환을 통해 이루어지며, 이는 시스템의 동적 안정성과 개방성을 동시에 증

* 역자 주: 'system'은 문맥에 따라 '시스템' 또는 '체제'로 번역함.

진시킬 수 있다.

- 시스템은 특정 환경이나 맥락에 위치한 일종의 경계가 있는 전체이며, 투입은 환경에서 나오고 산출은 환경으로 돌아간다. 각 시스템은 그것을 둘러싼 환경과 함께 더 크고 넓은 시스템을 형성할 수 있으며, 기존 시스템의 일부 요소들은 새로운 시스템의 하위 체제으로 간주될 수 있다.

1) 시스템의 요소

시스템은 다섯 가지 기본 요소로 설명될 수 있다([그림 4-1] 참조). ① 시스템을 구성하는 다양한 요소([그림 4-1]의 A, B, C, D), ② 시스템 구성 요소들 간의 상호작용, ③ 시스템이 존재하는 환경, ④ 환경에서 시스템으로의 투입, ⑤ 시스템에서 환경으로의 산출이다(Mangal & Mangal, 2009).

일반 시스템 이론에서 시스템은 서로 관련된 부분들의 집합으로, 함께 더 큰 전체를 형성한다. 이러한 구성 요소들은 직·간접적으로 밀접하게 연결되어 있으며, 하나 이상의 요소가 변화하면 시스템 전체적 수행에 긍정적 또는 부정적인 영향을 미칠 수 있다.

2) 시스템의 예

태양계와 인체는 대표적인 시스템의 예이다.

- 태양계는 태양과 여덟 개의 행성(수성, 금성, 지구, 화성, 목성, 토성, 천왕성, 해왕성) 그리고 더 작은 천체들로 구성되어 있다. 태양계는 이러한 요소들 간의 상호작용(예: 중력 작용), 각 요소의 공전 궤도뿐만 아니라, 태양계가 존재하는 환경인 은하계로부터의 영향을 포함한다.
- 인체는 신경계, 골격계, 내분비계, 외분비계, 혈액 순환계, 호흡계, 소화계, 비뇨기계 및 생식계를 포함한 여러 시스템으로 구성되어 있다. 이러한 시스

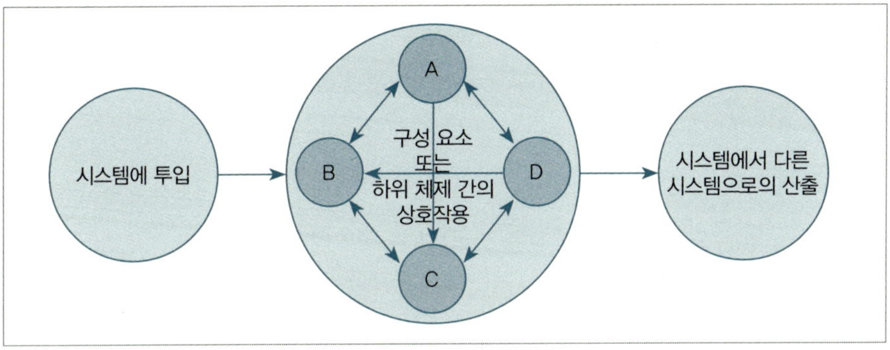

[그림 4-1] 로버트고든대학교 교육과정에서 발췌한 전형적 시스템 구조

출처: http://www2.rgu.ac.uk/celt/pgcerttlt/systems/sys3.htm 참조.

템은 서로 조율하여 다양한 생리적 기능을 수행한다. 인체는 생명 유지에 필수적인 산소, 물, 영양분을 제공하는 환경 내에 존재하며, 동시에 인체에서 환경으로 배출되는 출력도 존재한다.

2. 교육체제

Roger Kaufman(1972)은 교육에 시스템 접근 방식을 처음으로 적용한 사람 중 한 명이다. 교육체제는 인위적으로 구축되었으며 사회의 하위 체제로 간주된다. 교육체제는 사회로부터 투입(예: 학생)을 받아들이고, 사회로 다시 산출(예: 졸업생)을 제공하는 구조이다. 또한 교육체제는 학교 체제, 교육과정 체제, 평가 체제 등 다양한 하위 요소로 구성된 개념으로도 볼 수 있다.

1) 교육체제의 요소

교육체제는 특성에 따라 여러 수준으로 분류된다. ① 거시적 수준: 국가 및 사회 교육체제, ② 중간 수준: 지역사회 및 학교 교육체제, ③ 미시적 수준: 교수과정, 학습과정, 미디어 개발 및 기타 교육체제이다. 학교 체제는 교육의 하위

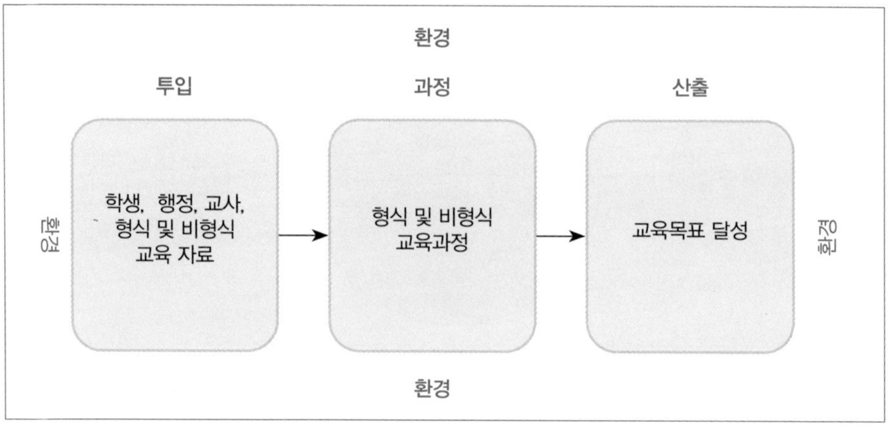

[그림 4-2] 교육체제의 구조

출처: Mangal과 Mangal(2009)에서 수정.

요소이거나 그 자체로 독립적인 하나의 완전한 체제로도 볼 수 있다(Mangal & Mangal, 2009). 이 장에서는 중간 수준에 해당하는 학교 교육체제에 초점을 맞추며, 교육체제의 구조는 [그림 4-2]에 제시되어 있다.

교육체제는 네 가지 요소로 구성된다. ① 투입: 학생, 행정, 교사, 형식 및 비형식 교육을 위한 자료, ② 과정: 형식 및 비형식 교육과정, ③ 산출: 성적, 능력 등 교육목표를 달성한 사람, ④ 환경: 형식 학습공간(예: 학교) 및 비형식 학습공간(예: 가정, 카페 등)이다. 또한 교육체제는 이러한 요소들 간의 상호작용으로 이루어진다.

교수체제는 교육체제 내의 하위 요소이지만, 서로 관련된 요소 및 상호작용(예: 자료, 평가, 강사, 학습자, 스캐폴딩 등)으로 설명할 수도 있다. 또한 교육과정은 더 큰 교수체제 내의 하위 요소로 볼 수 있다. 즉, 교육체제는 다양한 하위 체제적 요소를 기준으로 세분화하여 설명된다.

2) 교육체제의 원칙

- 전반적 원칙: 시스템은 목적 달성에 효과적이어야 한다. 교수체제는 신뢰할

수 있을 만큼 효과적이어야 한다는 점에서 무결성을 갖추어야 한다. 이는 시스템의 본질적 특성이자 시스템 이론의 핵심이다. 시스템은 환경 속의 여러 요소로 구성되며, 이러한 요소들은 목적 달성을 위해 상호작용해야 한다. 교육체제의 전반적 원칙은 교사, 학습자, 자원 간의 관계 조정을 요구한다.

- **피드백 원칙**: 시스템은 안정적이어야 한다. 시스템 역학의 관점에서 볼 때 시스템 내에는 두 가지 피드백 메커니즘이 존재하는데, 하나는 긍정적 또는 강화적 피드백이고, 다른 하나는 부정적 또는 균형적 피드백이다(Spector, 2015). 예를 들어, 달은 시속 3,600km 이상의 속도로 지구를 공전하고 있다. 그 속도라면 매일 우주로 계속 날아가고 돌아오지 않을 것이다. 여기서 지구의 중력은 이를 억제하는 균형적 메커니즘, 즉 일종의 부정적 피드백 제어 역할을 하여 달이 안정적으로 지구 주위를 공전할 수 있도록 유지한다.

  피드백 원칙은 교수체제도 피드백 메커니즘을 갖추고 있음을 시사한다. 평가는 교수체제가 안정성을 유지하도록 돕는 일종의 균형적 메커니즘이다. 모든 학생이 단순히 출석만 하고 아무런 평가(형성평가나 총괄평가 없이)도 받지 않은 채 떠난다면, 해당 시스템은 불안정해지고 학생들이 지식을 습득하고 기술을 숙달하도록 돕는 본래의 목적을 달성할 수 없게 된다. 만약 교수체제에서 학습에 대한 고려 없이 단순히 참여자 수만이 중요하다면, 해당 시스템은 교수목적을 달성하기 어려울 것이다. 실제로 초기 대규모 공개 온라인 강좌(MOOC)는 이러한 이유로 비판받은 바 있다.

- **질서 원칙**: 질서는 시스템의 본질과 구조적 기능을 의미한다. 시스템은 단순함에서 복잡함까지 다양한 규모로 분류될 수 있다. 또한 시스템은 무질서에서 질서로 분류될 수 있다. 앞서 교육체제를 여러 하위 체제의 집합으로 간주할 수 있다고 언급하였듯, 하위 체제들은 이 두 가지 척도(단순–복잡, 무질서–질서)에 따라 분류될 수 있다.

  일반적으로 교육체제는 복잡하지만 질서 있는 하위 체제들로 구성된다. 교육체제를 학년 수준의 하위 체제 관점에서 바라본다면, 초등 교육수준에서는 비교적 단순하고 다소 무질서한 형태를 띠지만, 중등 및 고등 교육수준으로 나아갈수록 점점 더 복잡하고 질서 있는 형태로 발전한다.

3. 체제적 관점에서 본 교육공학

교육공학은 체계적인 방법을 활용하여 교육문제를 분석하고, 학습을 지원하기 위한 교수체제를 설계 및 개발하는 분야이다. 체제적 관점은 다양한 요소와 상호작용을 하나의 체제로 바라보며, 이는 건강한 인체의 여러 하위 체제가 질서정연하게 작동하는 것과 유사하다. 이러한 체제적 관점과 더불어, 교수설계자와 교육공학자들은 일반적으로 안정적인 교수체제를 구축하기 위해 체계적인 방법과 절차를 활용한다. 이러한 체제적 관점과 관련된 체계적 방법과 절차는 시간이 지남에 따라 발전해 왔으며, 이는 최근 교육공학의 역사를 간략히 개관한 내용을 통해 확인할 수 있다(보다 자세한 내용은 Spector & Ren, 2015 참조).

1) 교육공학의 다섯 단계

교육공학은 단순한 텍스트 기반 자료에서부터 매우 복잡하고 상호작용적인 디지털 체제로 발전해 왔다. 〈표 4-1〉은 이러한 발달 과정을 간략하게 보여 준

〈표 4-1〉 교육공학 발달의 역사적 단계

발달 단계	구성 요소	예
직관적 교육(17세기와 18세기)	교사, 학생, 교과서	텍스트와 그림이 있는 교과서, 실제 사물과 모델
시각 교수(19세기와 20세기)	이전 구성 요소 및 시각적 산출물	슬라이드, 무성영화
시청각 교수(1920년대~1950년대)	더욱 복잡한 매체 고려 시작	교육용 텔레비전
시청각 커뮤니케이션(1950년대~1970년대)	초기 네트워크 시스템 발생 시작	PLATO
정보 통신 기술(1970년대~현재)	디지털 매체, 대형 매체 저장소, 변화하는 테크놀로지	상호작용형 컴퓨팅 시스템, VR 및 AR, 사회연결망 등

다. 여기서 중요한 점은 교육체제가 점점 더 복잡해져서 시스템을 설계, 개발, 구현 및 지원하는데 어려움이 커지고 있다는 것이다.

2) 대표적인 교육공학 체제

테크놀로지가 교육체제에 활용되면서 교육공학 체제도 빠르게 변화하고 있다. 대표적인 교육공학 체제는 컴퓨터 보조 교수(Computer-Assisted Instruction: CAI)와 지능형 컴퓨터 보조 교수(Intelligent Computer-Assisted Instruction: ICAI)에서 지능형 튜터링 시스템(Intelligent Tutoring System: ITS)으로 발전했으며, 맞춤형 및 적응형 학습이 점점 더 강조되고 있다.

(1) 컴퓨터 보조 교수(CAI)

CAI는 기계 교수와 프로그램 교수의 영향을 받아 형성되었다. CAI는 1950년대 교육 및 훈련 분야에서 처음 사용되었으며, 대표적인 사례로 PLATO 시스템이 있다. 초기 연구는 IBM 및 기타 대형 컴퓨터 제조업체뿐만 아니라 Gordon Pask와 O. M. Moore 등의 연구자들에 의해 진행되었으며, 1960년대에 교육 및 산업 연구소에 연방 정부의 연구개발 지원이 이루어지면서 급속도로 발전하였다(http://cehdclass.gmu.edu/ndabbagh/Resources/IDKB/models.htm 참조).

CAI는 학습자와 컴퓨터 기기(유용한 교수 자료가 포함된 소프트웨어) 사이에 의도적인 상호작용이 일어나는 교육방법으로, 학습자가 자신의 속도와 능력에 맞추어 원하는 학습목표를 달성하도록 돕는다(Mangal & Mangal, 2009). 이는 컴퓨터를 교수기기로 활용하는 교수유형을 의미한다.

CAI는 컴퓨터 시스템과 학생 간의 일대일 상호작용이 특징이다. 시스템은 학생의 응답을 유도하고 피드백을 제공하여 학생이 자신의 속도에 맞추어 학습을 진행할 수 있도록 한다(https://www.britannica.com/topic/computer-assisted-instruction 참조). 그러나 CAI에는 몇 가지 한계점과 단점이 존재하는데, ① 단순한 인간–기계 간 대화, ② 지식의 수동적 수용, ③ 단일 학습양식, ④ 고정된 학습절차 등이다.

더 읽어 보기

TICCIT(Time-Shared Interactive Computer Controlled Information Television)은 텍사스대학교와 브리검영대학교에서 개발한 주요 CAI 시스템으로, 1977년 미국의 국립과학재단(National Science Foundation: NSF)의 지원을 받아 개발되었다.

1971년 1월 NSF 기술혁신 그룹은 MITRE에 커뮤니티 칼리지를 위한 CAI 시스템으로 TICCIT를 추가 개발하는 계약을 맺었다. MITRE는 텍사스대학교 오스틴캠퍼스의 CAI 연구소 및 브리검영대학교의 교수 연구 · 개발 · 평가학과와 하청 계약을 맺고, UI를 개선하고 대학 수준의 영어 및 대수학 강의를 위한 방대한 교육자료를 제작하였다. 1975년부터 1977년까지 영어 및 대수학 강의용 교육자료의 시험 운영이 이루어졌으며, 이는 미국 교육시험서비스(Educational Testing Service: ETS)의 평가를 거쳤다.

(https://en.wikipedia.org/wiki/TICCIT 참조)

(2) 지능형 컴퓨터 보조 교수(ICAI)

전통적인 CAI는 컴퓨터가 단순히 지식을 전달하는 역할만 수행하며, 가르치는 내용 자체를 이해하지는 못한다. 또한 텍스트 기반 응답을 단순히 분석하는 수준 이상으로는 학습자를 이해하지 못한다. 인공지능(Artificial Intelligence: AI) 기술이 발전하고 성숙하면서, AI 기술이 보다 정교한 CAI 시스템에 적용되어 무엇을 가르쳐야 하는지, 어떻게 가르쳐야 하는지, 학습자가 어떻게 학습을 진행하고 있는지를 이해하게 되었으며, 이로 인해 ICAI가 등장하게 되었다. ICAI는 CAI의 한 응용 모드로, AI, 인지과학, 사고 과학을 기반으로 한다. ICAI는 인간 사고의 특성과 과정을 활용하여 학습자의 간단한 인지모델을 구축한다. ICAI 시스템에서 학생들은 개별화된 적응형 학습을 통해 지식을 습득할 수 있다.

ICAI는 전통적인 교수방식에 변화를 가져왔다. 학생은 인간–컴퓨터 상호작용을 통해 실시간으로 피드백을 받고, 학습속도를 능동적으로 조절할 수 있다. 따라서 전체 교수과정이 교사 중심에서 학습자 중심으로 전환된다. 1970년에 ICAI 시스템 중 가장 영향력 있는 최초의 사례는 남아메리카의 지리를 가르치는

SCHOLAR 시스템이었으며 ICAI 연구의 선례를 마련하였다.

ICAI 시스템은 AI 기술(예: 생산 규칙 모델, 역방향 연쇄 추론 등)을 활용하여 지식을 표현하고 학생과 상호작용하여 특정 분야에서 학습자의 학습을 자극하고 조절하는 컴퓨터 프로그램을 갖추고 있다. 지능형 교수시스템에서는 학습자가 교육환경과 능동적으로 상호작용하며, 학습자의 관심과 잘못된 이해가 교수 대화를 주도하는 역할을 한다(Bottino & Molfino, 1985).

그러나 교육적 관점에서 볼 때, ICAI 시스템은 단순한 전문가 시스템뿐만 아니라 학습자의 행동과 교수방법론을 적절히 반영한 모델을 포함해야 한다(Bottino & Molfino, 1985).

○○○ 더 읽어 보기

SCHOLAR는 가장 초기의 ICAI 시스템 중 하나로서 남아메리카 지리를 가르치기 위해 설계된 시스템이다. 이 프로그램은 사실과 개념의 네트워크뿐만 아니라 방대한 데이터베이스를 활용한다. 초기 시스템은 학생들로 하여금 '혼합 주도형' 대화를 가능하게 하였다. SCHOLAR가 학습자에게 질문을 던질 수 있으며, 제한적인 자연어 인터페이스를 통해 학습자가 시스템에 질문을 할 수 있도록 설계되었다. 이러한 상호작용 방식은 SCHOLAR의 가장 발전된 기능인 튜터링 요소와 제한적인 의사소통 모듈을 강조한다. 이 두 가지 기능을 통해 학습자는 SCHOLAR와 상호작용할 수 있다.

(Woodward, J. P., & Carnine, D. W. (1988). Antecedent knowledge and intelligent computer assisted instruction. *Journal of Learning Disabilities, 21*(3), 131 참조)

(3) 지능형 튜터링 시스템(ITS)

ICAI의 혁신적인 특징은 학생들의 개별화 학습을 지원하는 것이다. ITS는 ICAI 시스템의 대표적인 예이며, ICAI와 ITS는 종종 혼용되어 사용된다. ITS는 학습자에게 즉각적이고 맞춤화된 교수 또는 피드백을 제공하는 것을 목표로 하는 컴퓨터 시스템으로, 일반적으로 인간 교사의 개입을 요구하지 않는다(Psotka,

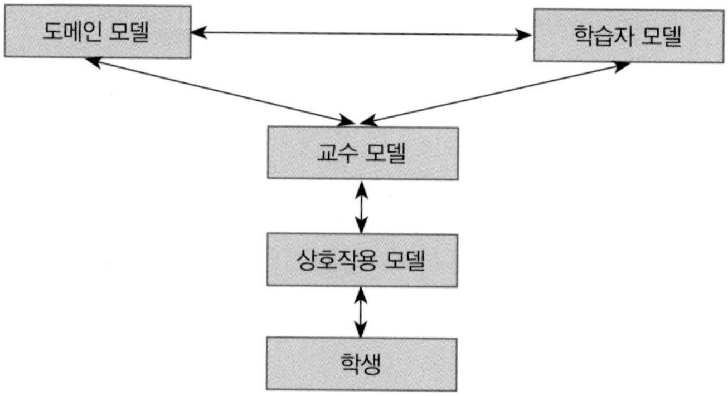

[그림 4-3] 전형적인 ITS 아키텍처

출처: Ahuja와 Sille(2013)에서 수정.

Massey, & Mutter, 1988). ITS는 질문을 제시하고, 학습자의 응답을 분석하며, 맞춤형 교수 및 피드백을 제공함으로써 다양한 과목의 학습을 지원할 수 있다. 웹 붐이 급속도로 확산되면서, 이러닝과 분산 학습과 같은 새로운 컴퓨터 기반 교육 패러다임은 ITS의 개념화를 위한 훌륭한 플랫폼을 제공하였다.

ITS는 대표적인 교육공학 체계로, ① 도메인 모델, ② 학습자 모델, ③ 교수 모델, ④ 상호작용(인터페이스) 모델의 네 가지 기술 구성 요소를 포함한다. [그림 4-3]은 전형적인 ITS 아키텍처 구조를 보여 준다.

① 도메인 모델

'도메인(domain)'이라는 용어는 대수학, 비판적 사고, 심리학과 같은 특정 지식 영역이나 범위를 의미한다. 해당 도메인에 대한 깊은 이해를 가진 사람들을 '도메인 전문가'라고 한다. 도메인 모델은 도메인 전문가의 아이디어, 기술, 문제 해결 방식을 나타낸다. 우수한 도메인 모델은 도메인 전문가가 콘텐츠를 제작하는 시간을 최소화하고, 콘텐츠의 품질을 극대화 할 수 있는 구조를 제공한다(Robert et al., 2013).

도메인 모델은 튜터링하는 주제의 기술, 지식, 전략을 포함한다. 일반적으로 이상적인 전문 지식뿐만 아니라, 학생들이 주기적으로 보이는 오류, 잘못된 규칙, 오해 등도 포함한다(Robert et al., 2013). 도메인 모델은 특정한 맥락에서 해당 영역의 개념, 사실, 규칙, 문제 해결 전략에 대한 내용으로 구성된다. 이는 전문 지식의 원천이자, 학생의 수행을 평가하고 오류를 진단하는 기준의 역할을 한다(Ahuja & Sille, 2013).

② 학습자 모델

학습 전, 학습 중, 학습 후의 학습자 특성을 기록 · 표현 · 추적하는 것이 필요하다. 그러나 현실적인 문제는 지속적으로 증가하는 방대한 변수들을 식별 · 추적 · 저장 · 업데이트하고, 나중에 검색하는 데 비용이 많이 든다는 점이다. 또한 이론적 변수와 컴퓨터 코드 간의 정합성을 맞추는 과정에서 모호하거나 불완전하거나, 호환되지 않는 매핑 문제가 발생한다.

학습자 모델링은 맞춤형 학습의 핵심이다. 학습자 모델은 개별 학습자의 현재 지식에 대한 시스템의 평가를 나타내며, 여기에는 오해, 학습양식, 성격 특성, 정서 상태 등이 포함된다. 시스템은 학습자와의 상호작용을 통해 이러한 정보를 추론한다(Spector, 2015).

학습자 모델은 학습과정에서 변화하는 인지적, 정서적, 동기적 및 기타 심리적 상태로 구성된다. 학습자 모델은 종종 도메인 모델의 오버레이로 간주되며, 교수과정 전반에 걸쳐 변화한다. 예를 들어, 지식 추적은 학습자가 문제를 해결해 나가는 과정을 추적하고, 도메인 모델과 관련된 강점과 약점에 대한 프로파일을 구축한다(Robert et al., 2013).

③ 교수 모델

교수 모델(pedagogical model)은 특정 학습자의 학습진행 상황과 학습자 모델에 저장된 관련 정보를 기반으로, 성공적인 학습을 촉진하기 위한 적절한 전략과 활동을 선택한다(Spector, 2015).

교수 모델은 도메인 모델과 학습자 모델로 부터 정보를 받아, 교수전략과 행위를 설계한다. 교수 모델은 학습자와의 교수적 상호작용을 조절하고, 학습자 모델과 밀접하게 연계되며, 학습자에 대한 지식과 자체적인 교수목표 구조를 활용하여 교수활동을 설계한다. 또한 학습자의 진행 상황을 추적하고, 제작 규칙에 비추어 강점과 약점에 대한 프로파일을 구축한다(Ahuja & Sille, 2013).

교수 모델은 도메인 모델과 학습자 모델을 입력으로 받아 교수전략, 단계와 튜터가 다음 단계에 수행해야 할 행동을 선택한다. 혼합 주도형 시스템에서는 학습자도 능동적으로 행동을 취하고, 질문을 하거나 도움을 요청할 수 있다(Aleven et al., 2006). 교수 모델은 언제든지 "다음에 무엇을 할 것인가?"를 결정할 준비가 되어 있어야 하며, 이는 연구자의 교육학 이론을 반영한 교수 모델에 의해 결정된다.

④ 상호작용(인터페이스) 모델

상호작용(인터페이스) 모델은 사용자 입력을 해석하고 적절한 응답을 제공하는 방법을 결정한다. 이를 위해서는 특정 도메인 지식뿐만 아니라 세상에 대한 일반적인 상식이 모두 필요하다. 전통적으로 학습자와 시스템 간의 상호작용은 타이핑이나 음성 텍스트로 표현되었으나, 최근에는 마우스 클릭, 화면 터치, 얼굴 표정, 시선 이동, 제스처 등 다양한 멀티모달 상호작용으로도 표현된다(Spector, 2015).

UI 모델은 ITS의 상호작용 전면부(front-end) 역할을 한다. 그래픽, 텍스트, 멀티미디어, 키보드, 마우스 기반 메뉴 등 학습자와의 상호작용에 필요한 모든 유형의 정보를 통합한다. 사용자 친화성과 프레젠테이션은 사용자 수용성의 주요 요소이다(Ahuja & Sille, 2013).

UI는 다양한 입력 매체(음성, 타이핑, 클릭)를 통해 학습자의 기여를 해석하고, 다양한 매체(텍스트, 다이어그램, 애니메이션, 가상 에이전트 등)로 출력을 생성한다. 기존의 인간-컴퓨터 인터페이스 기능 외에도, 최근 시스템에는 자연어 상호작용, 음성 인식, 학습자의 감정 감지 기능이 추가되고 있다(Robert et al., 2013).

더 읽어 보기

대부분의 사람이 사용해 보았을 마이크로소프트(Microsoft) 제품을 통해 상호작용 모델의 예를 살펴보자. 마이크로소프트 워드의 상호작용 모델은 사용자가 타자기에 종이를 끼우고 타이핑하는 개념적 모델을 지원한다. 또한 사용자가 상상할 수 있는 거의 모든 방식으로 페이지와 콘텐츠를 서식 지정할 수 있는 기능을 많이 갖추고 있다. 이러한 상호작용 모델은 핵심에 자리잡고 있다. 마이크로소프트 엑셀의 상호작용 모델은 회계사가 장부에서 여러 개의 행과 열로 구성된 데이터를 다루며 잔액을 계산하는 개념적 모델을 반영한다. 엑셀은 종이 기반 스프레드시트를 작성하는 것보다 훨씬 풍부한 경험을 제공하는 추가 기능들이 있다. 하지만 핵심은 모든 사용자가 빠르게 익힐 수 있는 상호작용 모델이다. 마이크로소프트 파워포인트의 상호작용 모델은 사용자가 투명 필름 위에 내용을 적은 후, 이를 오버헤드 프로젝트에 올려놓는 개념적 모델을 반영한다(이러한 방식이 익숙한 연령대라면 쉽게 이해할 수 있을 것이다!). 이 제품들의 상호작용 모델은 각기 다르지만, 매우 명확하기도 하다.

ITS의 대표적인 예시

AutoTutor는 1997년 멤피스대학교 지능형 시스템 연구소의 연구진이 개발한 ITS이다. 이 시스템은 학습자가 물리학, 컴퓨터 리터러시, 비판적 사고를 배우도록 돕는 지능형 튜토리얼 제공을 목적으로 하였다(Graesser, Chipman, Haynes, & Olney, 2005).

AutoTutor는 자연어 대화를 통해 학습자의 학습을 돕는 컴퓨터 튜터이다(AutoTutor, 2018). 이 시스템은 여러 분야(예: 컴퓨터 리터러시, 물리학, 비판적 사고)에서 학습효과를 입증하였다. AutoTutor의 세 가지 주요 연구 분야는 인간을 모방한 교수전략, 교수 에이전트(pedagogical agents), 자연어 튜터링을 지원하는 기술이다.

핵심 내용

1. 시스템(체제)이란 서로 환경 내에서 상호 연관되어 있는 요소들의 집합으로 정의된다.
2. 시스템은 다섯 가지 기본 요소를 통해 설명될 수 있다. 이는 시스템을 구성하는 다양한 요소, 시스템 구성 요소 간의 상호작용, 시스템이 존재하는 환경, 환경에서 시스템으로의 투입, 시스템에서 환경으로의 산출이다.
3. 교육체제는 투입, 과정, 산출, 환경의 네 가지 요소로 구성된다.
4. 교육공학은 직관적 교육, 시각 교수, 시청각 교수, 시청각 커뮤니케이션, 정보 통신 기술의 다섯 단계를 거쳐 발달해 왔다.
5. 대표적인 교육공학 체계로는 CAI, ICAI, ITS 등이 있다.

참고문헌

Ahuja, N. J., & Sille, R. (2013). A critical review of development of intelligent tutoring systems: Retrospect, present and prospect. *International Journal of Computer Science Issues, 10*(4), 39-48.

Aleven, V., McLaren, B., Roll, I., & Koedinger, K. (2006). Toward meta-cognitive tutoring: A model of help seeking with a cognitive tutor. *International Journal of Artificial Intelligence in Education, 16*, 101-128.

AutoTutor. (2018). Retrieved from http://ace.autotutor.org/IISAutotutor/index.html

Bertalanffy, L. V. (1968). *General system theory: Foundation, development, applications*. Braziller.

Bottino, R. M., & Molfino, M. T. (1985). From CAI to ICAI: An educational technical evolution. *Education & Computing, 1*(4), 229-233.

Graesser, A. C., Chipman, P., Haynes, B. C., & Olney, A. (2005). AutoTutor: An intelligent tutoring system with mixed-initiative dialogue. *IEEE Transactions in Education, 48*, 612-618.

Huang, R. H., Sha, J. R., & Peng, S. D. (2006). *Introduction to educational technology*. Higher Education Press.

Mangal, S. K., & Mangal, U. (2009). *Essentials of educational technology*. Asoke K. Ghosh.

Psotka, J., Massey, L. D., & Mutter, S. A. (1988). *Intelligent tutoring systems: Lessons learned*. Lawrence Erlbaum Associates.

Robert, S., Arthur, G., Hu, X., & Heather, H. (2013). *Design recommendations for intelligence tutoring system* (Vol. 1). The USArmy Research Laboratory.

Spector, J. M. (2015). System dynamics modeling. In J. M. Spector (Ed.), *The SAGE encyclopedia of educational technology* (pp. 693-697). Sage.

Spector, J. M., & Ren, Y. (2015). History of educational technology. In J. M. Spector (Ed.), *The SAGE encyclopedia of educational technology*. Sage.

제5장

교육공학에서 사용자 관점

학습내용

- 사용자 경험(UX)
- 사용자 중심 디자인(UCD)
- 학습자 중심 디자인(LCD)
- ARCS 동기 설계 모델

학습목표

- 사용자 경험과 사용자 중심 디자인의 개념을 정의할 수 있다.
- 사용자 중심 디자인과 학습자 중심 디자인을 구별할 수 있다.
- 사용자 경험 디자인을 위한 허니콤 모델과 ARCS 동기 설계 모델을 설명할 수 있다.
- 사용자 중심 디자인의 과정과 원칙을 명확히 이해할 수 있다.
- 설계 과정에서 사용자를 참여시키는 방법과 학습자 중심 디자인을 수행하는 방법에 대한 조언을 제공할 수 있다.

학습활동

01 교육공학 체제 및 제품에서 사용자 경험이 왜 고려되어야 하는지 생각해 보고, 교육공학에서 사용자 경험 디자인을 위해 어떤 요소들이 고려되어야 하는지 구체적인 예시를 들어 설명해 본다.

02 앱과 같은 교육공학 제품을 어떠한 단계를 거쳐 설계할지 생각해 본다. 가상의 사례라도 좋으니 구체적인 예를 들어 본다. 어린이를 위한 비판적인 사고 게임을 예시로 들 수 있다.

03 특정 교육공학 제품의 사용자에 대해 생각해 본다. 해당 제품을 다시 설계할 수 있다면, 사용자를 참여시켜서 제품을 개선하기 위해 디자이너에게 어떠한 제안을 할 수 있는가? 언제, 어떻게 사용자를 참여시키는 것을 권장하는가?

04 사용자는 학습자와 어떻게 다른가? 특정 테크놀로지를 기준으로 이 차이를 생각해 본다. 이들은 각각 어떠한 관점을 가지고 있는가? 교육공학 체계를 설계할 때 학습자의 특수한 요구사항을 어떻게 고려할 수 있는가? 마이크로소프트 워드와 같은 제품을 예로 들어 설명해도 좋다.

05 특정 제품을 사용할 때 사용자와 학습자 동기의 차이점을 생각해 본다. 제품과 구체적인 사용 사례를 설명해 본다. 교육공학 체계를 설계할 때 다양한 사용자와 학습자의 요구를 어떻게 고려할 수 있는가?

1. 서론

앞 장에서는 교육공학에 대한 체제적 관점에 대해 살펴보았다. 교육공학은 다양한 구성 요소와 관계로 이루어진 시스템으로 볼 수 있다. 우리가 알고 있듯이, 교육공학 체제의 목표는 사용자의 성과를 향상시키는 것이며, 사용자에는 학생, 교사, 학부모, 지원 담당자, 관리자, 정책 입안자 등이 포함될 수 있다. 각 사용자 그룹은 서로 다른 관점과 관심사를 가지고 있기 때문에, 사용자 관점은 교육공학 체제의 성공에 있어 중요한 역할을 한다.

소프트웨어 엔지니어링에서는 래피드 프로토타이핑과 대표 사용자들로부터의 피드백 수집을 강조하는 사용자 중심 디자인(User-Centered Design: UCD) 및 개발이 표준적 실제가 되었다. 다음 절에서는 소프트웨어 엔지니어링의 대표적인 UCD 모델을 참조하고 교육공학의 UCD 연구를 고려하여 교육공학에서의 사용자 관점을 소개한다. 특히 사용자 경험(User Experience: UX), UCD, 학습자 중심 디자인(Learner-Centered Design: LCD) ARCS 동기 설계 모델에 초점을 둔다.

2. 사용자 경험(UX)

1) 정의

UX는 "제품, 시스템 또는 서비스를 사용하거나 사용할 것으로 예상할 때 발생하는 개인의 인식과 반응"(International Organization for Standardization, 2009)으로 정의된다. 이 정의에서 UX는 사용 전 · 중 · 후에 발생하는 사용자의 태도, 감정, 지각, 선호도, 신체적 · 심리적 반응 및 행동을 모두 포함한다. 또한 국제표준화기구(International Organization for Standardization: ISO)는 UX에 영향을 미치는 세 가지 요소로 시스템, 사용자, 사용 맥락을 제시한다.

2) UX 허니콤 모델

Morville(2004)은 UX를 설계할 때 고려해야 할 여러 측면을 설명하기 위해 널리 인용되는 허니콤 모델을 만들었다. 이 모델은 특히 고객이 단순한 사용성을 넘어선 UX 설계의 이유를 이해하도록 돕는다([그림 5-1] 참조).

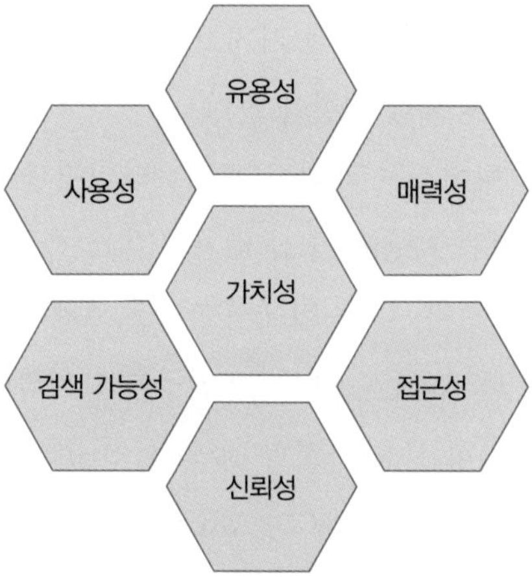

[그림 5-1] UX 허니콤

출처: Morville(2004)에서 수정.

UX 허니콤은 UX 디자인의 다양한 측면을 설명하는 지침으로 사용된다. Morville(2004)은 UX 허니콤이 고객 교육에 기여하여 다양한 영역에서 좋은 UX의 최적의 지점을 찾는 데 도움이 될 것이라고 믿었다. 교육공학 분야에 이 모델을 적용할 경우의 핵심 요소를 설명하면 다음과 같다.

- **유용성**: 교육공학 제품이나 서비스는 교사, 학생, 학부모의 요구를 충족시켜야 한다. 제품이나 서비스가 사용자의 요구나 필요를 충족시키지 못한다면 아무런 의미가 없다.
- **사용성**: 제품이나 서비스가 제공되는 시스템은 단순하고 익숙하며, 이해하고 사용하기 쉬워야 한다. 사용자가 거쳐야 하는 학습 곡선은 가능한 짧고

부담이 없어야 한다.

- 매력성: 교육 제품, 서비스, 시스템의 시각적 디자인은 최소한의 요소로 구성되면서도 매력적이고 이해하기 쉬워야 한다. 효율성을 추구하는 과정에서 브랜드, 이미지, 정체성 등 감성적 디자인 요소의 가치도 함께 고려해야 한다.
- 검색 가능성: 교육공학 체제 내 정보는 쉽게 찾을 수 있고 검색이 용이해야 (findable) 한다. 교사, 학생, 학부모가 문제를 겪을 경우, 신속하게 해결 방법을 찾을 수 있어야 한다. 탐색 구조는 사용자의 행동 패턴과 습관을 고려하여 논리적으로 설계되어야 한다.
- 접근성: 장애가 있는 사용자도 다른 사용자와 동일한 UX를 할 수 있도록 제품이나 서비스가 설계되어야 한다.
- 신뢰성: 기업과 기업의 제품 또는 서비스는 신뢰될 수 있어야 한다.
- 가치성: 제품이나 서비스는 후원자에게 가치를 제공해야 한다. 비영리 단체의 경우, UX는 기업의 사명을 강화해야 한다. 영리 기업의 경우, 수익성과 고객 만족도를 높이는 데 기여해야 한다.

웹사이트 디자인을 예로 들어 보자. 콘텐츠는 독창적이고 사용자의 요구를 충족해야 한다(유용성). 웹사이트는 사용하기 쉬워야 한다(사용성). 디자인 요소(브랜드 등)는 감성적 반응과 만족감을 유도해야 한다(매력성). 콘텐츠는 검색 가능하며(검색 가능성), 장애가 있는 사람도 접근할 수 있어야 한다(접근성). 사용자는 콘텐츠와 브랜드를 신뢰할 수 있어야 한다(신뢰성).

허니콤 모델은 좋은 UX 설계에서 고려해야 할 다양한 영역을 체계적으로 탐색하는 데 도움을 준다. 우리는 교육공학 체제 및 제품 설계자로서 이 모델을 활용하여 UX 설계의 주요 영역을 정의하고, 다음과 같은 질문을 던져 볼 수 있다. 우리의 시스템에서 검색 가능성이 더 중요한가? 사용하기 바람직한가? 이 두 가지 문제 중 어느 것을 우선적으로 해결해야 하는가? 시장에서 신뢰도를 높일 필요가 있는가? 우리의 제품이나 서비스는 접근성이 충분한가?

3. 사용자 중심 디자인(UCD)

1) 정의

'UCD'라는 용어는 1980년대 캘리포니아대학교 샌디에이고 캠퍼스에서 Donald Norman이 운영한 연구실에서 사용되었으며, 이후 『사용자 중심 시스템 디자인: 인간―컴퓨터 상호작용의 새로운 관점(User-Centered Systems Design: New Perspectives on Human-Computer Interaction)』(Norman & Draper, 1986)이라는 책이 출판되면서 널리 활용되었다.

Landauer(1995)는 UCD를 "유용성과 사용성의 실증적 평가에 의해 주도되고, 정보가 제공되고, 형성되는 디자인"(p. 221)이라고 정의하였다. 이후 Karat(1997)은 UCD를 "사용 가능한 시스템을 개발하는 것을 목표로 하는 반복적 과정으로, 시스템 설계 과정에서 잠재적 사용자의 참여를 통해 이루어진다. 이는 시스템 설계에 사용자를 반드시 포함해야 한다는 원칙을 담고 있다."(p. 38)라고 설명하였다.

이 두 정의를 종합하면, UCD는 사용자가 설계 형성 과정에 영향을 미치는 설계 과정을 포괄하는 광범위한 용어임을 알 수 있다.

2) UCD 과정

UCD는 광범위한 철학이자 일련의 방법론이다. UCD에 사용자를 참여시키는 다양한 기법이 활용될 수 있지만, 중요한 개념은 최종 사용자가 설계 과정에 어떤 식으로든 참여해야 한다는 것이다. 예를 들어, 사용자는 요구사항을 수집하는 과정이나 사용성 평가 과정 등 설계 과정의 여러 단계에서 자신의 요구를 전달하거나 참여할 수 있다. 일부 유형의 UCD 방법에서는 사용자가 설계 과정 전반에 걸쳐 참여하여 시스템 및 제품 디자인에 깊은 영향을 미칠 수 있다.

UCD는 프로토타입을 설계, 테스트 및 수정하는 '반복적인' 설계 과정이다. [그림 5-2]는 UCD의 초안 표준인 ISO 13407(https://www.iso.org/standard/21197.html 참조)에 기반한 반복적 과정을 보여 준다. 요즘에는 이 과정을 흔히 '설계 기반 연구(design-based research)'라고 부르기도 한다(제11장 참조).

UCD를 계획하는 과정에서 성공을 위한 핵심 활동 네 가지는 다음과 같다.

- **사용 맥락 이해 및 구체화**: 제품을 사용할 대상, 사용 목적, 사용 환경을 파악한다.
- **사용자 및 조직의 요구사항 구체화**: 제품이 성공하기 위해 충족해야 하는 비즈니스 목표나 최종 사용자의 요구사항을 파악한다.
- **설계 해결안 개발**: 이 단계는 초기 개념에서 완성된 설계로 발전해 나가는 순환적 과정이다.
- **사용자 요구사항에 따라 설계 평가**: 실제 사용자를 대상으로 한 사용성 평가를 통해 제품이 사용자의 요구사항을 충족하는지 평가하는 것은 좋은 소프트웨어 개발을 위해 품질 테스트만큼이나 중요하다.

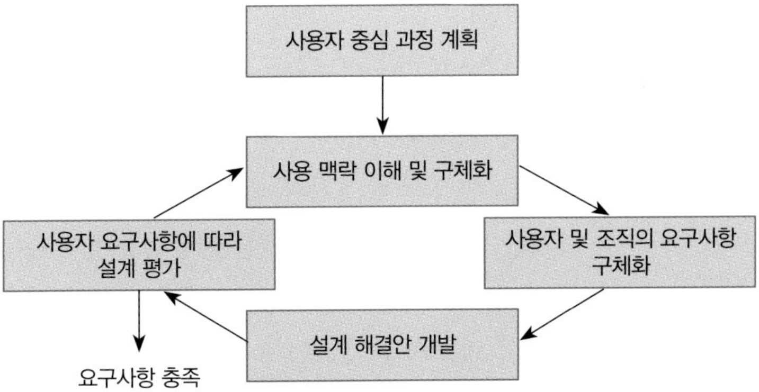

[그림 5-2] UCD의 반복적 과정

3) UCD 원리

앞서 ISO 13407에서 제시한 UCD의 반복적 과정을 수행할 때 UCD 관리자는 다음 여섯 가지 원리를 고려해야 한다.

- 설계는 환경, 사용자, 과제에 대한 명확한 이해를 기반으로 이루어져야 한다.
- 사용자는 설계 및 개발 과정 전반에 걸쳐 참여해야 한다.
- 설계는 사용자 중심 평가를 기반으로 하고, 이후 사용자 중심 평가를 통해 개선되어야 한다.
- 설계 과정은 반복적이어야 한다.
- 설계는 UX의 모든 영역을 고려해야 한다.
- 설계팀은 다양한 분야의 전문성과 관점을 포함해야 한다.

Norman(1988)은 유용하고 사용 가능한 제품을 보장하기 위해 다음과 같은 일곱 가지 설계 안내 원칙을 제안하였다.

- **세상의 지식과 머릿속의 지식을 모두 활용한다.** 연구와 조사를 바탕으로 개념적 모델을 구축하고, 설계를 구현하기 전에 매뉴얼을 작성하며, 매뉴얼이 쉽게 이해 가능한지 확인한다.
- **과제의 구조를 단순화한다.** 사용자는 평균적으로 한 번에 다섯 가지 정보만 기억할 수 있으므로, 단기 기억에 과부하가 걸리지 않도록 한다. 장기 기억에서 정보를 쉽게 검색할 수 있도록 정신적 보조 도구를 제공하는 것이 중요하다. 사용자는 과제를 통제해야 하며, 과제는 일관성을 유지해야 한다.
- **실행과 평가를 용이하게 하기 위해 가시성(visible)을 확보한다.** 사용자는 작업을 실행하기 위해 올바른 버튼이나 장치를 보고 개체의 용도를 파악할 수 있어야 한다.
- **조작 간의 연결을 명확하게 한다.** 기능 간의 관계를 쉽게 만드는 방법 중 하나는 그래픽을 활용하는 것이다.
- **제약의 힘을 활용한다.** 제약은 자연적이거나 인위적일 수 있으며, 이를 사용하면 사용자는 한 가지 일만 할 수 있다는 느낌을 받는다.

- **오류를 고려한 설계를 한다.** 사용자의 오류를 고려하여야 한다. 이를 위한 한 가지 방법은 발생 가능한 모든 오류에서 신속하고 쉽게 복구할 수 있는 옵션을 제공하는 것이다.
- **다른 모든 방법이 실패하면 표준화한다.** 임의적 매핑 없이 설계할 수 없다면 국제적인 표준을 마련해야 한다(Norman, 1988).

Norman의 연구는 최종 사용자의 요구와 필요, 그리고 제품의 활용 가능성을 충분히 조사할 필요성을 강조한다. 사용자는 제품 개발 과정의 중심적인 요소가 되었다. 사용자의 참여는 보다 효과적이고, 효율적이며, 안전한 제품을 만드는 데 기여할 뿐만 아니라, 제품의 수용과 성공을 이끄는 핵심 요인이 된다(Preece, Rogers, & Sharp, 2002).

4) 설계에 사용자 참여

설계에 사용자를 참여시키기 위해 가장 먼저 해야 할 일은 사용자가 누구인지 파악하는 것이다. Eason(1987)은 사용자를 1차, 2차, 3차의 세 가지 유형으로 분류할 것을 제안하였다. **1차 사용자**는 제품을 직접 사용하는 사람들, **2차 사용자**는 제품을 가끔 사용하거나 매개체를 통해 사용하는 사람들, **3차 사용자**는 제품 사용에 영향을 받거나 구매에 대한 결정을 내리는 사람들이다. 성공적인 제품 설계는 제품의 다양한 이해관계자 및 사용자를 고려해야 한다. 모든 이해관계자가 설계팀에 포함될 필요는 없지만, 제품이 이들에게 미치는 영향은 반드시 고려해야 한다(Preece et al., 2002).

이해관계자를 파악한 후에는 과제 및 요구 분석을 통해 이들의 필요를 철저히 조사해야 한다(Clark & Estes, 1996). 이후 설계자는 실제 사용자가 평가할 수 있는 대안적인 설계 해결안을 개발할 수 있다. 사용자는 설계 과정과 평가 과정에 모두 참여해야 한다. 〈표 5-1〉은 제품의 설계, 개발 및 평가에 사용자가 참여하는 방법을 제시한다(Preece et al., 2002).

〈표 5-1〉 사용자 참여 방법

방법	목적	설계 주기의 단계
배경 인터뷰 및 설문지	사용자의 요구 및 기대와 관련된 데이터 수집, 설계 대안, 프로토타입 및 최종 결과물 평가	설계 프로젝트의 도입
업무 순서 인터뷰 및 설문조사	산출물로 수행해야 할 작업 순서와 관련된 데이터 수집	설계 주기 초기
포커스 그룹	다양한 이해관계자를 참여시켜 문제와 요구사항 논의	설계 주기 초기
현장 관찰	산출물이 사용될 환경에 대한 정보 수집	설계 주기 초기
역할극, 워크스루(workthroughs) 및 시뮬레이션	대안 설계 평가 및 사용자 요구와 기대에 대한 추가 정보 확보, 프로토타입 평가	설계 주기 초기 및 중기
사용성 평가	측정 가능한 사용성 기준과 관련된 정량 데이터 수집	설계 주기 말기
인터뷰 및 설문지	산출물에 대한 사용자 만족도 관련 정성 데이터 수집	설계 주기 말기

4. 학습자 중심 디자인(LCD)

UCD와 비교하여 LCD는 교육용 소프트웨어 설계에서 학습자의 성장과 동기적 요구를 지원하는 것에 더 초점을 둔다. 학습자 중심은 단순한 사용 편의성에서 벗어나, 학습자의 이해력과 전문성 개발로의 전환을 의미한다. 〈표 5-2〉는 사용자와 학습자의 차이점을 보여 준다.

- 사용자는 자신의 업무 분야에서 전문성이 있으며, 자신이 수행하는 과제를 이해하고 있다. 반면, 학습자는 사용자와 동일한 영역 지식을 가지고 있지 않다. 학습자는 작업 영역에 대한 전문 지식이 없으며, 전문가가 수행하는 특정 과제에 대한 이해도 부족하다.
- 사용자는 동질적이다. 사용자는 특정 작업 활동에 참여하며, 동일한 업

무 문화를 공유하므로 어떤 의미에서 동질적인 집단으로 간주될 수 있다(Soloway et al., 1996). 학습자는 이질적이다. 학습자는 공통의 문화, 배경, 이해도를 공유하지 않을 수도 있으므로, 설계자는 학습자 그룹의 배경 차이, 학습양식의 다양성 및 기타 여러 가지 변수를 고려해야 한다.

- 사용자는 업무에 참여하는 특성상 작업에 대한 내재적 동기를 가지고 있는 경우가 많으며, 따라서 도구가 추가적인 동기 부여 요소를 제공할 필요가 없다(Soloway et al., 1994). 그러나 학습자의 내재적 동기는 전문가와 다를 수 있다. 또한 학습자는 작업 영역에 대한 이해가 부족하기 때문에 주어진 작업을 완료하는 데 더 많은 어려움을 겪을 수 있으며, 이는 학습자의 동기를 더욱 감소시킬 수 있다.
- 사용자가 반드시 도구를 통해 업무를 배울 필요는 없다. 대신, 그들은 업무 완수를 돕는 도구를 필요로 한다. 그러나 학습자는 교육용 소프트웨어를 사용하여 새로운 업무 분야에 참여하며 학습한다. 따라서 학습자와 마찬가지로 학습자의 도구(즉, 해당 분야로의 창구)도 성장하고 변화할 필요가 있다.
- UCD는 컴퓨터 사용자와 컴퓨터 간의 개념적 거리를 줄이는 데 초점을 둔다(Norman & Draper, 1986). 반면, LCD는 초보 학습자와 해당 지식 영역 전문가 사이에 존재하는 전문성의 차이를 줄이는 데 중점을 두어야 한다.

〈표 5-2〉 사용자와 학습자의 차이

전문 사용자	학습자
과제 영역에 대한 전문성이 높다.	과제 영역에 대한 전문성이 낮다.
동질적 집단이다.	다양한 집단이다.
과제 참여에 대한 동기가 높다.	과제 참여에 대한 동기가 낮다.
사용자는 거의 변화하지 않는다.	학습자는 발달하고 성장하며 배운다.
사용자 도구 설계는 주로 사용자와 도구 사이의 격차(예: 실행과 전문성의 격차)를 해결해야 한다.	학습자 도구 설계는 주로 과제 영역에서 학습자의 지식과 전문가 지식 사이의 격차를 해결해야 한다.

따라서 제품 설계에서 학습자를 중심에 두려면, 학습자의 **특별한 요구사항**을 반드시 고려해야 한다(Soloway et al., 1994).

- **이해를 목표로 한다.** 교육용 소프트웨어를 설계할 때 학습자가 특정 업무 영역에 대한 기본적인 지식과 기술을 가지고 있지 않다는 점을 염두에 두어야 한다. 예를 들어, 학습자는 스프레드시트를 접했을 때 회계 원칙이나 실무를 저절로 이해하지 못한다. 학습자가 설계 과정에서 스프레드시트를 사용하는 방법을 어떻게 배울 수 있을까?
- **동기를 기반으로 한다.** 학습자의 동기가 항상 유지된다고 가정할 수 없다. 학습자와 전문가 모두 익숙하지 않거나 준비되지 않은 과업을 마주했을 때 시간을 낭비하거나 미루는 경향이 강하다는 점을 기억해야 한다. 교육용 소프트웨어는 학습자의 변화하는 동기를 지원할 수 있도록 설계되어야 한다.
- **다양성을 표준으로 한다.** 특정 도구를 사용하는 학습자는 다양한 관심사, 기술, 능력, 학습양식 등 다양한 배경을 가진 경우가 많다. '모두에게 동일한 방식'은 이러한 다양한 학습자의 요구를 충족할 수 없다.
- **성장은 도전적이다.** 학습자는 첫날부터 100일째가 매우 다를 수 있다. 학습자는 문제 영역에 대해 상당히 많이 배웠을 수도 있고 해당 영역에서 일련의 기술과 실천 방식을 개발했을 수도 있다. 그러나 대부분의 소프트웨어는 변화하고 성장하지 않는다. 학습자는 성장했지만, 소프트웨어 내의 지식과 특정 과업의 실천 방식은 그대로 남아있는 경우가 많다.

따라서 LCD는 다음과 같은 **기본 원칙**을 따라야 한다.

- **학습자의 이해를 결과로 삼는다**(코칭, 모델링, 비판을 통하여).
- **학습자의 동기를 창출하고 유지한다**(낮은 인지부하와 즉각적인 성공 피드백을 통하여).
- **다양한 학습기법을 제공한다**(다양한 매체와 표현 방식을 활용하여).

- **학습자의 성장을 촉진한다**(적응형 제품을 통하여). 즉, 학습자를 위해 좋은 스캐폴딩을 설계하고, 학습자가 필요로 할 때 스캐폴딩을 제공하고, 독립적으로 학습하려고 할 때는 제공하지 않는다. 또한 학습자가 실제로 무언가를 만들고, 그 결과물을 다른 사람들과 공유할 수 있는 소프트웨어를 개발함으로써 동기를 지속시킬 수 있다.

학습경험 설계를 위해 주목할 만한 또 다른 이론으로 인간의 학습방식에 대한 과학적 연구를 바탕으로 교수 · 학습을 개선하고 최적화하기 위한 프레임워크인 보편적 학습설계(Universal Design for Learning: UDL)가 있다. 개인마다 학습하는 방식이 다를 수 있다는 점을 인식하며, 신경과학 및 교육연구에서 영감을 얻은 UDL 프레임워크는 1990년대에 David H. Rose에 의해 처음 정의되었다(Rose & Meyer, 2002). UDL은 다음 세 가지 주요 원칙에 따라 교수계획과 평가를 개발하는 프레임워크이다(Meyer, Rose, & Gordon, 2014).

- **다양한 참여 수단을 제공한다**(학습의 '이유'). UDL은 교사가 학생에게 동기를 부여하기 위한 다양한 방법을 찾도록 장려한다. 학생들이 선택할 수 있고 삶과의 관련성을 느낄 수 있는 과제를 제공하는 것은 교사가 학생들의 흥미를 지속시킬 수 있는 방법 중 하나이다. 다른 일반적 전략으로는 기술 습득을 게임처럼 느끼게 하고, 학생들이 일어나서 교실 주변을 돌아다닐 수 있는 기회를 주는 것 등이 있다.
- **다양한 표현 수단을 제공한다**(학습의 '내용'). UDL은 하나 이상의 형식으로 정보를 제공하는 것을 권장한다. 예를 들어, 교과서는 주로 시각적이므로 텍스트, 오디오, 비디오 및 실습 학습을 제공하면 모든 학습자가 자신의 학습강점에 가장 적합한 방식으로 자료에 접근할 기회를 갖게 된다.
- **다양한 행동 및 표현 수단을 제공한다**(학습의 '방법'). UDL은 학습자에게 자료와 상호작용하고 학습한 내용을 보여 주기 위해 한 가지 이상의 방법을 제공할 것을 제안한다. 예를 들어, 학생들은 연필과 종이로 된 시험, 구두 발

표, 그룹 프로젝트 중에서 선택할 수 있다.

5. ARCS 동기 설계 모델

ARCS 동기 설계 모델은 John Keller가 학습자의 동기적 특성 분석에 기반을 두고 만든 이론이다. 이 모델은 학습환경의 동기적 요소를 설계하여 학습자의 학습동기를 유발하고 유지하기 위한 문제 해결 접근법이다(Keller, 1987).

ARCS 모델은 교수·학습과정에서 학습자의 동기를 유발하고 유지하기 위해 서로 연관된 네 가지 단계로 구성된다. [그림 5-3]은 주의 집중(Attention), 관련성(Relevance), 자신감(Confidence), 만족감(Satisfaction), 즉 ARCS의 과정을 보여 준다.

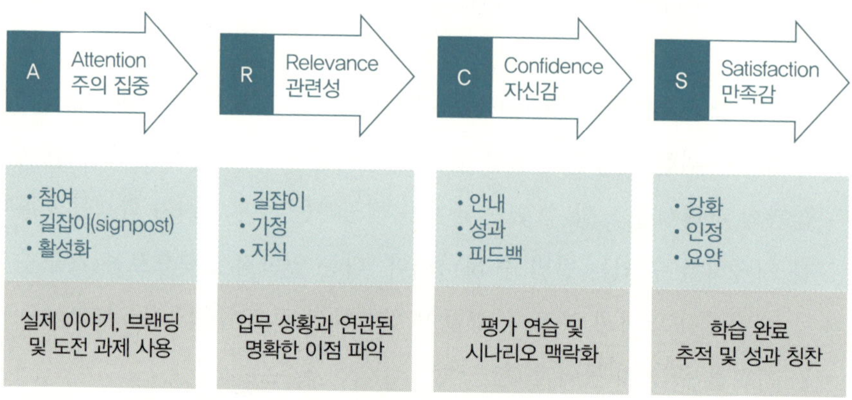

[그림 5-3] ARCS 동기 설계 모델

출처: Keller(2009)에서 수정.

1) 주의 집중(A)

주의 집중은 학생들이 가르치는 개념이나 아이디어를 배우는 데 흥미를 가지는 것을 의미한다. Keller(1997, 2009)는 학생들의 주의 집중을 유도하는 두 가지 일반적 방법을 제시하였다. ① **지각적 각성**은 놀라움이나 불확실성을 활용하여 관심을 끄는 방법으로, 새롭고, 놀랍고, 불일치하고, 불확실한 사건들을 활용한다. ② **탐구적 각성**은 해결해야 할 도전적인 질문이나 문제를 제시하여 호기심을 자극한다. 구체적으로, 설계자나 교사는 다음의 여섯 가지 방법을 사용하여 학생들의 주의를 끌 수 있다.

- **적극적 참여**: 게임, 역할극, 실습 활동 등 학습자가 학습자료나 주제에 직접 참여할 수 있는 전략을 활용한다.
- **다양성**: 다양한 학습양식을 고려하고 내용 제시를 강화하기 위해 동영상, 짧은 강의, 소규모 토론 그룹 등 다양한 방법을 활용하여 자료를 제시한다.
- **유머**: 약간의 유머를 사용해 주의 집중을 유도한다(하지만 주의를 산만하게 할 정도로 과하지 않게).
- **불일치와 갈등**: 학습자의 기존 경험과 어긋나는 진술을 사용하여 갈등과 불일치를 유발한다.
- **구체적 예시**: 시각적 자극, 이야기, 전기 등을 활용한다.
- **질문**: 브레인스토밍 활동과 같이 학습자가 해결해야 할 질문이나 문제를 제시한다.

2) 관련성(R)

Keller는 **학습자에게 익숙한** 언어와 예시를 활용하여 학습내용의 관련성을 높이면 학습동기를 강화할 수 있다고 보았다. 다음의 여섯 가지 주요 전략을 활용하여 관련성을 확립할 수 있다.

- **경험**: 새로운 학습이 기존의 기술을 어떻게 활용하는지 설명한다. 우리는 기존 지식과 기술을 바탕으로 학습할 때 가장 효과적으로 학습한다.
- **현재 가치**: 학습내용이 오늘날 나에게 어떤 도움을 줄 것인가?

- 미래 유용성: 학습내용이 향후 나에게 어떤 이점을 줄 것인가?
- 필요 충족: 성취, 위험 감수, 권력, 소속감의 역동성을 활용한다.
- 모델링: 먼저 '기대하는 행동을 스스로 실천해 보라!' 그 외에도 초청 강연, 영상, 먼저 과제를 완료한 학생을 튜터로 활용하는 전략 등이 있다.
- 선택: 학습자가 다양한 방법을 사용하여 과제를 수행하거나 과제를 구성하는 방식을 선택할 수 있도록 한다.

3) 자신감(C)

ARCS 모델에서 자신감은 학습자가 성공을 성취할 수 있도록 긍정적 기대감을 형성하는 데 중점을 둔다. 학습자의 자신감 수준은 동기와 수행 목표를 달성하기 위해 들이는 노력의 양과 관련이 있다. 자신감을 높이기 위해 다음과 같은 전략을 고려할 수 있다.

- 학습자가 자신의 성공 가능성을 이해하도록 돕기: 학습자가 목표를 달성할 수 없다고 생각하거나, 목표 달성을 위한 비용(노력 또는 시간)이 너무 크다고 생각하면 동기가 위축될 것이다.
- 목표와 선행 조건을 명확히 제시하기: 수행 요구사항과 평가 기준을 명확히 하여 학습자가 성공 가능성을 평가할 수 있도록 돕는다. 학습자가 수행 요구사항 및 평가 기준을 충분히 인지하고 있는지 확인한다.
- 유의미한 성공 제공하기: 학습과정에서 학습자가 유의미한 성공을 성취할 수 있는 경험의 기회를 제공한다.
- 학습자 성장시키기: 학습과정 전반에 걸쳐 작은 단계의 성장 경험을 제공한다.
- 피드백 제공하기: 피드백을 제공하고, 성공에 대한 내부적 귀인을 지원한다.
- 학습자 통제권 제공하기: 학습자는 자신의 학습 및 평가에 대해 어느 정도 통제권을 느껴야 한다. 학습자는 자신의 성공이 학습에 투입한 노력의 직접적인 결과라고 믿을 수 있어야 한다.

4) 만족감(S)

학습자는 상급자의 칭찬, 성취감, 단순한 즐거움 등 어떤 방식으로든 보상이나 만족을 얻어야 한다. 만족감을 높이기 위해 다음 세 가지 주요 전략을 사용할 수 있다.

- 내재적 강화: 학습경험의 내적인 즐거움을 장려하고 지원한다. (예: 교사가 이전 수강생을 초청하여 해당 기술을 배우는 것이 이후 과제나 수업 프로젝트 수행에 어떻게 도움이 되었는지 경험담을 공유하도록 한다.)
- 외재적 보상: 긍정적인 강화와 동기 부여 피드백을 제공한다. (예: 교사는 학생이 모든 기술을 숙달하면 수료증을 수여한다.)
- 공정성: 성공에 대한 일관된 기준과 결과를 유지한다. (예: 학기말 프로젝트가 완료되면 교사가 수업에서 설명한 기준을 바탕으로 평가 피드백을 제공한다.)

핵심 내용

1. UX는 제품, 시스템 또는 서비스를 사용하거나 사용할 것으로 예상되는 과정에서 발생하는 사람의 인식과 반응을 의미한다. UX에 영향을 미치는 세 가지 요소는 시스템, 사용자, 사용 맥락이다.
2. UX 설계를 위한 허니콤 모델은 유용성, 사용성, 매력성, 검색 가능성, 접근성, 신뢰성, 가치성이라는 일곱 가지 요소를 포함한다.
3. UCD는 최종 사용자가 설계 형성 과정에 영향을 미치는 설계 과정을 포괄적으로 설명하는 용어이다. UCD의 성공을 위해 필요한 네 가지 핵심 활동은 사용 맥락 이해 및 구체화, 사용자 및 조직의 요구사항 구체화, 설계 해결안 개발, 사용자 요구사항에 따라 설계 평가이다.
4. UCD의 원리는 다음과 같다. 설계는 환경, 사용자, 과제에 대한 명확한 이해를 기반으로 이루어지고, 사용자가 설계 및 개발 과정 전반에 참여하며, 사용자 중심의 평가가 설계를 주도 및 개선하며, 그 과정은 반복적이다. 설계는 전체적인 UX를 고려하며, 설계팀은 다

양한 분야의 전문성과 관점을 포함한다.

5. 사용자는 1차, 2차, 3차의 세 가지 유형으로 구분된다. 사용자와 학습자의 차이에는 과제 영역에 대한 지식 수준, 동질적 또는 이질적인 집단인지, 과제 참여에 대한 동기, 지식과 기술의 변화, 설계의 초점 등이 포함된다.
6. LCD의 핵심 전략은 다음과 같다. LCD는 이해를 목표로 하며, 동기에 기반하고, 다양성을 표준으로 하며, 성장은 도전적이다.
7. 학습과정에서 동기를 유발하고 유지하기 위한 네 가지 단계는 ARCS 동기 설계 모델의 요소인 주의 집중, 관련성, 자신감, 만족감이다.

학습자료

- UX의 기초: https://www.usability.gov/what-and-why/userexperience.html
- UX 허니콤: https://medium.com/@danewesolko/petermorvilles-user-experience-honeycomb-904c383b6886
- ARCS 모델: https://www.arcsmodel.com
- 사용자 중심 디자인(UCD): http://edutechwiki.unige.ch/en/User-centered_design
- 학습자 중심 디자인(LCD): The Cambridge Handbook of the Learning Sciences(Cambridge Handbooks in Psychology, pp. 119-134). Cambridge: Cambridge University Press- https://www.cambridge.org/core/books/the-cambridgehandbook-of-the-learning-sciences/7A7518E7668B85CC26569A576BC0D130
- 보편적 학습설계(UDL): http://www.cast.org/our-work/about-udl.html#.W-Td1aftY6g, https://www.understood.org/en/articles/the-difference-between-universal-design-for-learning-udl-and-traditional-education

참고문헌

Clark, R. E., & Estes, F. (1996). Cognitive task analysis. *International Journal of Educational Research, 25*(5), 403-417.

Eason, K. (1987). *Information technology and organizational change.* Taylor and Francis.

International Organization for Standardization. (2009). *Ergonomics of human system interaction part 210: Human-centered design for interactive systems* (formerly known as 13407). ISO F±DIS 9241-210:2009.

Karat, J. (1997). Evolving the scope of user-centered design. *Communications of ACM, 40*(7), 3338.

Keller, J. M. (1987). Development and use of the ARCS model of motivational design. *Journal of Instructional Development, 10*(3), 2-10.

Keller, J. M. (1997). Motivational design and multimedia: Beyond the novelty effect. *Strategic Human Resource Development Review, 1*(1), 188-203.

Keller, J. M. (2009). *Motivational design for learning and performance: The ARCS model approach.* Springer Science & Business Media.

Landauer, T. K. (1995). *The trouble with computers-Usefulness, usability and productivity.* The MIT Press.

Meyer, A., Rose, D. H., & Gordon, D. (2014). *Universal design for learning: Theory and practice.* CAST.

Morville, P. (2004). *User experience design.* Retrieved from http://semanticstudios.com/user_experience_design/

Norman, D. (1988). *The design of everyday things.* Doubleday.

Norman, D. A., & Draper, S. W. (1986). *User-centered system design: New perspectives on human-computer interaction.* Lawrence Earlbaum Associates.

Preece, J., Rogers, Y., & Sharp, H. (2002). *Interaction design: Beyond human-computer interaction.* John Wiley & Sons.

Rose, D. H., & Meyer, A. (2002). *Teaching every student in the digital age: Universal design for learning.* ASCD.

Soloway, E., Guzdial, M., & Hay, K. E. (1994). Learner-centered design: The challenge for HCI in the 21st century. *Interactions, 1*(2), 36-48. http://dx.doi.org/10.1145/174809.174813

Soloway, E., Jackson, S. L., Klein, J., Quintana, C., Reed, J., Spitulnik, J., … & Scala, N. (1996, April). Learning theory in practice: Case studies of learner-centered design. In *Proceedings of the SIGCHI conference on human factors in computing systems* (pp. 189-196). ACM. The case is selected from this paper.

제6장

교육공학 활용에서 학습자 경험

학습내용

- 경험과 학습자 경험
- 교육공학을 활용하는 학습자 경험의 요소
- 학습자 경험의 평가 지표

학습목표

- 일반적인 경험과 학습자 경험을 설명할 수 있다.
- 학습자 경험을 정의하고 다양한 학습자 경험의 특성을 설명할 수 있다.
- 학습자 경험의 요소를 나열하고 구체적으로 설명할 수 있다.
- 학습자 경험 분석의 지표와 그 활용법을 설명할 수 있다.

학습활동

01 학습자 경험을 구성하는 요소는 무엇이며, 학습자 경험이 교육공학에서 왜 중요한지 생각해 본다. 이 장을 읽은 경험을 어떻게 묘사할 수 있는가? 이 장과 관련하여 학습경험을 향상시키기 위해 무엇을 할 수 있는가?

02 유의미한 학습자 경험을 위해 가장 중요한 요소는 무엇인지 생각해 본다. 이 장에서 가장 유의미한 요소는 무엇이며, 그 이유는 무엇인가? 앞서 다섯 장에서 논의된 점 중에 이 장에서 확인할 수 있는 것은 무엇인가?

03 이 장에서 논의된 교육공학의 네 가지 범주(도구, 자원, 환경, 방법) 중 하나와 자신에게 익숙한 테크놀로지를 선택해 본다. 해당 테크놀로지와 관련된 학습자 경험의 요소들을 파악하고, 테크놀로지의 설계, 개발 및 효과적인 활용을 안내하는 적절한 원리를 제시해 본다.

1. 서론

제5장은 UX의 핵심 개념을 소개하였다. 학습자 경험은 소프트웨어 공학의 UX에서 파생된 개념으로, 일반적인 경험의 한 형태이다. UX의 주체가 사용자인 것처럼, 학습자 경험에서는 학습자가 주체가 된다. UX가 소프트웨어 설계·개발·개선에서 중요한 역할을 하는 것처럼, 학습자 경험은 교수설계와 학습환경의 개발 및 개선에 있어서 중요한 요소이다(Dutton, 2017). 효과적인 학습자 경험은 몰입감 있고 기억에 남는 교육경험을 만들어 낸다. 실제로 학습자 경험은 교수설계의 관련성을 유지하는 데 있어 핵심적인 요소이다. 현재 설계자와 개발자들이 사용할 수 있는 학습 테크놀로지, 학습환경, 학습공간, 학습상황 또한 점점 더 다양해지고 있다. 많은 사람이 이러한 테크놀로지의 설계·개발·배포에 관여하지만, 이 장에서는 학습자 경험이 중요한 시사점을 제공하기 때문에 테크놀로지를 사용하는 학습자 경험에 초점을 맞추고자 한다.

100년이 넘는 기간 동안 교실은 교수·학습과정을 지원하는 핵심 요소였다. 일반적인 교실은 의자, 책상, 선반, 캐비닛, 칠판 또는 화이트보드, 시청각 장비 등을 갖추도록 설계되었다(Udin & Rajuddin, 2008). 1990년대 중반부터 디지털 테크놀로지를 학교 교실에 도입하는 프로그램이 시행되었다. 이러한 테크놀로지에는 데스크톱 컴퓨터, 노트북 컴퓨터, 인터랙티브 화이트보드, 디지털 프로젝터, 인터넷 연결, 생산성 및 교육과정 관련 소프트웨어, 프린터 등이 포함되었다. 최근에는 일부 교실에서 3D 프린터, VR 및 AR 장비도 도입되기 시작하였다.

교육공학은 학습자 경험에 영향을 미친다. 이 장은 테크놀로지가 학습자의 요구와 기대에 얼마나 잘 부합하는지를 살펴보는 데 초점을 둔다. 첫 번째로 논의할 문제는 학습자 경험이라는 개념이고, 두 번째로 논의할 문제는 학습자 경험의 관점에서 교육공학을 평가하는 것이다.

2. 경험과 학습자 경험

사람들은 매일 학교에 가서 수업과 학교 활동에 참여하며 학습경험을 쌓는다. 학생들이 학습경험을 한다는 개념은 단순해 보이지만, 학습경험이란 정확히 무엇을 의미하는가?

우리 모두는 하나의 경험이 맥락, 사람, 제품과 관련된 무한한 양의 작은 경험으로 구성된다는 것을 알고 있다. 또한 경험은 여러 단계로 나누어질 수 있다. 예를 들어, 높은 산에서 캠핑을 했던 경험을 떠올려 보면, 그 경험은 나무와 강을 바라보고, 산들바람을 느끼고, 그것을 소중히 여기는 것과 같은 작은 경험들로 이루어질 수 있다. 그리고 산의 정상까지 오르는 과정에서 텐트나 요리용 스토브와 같은 제품 및 함께하는 동료들과도 상호작용한다. 더 나아가 캠핑이 끝난 후 산에 오른 이야기를 친구들에게 들려주며, 이를 '대단한 경험'이라고 부를 수도 있다.

〈표 6-1〉 '경험'이라는 개념을 이해하는 세 가지 방식

	인지적 경험	하나의 경험	이야기로서의 경험
개념	• 의식의 순간에 끊임없이 일어나는 흐름 • 우리가 무엇을 하고 있는지 생각하게 만드는 경험	• 시작과 끝이 있고 사용자를 변화시키며, 때로는 결과적으로 경험의 맥락을 변화시키는 경험	• 이야기는 경험을 압축하고 기억하며 다양한 상황에서 특정 청중과 의사소통하는 수단
예제	• 새로운 제품과의 상호작용, 혼란스럽거나 낯선 환경과의 상호작용, 주의력, 인지적 노력 또는 문제 해결 능력이 필요한 과제	• 강력한 감정을 느끼고, 가치체계를 평가하고, 행동을 바꿀 수도 있는 이야기를 목격 • 읽는 동안 우리를 경험으로 이끄는 강력한 이야기 선택	• 이야기로서의 경험은 법정 증언이나 판타지 게임과 같은 다양한 상황에서 중요한 역할을 함 • 다양한 분야의 설계팀과 사용자 결과를 공유하기에 적합
대표 사례	• 경험적 인지라고 알려진 Richard Carlson의 의식 이론	• John Dewey의 『경험으로서의 예술(Art as Experience)』과 『경험과 교육(Experience and Education)』	• Roger Schank의 『이야기해 줘: 내러티브와 지능(Tell Me a Story: Narrative and Intelligence)』

출처: Forlizzi와 Ford(2000)에서 수정.

'경험'이라는 단어와 'UX'의 개념은 제품 설계 및 개발 과정에서 자주 사용된다. 먼저, 경험을 보다 체제적으로 논의하는 방식을 정립하고자 한다. 기존의 경험 이론에 대한 이해를 바탕으로, 경험을 인지적 경험, 하나의 경험, 이야기로서의 경험이라는 세 가지의 방식으로 정의할 수 있다(〈표 6-1〉 참조).

1) 경험의 정의

가장 순수한 형태는 경험 그 자체로서 의식의 순간에 일어나는 끊임없는 흐름이다. 사람들은 종종 자기 대화나 자기 서술을 통해 이러한 경험의 흐름을 인식한다(Forlizzi & Ford, 2000). 이 정의는 인지과학자 Richard Carlson의 '경험적 인지'로 알려진 의식 이론에 기반한다(Carson, 1997). 앞서 언급된 예시에서 '아름다운 풍경을 보고, 기분이 좋아진다'는 것은 이러한 경험의 한 사례이다.

경험에 대해 논하는 또 다른 방식은 철학자 John Dewey가 그의 저서『경험으로서의 예술(Dewey, 1938)』에서 설명했던 '경험을 갖는 것'에 대해 이야기하는 것이다. 이러한 유형의 경험은 명확한 시작과 끝이 있으며, 경험의 사용자뿐만 아니라 때로는 경험의 맥락까지 변화시키기도 한다. 예를 들어, 산을 등반하는 경험이 여기에 해당한다. 또 다른 사례의 경험은 우리가 강렬한 감정을 느끼고, 자신의 가치관을 돌아보며, 나아가 행동의 변화를 유도할 수 있는 이야기를 접하는 것이다. 펜실베이니아대학교의 Oncolink 웹사이트(http://www.oncolink.org)에는 암을 직접 경험했거나 사랑하는 사람을 통해 암을 겪은 사람들이 쓴 강력한 이야기가 담겨 있으며, 우리는 그 이야기를 읽으면서 경험할 수 있다.

경험을 논의하는 세 번째 방식은 Schank(1990)가 오랫동안 논의해 온 '이야기로서의 경험'을 바라보는 것이다. 이야기는 우리가 경험을 압축하여 기억하고, 다양한 상황에서 특정 대상에게 전달하기 위해 사용하는 수단이다. 이야기로서의 경험은 법적 증언이나 판타지 게임에 이르기까지 다양한 상황에서 중요한 역할을 한다. 이야기로서의 경험은 본질적으로 의사소통적 성격을 가지므로, 다양한 분야의 설계팀과 사용자 연구 결과를 공유하는 데 적합하다.

현재는 ISO가 정의한 UX의 정의가 널리 받아들여지고 있다. ISO 9241-210 표준에서 "UX란 제품, 시스템 또는 서비스의 사용과 예상되는 사용에서 발생하는 인지 및 반응이다"(ISO FDIS 9241-210, 2009).

학습경험의 정의도 인지적 처리와 그에 따른 반응을 모두 포함한다는 점에서 UX와 유사하다. 학습경험은 교육용 제품이나 학습환경과의 상호작용 속에서 학습자의 관점으로 체험된 UX를 나타낸다(Huang, Hu, & Yang, 2015).

2) 학습경험

학습경험은 UX에서 파생된 개념으로, 특정 감정과 편향이 수반될 수도 있는 일반적 경험의 한 유형이다. UX의 주체가 사용자인 것처럼 학습경험의 주체는 학습자이다. 학습경험은 학습과정과 학습환경 속에서 이루어지는 다양한 경험으로 이해할 수 있다.

앞서 논의하였듯, 학습경험은 학습환경, 교육용 제품, 학습자원 등과의 상호작용을 통한 학습자의 인식, 반응, 수행으로 정의되며, 정보 처리 학습이론은 이러한 과정을 설명한다(Anderson, Matessa, & Lebiere, 1997; http://act-r.psy.cmu.edu/ 참조). 마찬가지로, Gagné는 학습자가 다양한 사물을 인식하고 일련의 정보 처리 과정을 거쳐 개념화를 형성하고 반응한다고 설명한다(Gagné, 1985).

학습자가 학습환경을 인식한다는 것은 주로 사람과 사물, 즉 자원, 도구, 학습 공동체, 지역사회 교육, 학습양식, 교수법 등에 대한 인식을 의미한다(Huang, Yang, & Hu, 2012). 지각은 개인이 환경에서 행동을 수행할 수 있도록 한다(Elnaga, 2012). Mahlke(2008)의 UX 모델은 학습자의 지각이 인지과정을 심화시키고, 감정과 느낌에 영향을 미칠 수 있다고 본다. 지각은 후속 행동, 태도, 정서적 경험으로 이어질 수 있다. 따라서 학습경험에 대한 반응은 정서적 반응뿐만 아니라 다양한 형태의 반응을 포함한다.

학습경험에서 수행은 학습자의 행동을 의미하며, 여기에는 주로 학습 효과성, 효율성 및 성취도와 같은 개념들이 포함된다. 학습 효과성은 의도한 학습목표가 어느 정도 달성되었는지를 의미한다. 학습 효율성은 이러한 결과를 달성하기 위해 소요된 시간과 노력을 의미한다. 학습 성취도는 단순히 목표 달성을 강조하는 것이 아니라, 학습에 대한 만족감, 자신감, 지속적인 관심과 같은 주관적인 경험을 포함한다.

기기, 제품, 소프트웨어, 시스템, 서비스가 점점 더 학습에 포함됨에 따라, 학습자 경험을 경험의 모든 측면을 포함하는 보다 포괄적인 관점으로 바라보는 것이 중요해지고 있다. 예를 들어, 건강한 교실 학습환경의 경우 학생, 교사, 설계자들이 위생, 안전, 음향, 공간 활용성, 자연 채광, 자연 환기 등 학습환경의 편안함과 관련된 문제를 해결하기 위해 지속 가능한 설계 개념에 주목하게 될 것이다(OECD, 2006). 테크놀로지가 풍부한 교실 환경의 경우 학습 테크놀로지는 온라인 실재감 및 온라인 자원과 같은 가상 기술, 매체 제시 시스템, 원격 상호작용 시스템, 룸스케일(room-scale) 주변 장치와 같은 설치형 장비, 모바일 기기를 포함한다(Milne, 2006). 따라서 교실에서 학습자 경험은 가구, 장비, 기기, 소프트웨어 시스템, 서비스 등을 활용하는 경험을 포함한다.

3. 교육공학을 활용하는 학습자 경험의 요소

1) 교육공학의 범주

교육공학은 학습도구, 학습자원, 학습환경, 학습방법의 네 가지 범주로 구분될 수 있다.

- **학습도구**: 학습 애플리케이션(앱), 멀티미디어 기기와 같이 사람과 시스템 간의 상호작용을 통해 학습을 촉진하기 위한 목적으로 사용되는 디지털 및 비디지털 매체를 의미한다("learning tools", 2017). 학습도구의 예로는 플래시 카드, 개념도, 블로그, 전자 사전, 전문가 시스템, 웹 2.0 도구, 전자 수행

지원 시스템(EPSS), 모바일 교육용 앱, 태블릿PC 컴퓨터 등이 있다.

- 학습자원: 교과서, 강의 읽기 자료 및 기타 학습 콘텐츠와 같이 교수·학습 및 연구를 지원하는 데 사용되는 자료를 의미한다. 학습자원의 예로는 교육용 비디오 클립, 공개 교육자원(Open Educational Resource: OER), MOOC, 온라인 도서관 및 자료 저장소 등이 있다.
- 학습환경: 교실과 사이버 공간과 같이 학생들이 학습하는 다양한 장소, 맥락, 문화를 의미한다(Learning Environment, 2013). 학습환경은 전통적인 교실뿐만 아니라 학습관리 시스템도 포함한다.
- 학습방법: "어떤 일을 수행하는 방식, 기법 또는 과정"(Definition of Method, n.d.)을 의미한다. 학습방법은 학습자가 특정 학문의 내용을 적절히 이해하고 습득할 수 있도록 제시하는 방식을 의미한다. 예시로는 반복 연습, 암기, 탐구 기반 학습, 협력 학습, 역량 기반 학습 등이 있다.

2) 교육공학에서 유의미한 학습자 경험의 원칙

교육공학을 활용하는 학습자 경험은 학습환경, 자원, 방법에 대한 학습자의 인식, 반응, 수행을 포함한다. UX의 구조와 요소를 분석하면, 교육공학을 활용하는 학습자 경험의 구조와 요소를 보다 명확히 정의할 수 있다. Morville(2004)은 웹사이트 설계를 위한 UX의 요소를 설명하기 위해 'UX 허니콤'(제5장 참조)이라는 개념적 프레임워크를 제안하였다. 유의미하고 가치 있는 UX를 만들기 위해 웹사이트의 정보는 다음과 같은 요건을 갖추어야 한다.

- 유용성: 콘텐츠는 독창적이어야 하며 요구를 충족해야 한다.
- 사용성: 웹사이트는 사용하기 쉬워야 한다.
- 매력성: 이미지, 정체성, 브랜드 및 기타 디자인 요소가 긍정적인 감정과 호감을 불러일으켜야 한다.
- 검색 가능성: 콘텐츠는 웹사이트 내외에서 쉽게 검색할 수 있고 찾을 수 있

어야 한다.

- 접근성: 장애가 있는 사용자도 콘텐츠에 접근할 수 있어야 한다.
- 신뢰성: 사용자가 보고, 듣고, 읽는 내용을 신뢰하고 믿을 수 있어야 한다.
- 가치성: 웹사이트는 사용자에게 가치 있는 것을 제공해야 한다.

Rubinoff(2004)는 UX가 브랜딩, 기능성, 사용성, 콘텐츠의 네 가지 상호의존적인 요소로 구성된다고 제안하였다. 브랜딩은 웹사이트의 모든 미적 요소 및 디자인 요소를 포함하며, 조직이 원하는 이미지와 메시지를 반영하는 역할을 한다. 기능성은 웹사이트의 기술적 요소 및 보이지 않는 과정 및 앱을 포함한다. 기능성은 사이트가 모든 최종 사용자에게 대화형 서비스를 제공하는 것을 의미하며, 여기에는 관리자, 강사, 학습자뿐만 아니라 일반 대중도 포함된다는 점이 중요하다. 사용성은 웹사이트의 모든 구성 요소와 기능의 전반적인 사용 용이성을 의미한다. 사용성의 하위 범주로 탐색 및 접근성이 포함된다. 콘텐츠는 웹사이트의 실제 콘텐츠(텍스트, 멀티미디어, 이미지)뿐만 아니라 콘텐츠의 구조 또는 정보 아키텍처를 포함한다. 우리는 정의된 사용자 요구와 고객 비즈니스 요구사항에 따라 정보와 콘텐츠가 어떻게 구성되는지 살펴본다.

Guo(2012)는 UX와 관련된 노력의 목표와 범위를 정하고 유의미한 측정을 가능하게 하기 위해, 가치, 사용성, 매력성, 채택 가능성의 네 가지 요소로 구성된 개념적 프레임워크와, 이러한 요소들이 더 나은 제품 설계를 유도하기 위해 어떻게 상호작용하는지 제안하였다.

교육공학을 활용한 학습환경에서 학습자 경험은 교실을 가구, 장비 및 기기, 소프트웨어 시스템, 서비스가 포함된 통합 시스템으로 고려해야 한다. 제품의 UX를 구성하는 네 가지 요소는 교육공학이 적용된 학습자 경험을 설명하는 데 활용될 수 있다. 학습자 경험은 학습환경 내 학습자의 다양성을 고려하고 다양한 요구를 반영해야 하므로 '채택 가능성'을 '적응성'으로 대체하였다. 또한 조명, 온도, 음향과 같은 물리적 환경 요인도 경험에 중요한 역할을 하므로 '편안함'도 학습자 경험에 포함하였다. 이러한 분석을 통해 학습자 경험의 요소는 [그림

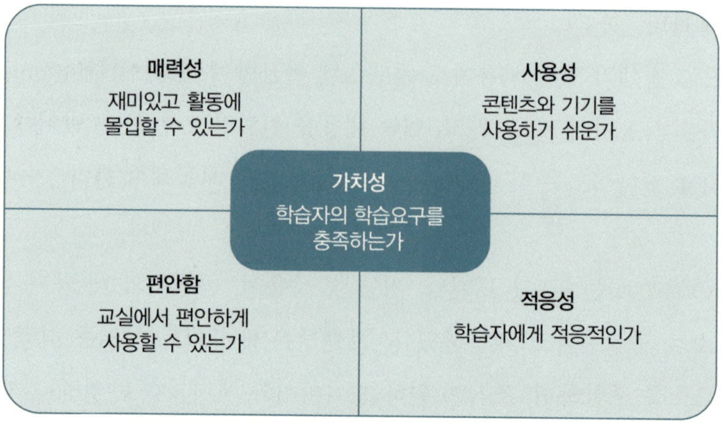

[그림 6-1] 교육공학 사용 학습자 경험의 다섯 가지 요소

6-1]과 같이 가치성, 사용성, 매력성, 적응성, 편안함을 포함한다.

[그림 6-1]과 같이 가치성은 교육공학을 활용한 학습자 경험의 핵심 요소로, 교육용 제품이 학습자의 요구를 충족하는지, 학습에 효과적인지에 초점을 둔다. 사용성은 교육용 제품, 서비스, 자원, 기기 등이 사용하기 쉬운지를 다룬다. 적응성은 교육공학의 유연성과 교육공학이 학습자의 다양한 요구에 적응적인지를 고려한다. 매력성은 교육공학이 학습자에게 재미있고 몰입적인지 평가한다. 편안함은 학습자가 테크놀로지 사용에 편안함을 느끼는지에 초점을 둔다.

앞서 제안한 요소를 바탕으로, 다음 절에서는 테크놀로지 중심 교실을 예로 들어 교육공학이 학습에 적합한지를 평가하는 데 어떤 지표를 사용할 수 있는지 설명한다.

4. 학습자 경험 평가 지표

교육공학과 관련된 학습자 경험은 [그림 6-1]에 제시된 학습자 경험의 다섯 가지 요소를 고려하여 설계 · 개선 · 평가할 수 있다. 가치성은 학습자 경험의 가장 핵심적인 지표이며, 나머지 네 가지 요소는 가치성을 지원하고 기여하는 역

[그림 6-2] 학습자들이 다양한 교육용 기기를 사용하는 실제 교실 사진(허가를 받아 사용)

할을 한다. 서비스, 장비 및 가구는 테크놀로지가 풍부한 교실의 주요 요소이며, 학습자 경험 지표는 이를 통해 도출된다.

[그림 6-2]는 베이징사범대학교의 테크놀로지가 풍부한 교실로서 학습자의 요구에 맞게 적응하는 'SMART' 교실이다. 사진 속 학습자들은 교육공학을 전공하는 신입생들이고, 스마트폰을 사용하여 화면에 표시된 QR 코드를 스캔하여 강의 자료에 접근하고 있다.

[그림 6-3]은 교육공학을 사용하는 학습자 경험을 분석하기 위한 프레임워크를 제시한다. 제안된 지표들은 교육용 소프트웨어, 시스템, 제품, 기기, 교육 자원 및 서비스와 같은 일반적인 교육공학을 평가하는 데 적합하다.

1) 가치성: 학습자는 테크놀로지를 가치 있게 여기는가

전체적인 관점에서 학습자 경험의 가치는 교실 가구 및 배치 변경, 장비 사용과 같은 교실의 변화를 학습자에게 바람직하거나 가치 있게 만드는 긍정적 또는

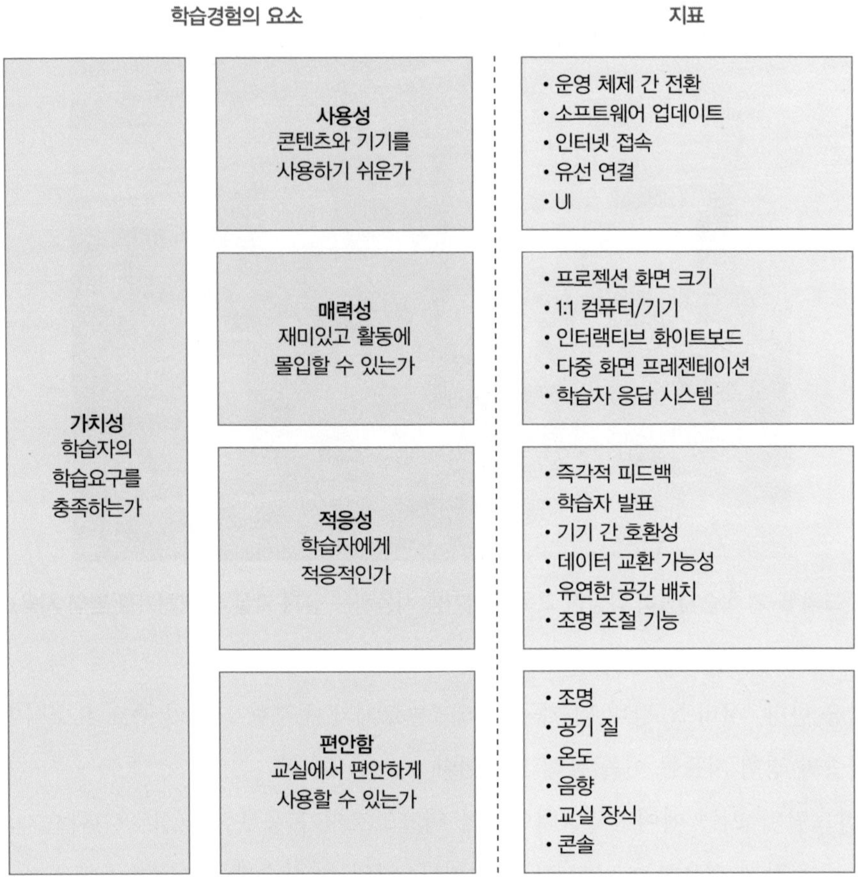

[그림 6-3] 교육공학 사용 학습자 경험 분석을 위한 프레임워크

부정적 품질을 의미한다.

그렇다면 무엇이 교육공학을 학습자에게 가치 있는 것으로 만드는가? 교육공학의 특성은 학습요구와 일치해야 한다. 교실 변경이 학습요구를 충족하도록 설계된 경우, 교사와 학생은 배치 변경과 장비 변경이 가치 있다고 생각할 수 있다. 학습요구는 학습자가 명확하게 인식하고 있는 '표면적인 요구'뿐만 아니라, 학습자가 직접 표현하지 않지만 학습활동 속에 숨어 있으며 교사가 인지할 수 있는 '암묵적인 요구'까지 포함한다. 학습자의 표현되지 않은 요구를 충족하기 위해 교육공학은 단순히 기기나 소프트웨어와 같이 사용이 쉬운 제품에 그치지 않고, 학습자의 학습에 실질적인 가치를 더할 수 있는 서비스도 포함해야 한다.

2) 사용성: 학습자는 테크놀로지가 사용하기 쉽다고 여기는가

사용성은 교육공학의 사용 용이성과 학습 용이성을 의미하며, 다음과 같은 요소로 구성된다.

- 학습 용이성: 교사와 학생이 처음 해당 교육공학을 접했을 때, 기본적 과제를 달성하는 것이 얼마나 쉬운가?
- 효율성: 교사와 학생이 교육공학의 설계를 익힌 후, 얼마나 신속하게 교수·학습활동을 수행할 수 있는가?
- 기억 용이성: 교사와 학생이 일정 기간 사용하지 않다가 다시 사용할 때, 얼마나 쉽게 능숙함을 입증할 수 있는가?
- 오류: 교사와 학생은 얼마나 많은 오류를 범하고, 이러한 오류는 얼마나 심각하며, 오류에서 얼마나 쉽게 회복할 수 있는가?
- 만족도: 교육공학이 학습자의 요구를 충족하는가?

교육공학의 설계 요소에는 사용성에 큰 영향을 미치는 시스템, 시설, 소프트웨어가 포함된다. 운영 체제는 앱 프로그램을 실행할 수 있는 소프트웨어 플랫폼을 제공한다. 개인용 컴퓨터에 널리 사용되는 운영 체제의 예로는 마이크로소프트 윈도우, 맥(Mac) OS X, GNU 및 리눅스(Linux)가 있다. 운영 체제는 다양한 기능을 갖추고 있으며, 여러 가지 학습자원 및 활동을 지원하는 다양한 소프트웨어를 제공한다. 시설에는 기기, 오디오-비디오 제어 시스템, 프로젝터, 인터랙티브 화이트보드, 학생 응답 시스템 및 무선 네트워크 접속 등이 포함된다. 소프트웨어 시스템에는 학습관리 시스템, 학습자원 제공 시스템, 협력 학습 플랫폼 등이 포함된다. 교실 네트워크 도구는 교실 상호작용을 위한 새로운 가능성을 제공한다. 즉, 정보를 신속하게 배포하고, 아이디어를 교환하고, 기존 교실에서는 구현하기 어렵거나 불가능한 다양하고 재미있는 활동을 지원할 수 있는 공동 산출물을 구성하는 방법을 제시한다(White, 2013). 학습과제 맥락에서 바람직성의 상당 부분은 UI와 상호작용의 혁신적이고 인식 가능한 디자인에 기인한다. UI 디자인에는 체계적인 탐색 방법, 보기 좋은 그래픽, 세련된 디자인이 포함된다. 상호작용 디자인은 편리하고 매끄러운 다양한 조작을 포함한다. 바람직한 교육공학은 학습자가 사용 목적에 몰입하도록 하는 것이 중요하다.

이러한 분석을 바탕으로 테크놀로지가 풍부한 교실의 사용성을 평가하기 위해 다음과 같은 지표를 제안한다. ① 다른 운영 체제로 전환하는 것이 쉬운가? ② 관련된 소프트웨어 및 하드웨어를 업데이트하는 것이 얼마나 어려운가? ③ 인터넷에 쉽게 접속할 수 있는가? ④ USB, VGA, HDMI 등 다양한 유형의 장치에 데이터 연결이 가능한가? ⑤ UI는 친숙하고 직관적인가?

3) 매력성: 학습자는 테크놀로지 활용을 즐기는가

매력성은 교육공학 활동의 매력도와 참여도, 교사와 학생의 기분 좋은 인식을 의미한다. 교육의 보편적인 목표는 학생들이 집중하고 주의 깊게 학습에 참여할 수 있도록 하는 것이다(Lavigne & Mouza, 2013). 학습자 참여는 세 가지 차원으로 구성된다(Fredricks et al., 2004).

- 행동(예: 가상 세계 캐릭터, 내장된 도구, 객체 등과 상호작용하는 횟수와 같은 활동 참여 수준)
- 인지적—동기적(예: 노력 투입 정도, 학습내용 영역과 관련된 역량에 대한 믿음 또는 자기 효능감, 최적의 도전을 받고자 하는 욕구)
- 정서(예: 흥미, 호기심, 소속감, 정서).

교육공학에서 몰입은 콘텐츠 표현 방식, 디지털 자료, 소프트웨어 시스템, 상호작용 설계에 따라 달라진다. Vahey와 동료들(2013)은 수학 교실에서 동적 표현 기술을 사용할 때 얻을 수 있는 네 가지 주요 이점으로, ① 학생이 어려운 개념을 이해할 수 있는 풍부한 시각적 표현 제공, ② 학생이 동일한 학습 포인트에 집중할 수 있는 기회 제공, ③ 내러티브 표현 유형의 활용 지원, ④ 학생의 수업 참여를 제시하였다. 동적 표현 환경은 또한 학생들이 수학 학습에 몰입하도록 돕는 것으로 나타났다. Kershner와 동료들(2010)은 과학 학습활동에서 어린 학습자들의 협력적 의사소통과 사고 능력을 증진시키기 위해, 인터랙티브 화이트보드가 다양한 과학 활동에서 협력적으로 활용될 수 있다고 제안하였다. 인터랙티브 화이트보드는 어린 학습자들이 학습내용과 상호작용할 수 있는 기회를 제공하고, 더욱 바람직한 생생한 상호작용에 대한 요구를 충족시킬 수 있다.

테크놀로지가 풍부한 교실에서 매력성을 평가하기 위한 주요 질문은 다음과 같다. ① 프로젝터 화면 크기가 교실 크기에 맞는가? ② 1:1 컴퓨터/기기가 학습내용에 적합한가? ③ 인터랙티브 화이트보드가 학습활동에 적합한가? ④ 다중화면 기술을 사용하여 내용을 제시하는가? ⑤ 학생 응답 시스템이 능동적인 학습을 촉진하는가?

4) 적응성: 학습자는 테크놀로지가 개인 맞춤형 적응성이 있다고 여기는가

교육공학의 적응성은 학생들의 다양성과 학습 선호도를 고려하여 개별 학습자를 최대한 맞춤형으로 지원할 수 있는가를 다룬다. 교실의 배치는 교사의 수업과 학습자 협력을 지원할 수 있도록 유연해야 하며, 소프트웨어 시스템은 학습자의 학습양식에 맞게 조정되어야 한다. 또한 조명, 온도, 환기와 같은 물리적 환경 요인도 학습자의 요구에 맞게 조정되어야 한다.

Hill(2008)은 유연하고 현대적인 학습환경은 학생들이 스스로 지식을 습득하는 동시에 동료들과 함께 활동에 참여하도록 장려하는 잠재력이 있다고 제안하였다. 교실 배치와 관련하여, Lippman(2002, 2003)은 학교에서의 연구를 통해 단일 교실 내에 다양한 공간을 제공하여 아동과 성인, 학생과 교사 간의 상호작용을 지원할 수 있다고 언급하였다. Jamieson(2007)은 비용이나 현실적인 여건상 항상 가능하지 않을 수도 있지만, 강의실, 교실, 실험실과 같은 형식 교육공간이 다양한 교수·학습 접근 방식을 지원하도록 유연한 배치를 갖춰야 한다고 주장하였다.

이러한 분석을 바탕으로, 신기술과 주요 환경 요소를 고려하여 테크놀로지가 풍부한 교실의 적응성을 평가하기 위한 질문을 제안하면 다음과 같다. ① 소프트웨어 시스템이 즉각적인 피드백을 제공하는가? ② 학생들이 학습성과를 쉽게 발표하고 공유할 수 있는가? ③ 시스템이 일반적인 기기와 호환되는가? ④ 학생과 교사 간의 데이터가 원활하게 변경될 수 있는가? ⑤ 교실 배치가 다양한 학습활동에 유연하게 대응할 수 있는가? ⑥ 조명 시스템이 학습자의 요구와 자연 채광에 맞추어 조정될 수 있는가?

5) 편안함: 학습자는 교육공학을 사용할 때 편안함을 느끼는가

교육공학에서 편안함은 학습자가 교육공학을 사용할 때 신체적·정서적인 안정감 제공에 초점을 둔다. 여기에는 UI뿐만 아니라 온도, 습도, 소음, 열, 기압, 환기, 공기 질, 음향, 먼지, 진동, 조명, 공기 흐름, 방사선 등 다양한 환경적 요소가 포함된다.

교실에서 매체와 테크놀로지의 활용이 증가함에 따라, 사용하기 쉽고 조절 가능한 조명 시스템의 설계가 그 어느 때보다 중요해지고 있다. 조명은 조명공학학회(Illuminating Engineering Societies)가 제안한 표준과 국가 전기 규정(National Electrical Code)의 현행 권장사항을 준수하고, 각 교수·학습공간의 특수한 프로그램 요구사항을 충족하도록 설계되어야 한다(Clabaugh, 2004). 또한 일부 연구는 다음과 같은 요소를 중요한 설계 고려사항으로 제시하였다.

- **실내 공기 질**: 곰팡이 및 공기 중 박테리아는 어린 학습자 교사의 건강에 악영향을 미칠 수 있다.

- **온도 및 습도**: 건물병 증후군, 관련 결근, 정신적 예민함 저하를 초래하는 조건을 생성한다.
- **환기 및 공기 흐름**: 어린 학습자는 성인보다 더 많은 공기를 필요로 하므로, 중요한 보건 및 안전 문제이다. 연구에 따르면, 창문을 통한 공기 흐름만으로는 학교 내 이산화탄소 축적을 방지하거나 제거하기에 충분하지 않다. 공기 흐름이 원활하지 않으면 과제 수행 능력 저하로 이어질 수 있다.
- **열 쾌적성**: 학습, 유지, 과제 수행 및 업무 만족도를 위해 최적화된 온도가 존재한다.
- **음향**: 양호한 음향(소음의 양이 아닌 질)은 학업성취에 기본이 된다.
- **건물의 연식, 품질, 심미성**: 학생과 교사의 안전 및 웰빙에 대한 인식에 영향을 미친다. 건물 연식 자체보다는 건축 품질이 더 중요한 요소이다. 학생들은 현대화된 환경이나 새로운 환경에서 더 나은 학업성취를 보이는 경향이 있으나 이를 단독 요인으로 분리하여 측정하기 어려워 결론을 내리기 어렵다.
- 가구, 카펫, 습기, 오염 물질은 천식과 같은 건강 문제를 일으킬 수 있다(예: Filardo & Vincent, 2010 참조).

이러한 핵심 요소들을 바탕으로, 테크놀로지가 풍부한 교실에서의 편안함을 평가하기 위한 지표를 다음과 같이 제안한다. ① 조명 시스템이 건강한 독서를 지원하는가? ② 교실 공기가 공기 질 기준을 충족하는가? ③ 교실의 온도는 학습에 적합한가? ④ 교실의 음향이 양호한가? ⑤ 교실 장식이 학생들의 선호도를 충족하는가? ⑥ 학습기기는 조작하기 쉬운가?

핵심 내용

1. 테크놀로지, 교수법, 공간의 융합으로, 교육공학과 관련된 학습자 경험은 점차 학생들의 몰입과 성과를 보장하는 데 필수적인 요소가 되었다.
2. 학습경험은 학습환경, 교육제품, 자원 등과 상호작용하는 과정에서 형성되는 학습자의 인식, 반응, 수행으로 이해된다.
3. 가치성, 사용성, 적응성, 매력성, 편안함은 교육공학과 관련된 학습자 경험에 영향을 미치는 다섯 가지 요소이며, 학습공간을 새로 조성하거나 개편할 때 반드시 고려해야 한다.
4. 교육공학에서 장비(시청각 시스템, 컴퓨터, 장치 및 소프트웨어 제공)와 가구(교실 장식 및 배치 변경)가 바뀌면 학습자 경험도 바뀌게 된다. 서비스는 교육공학을 통한 학습자 경험 개선을 위한 가장 핵심적인 요소 중 하나이다.

학습자료

- 학습경험의 요소: Ark, T. V. (2014, January 6). 10 Elements of Next-Gen Learner Experience (LX)- Getting Smart by Tom Vander Ark- https://www.gettingsmart.com/2014/01/06/learner-experience-lx/

참고문헌

Anderson, J. R., Matessa, M., & Lebiere, C. (1997). ACT-R: A theory of higher level cognition and its relation to visual attention. *Human-Computer Interaction, 12,* 439-462.

Carlson, R. (1997). *Experienced cognition*. Lawrence Erlbaum Associates.

Clabaugh, S. (2004). *Classroom design manual: Guidelines for designing, constructing, and renovating instructional spaces at the University of Maryland.* Retrieved from http://www.it. umd.edu/tc/UM_Classroom_Design.pdf

Definition of Method (n.d.). Retrieved from https://www.merriam-webster.com/

dictionary/method.

Dewey, J. (1938). *Experience and education.* Kappa Delta Pi.

Dutton, G. (2017, May). Enriching the learner experience. *Training Magazine.* Retrieved from https://trainingmag.com/trgmag-article/enriching-learner-experience

Elnaga, A. A. (2012). The impact of perception on work behavior. *Kuwait Chapter of the Arabian Journal of Business and Management Review, 2*(2), 56.

Filardo, M., & Vincent, J. (2010). Research on the impact of school facilities for students and teachers: A summary of studies published since 2000. *Educational Facility Planner, 44*(2), 25-27.

Forlizzi, J., & Ford, S. (2000). The building blocks of experience: An early framework for interaction designers. In *Conference on designing interactive systems 2000* (pp. 419-423).

Fredricks, J. A., Blumenfeld, P. C., & Paris, A. H. (2004). School engagement: Potential of the concept, state of the evidence. *Review of Educational Research, 74*(1), 59-109.

Gagné, R. M. (1985). *The conditions of learning and theory of instruction.* Holt, Rinehart and Winston.

Guo, F. (2012, September 18). More than usability: The four elements of user experience. Retrieved from http://www.uxmatters.com/mt/archives/2012/04/more-than-usability-the-fourelements-of-user-experience-part-i.php

Hill, F. (2008). Patterns for small learning communities at the elementary level: The "L" shaped classroom. Retrieved from http://www.schoolfacilities.com/uploads/files/85.pdf

Huang, R., Hu, Y., & Yang, J. (2015). Improving learner experience in the technology rich classrooms. In Kinshuk & R. Huang (Eds.), *Ubiquitous learning environments and technologies* (pp. 243-258). Springer.

Huang, R., Yang, J., & Hu, Y. (2012). From digitalized environment to smart environment: The reform and trends of learning environment. *Open Education Research, 18*(1), 12-24.

ISO FDIS 9241-210. (2009). Ergonomics of human system interaction-Part 210:

Human-centered design for interactive systems (formerly known as 13407). *International Organization for Standardization* (ISO).

Jamieson, P. (2007). *Rethinking the university classroom: Designing 'places' for learning.* Paper presented at the Next Generation Learning Space Conference.

Kershner, R., Mercer, N., Warwick, P., & Kleine Staarman, J. (2010). Can the interactive whiteboard support young children's collaborative communication and thinking in classroom science activities? *International Journal of Computer-Supported Collaborative Learning, 5*(4) 359-383.

Lavigne, N. C., & Mouza, C. (2013). Epilogue: Designing and integrating emerging technologies for learning, collaboration, reflection, and creativity. In *Emerging technologies for the classroom* (pp. 269-288). Springer.

Learning Environment. (2013). The glossary of educational reform. Retrieved from https://www. edglossary.org/learning-environment/

Lippman, P. C. (2002, October). Understanding activity settings in relationship to the design of learning environments. *CAE Quarterly Newsletter*. AIA Committee on Architecture for Education.

Lippman, P. C. (2003. September). AIA Committee on Architecture for Education: Advancing concepts about activity settings within learning environments. *CAE Quarterly Newsletter*.

Mahlke, S. (2008). *User experience of interaction with technical systems: Theories, methods, empirical results, and their application to the design of interactive systems.* VDM Verlag.

Milne, A. J. (2006). Designing blended learning space to the student experience. In D. G. Oblinger (Ed.), *Learning spaces* (pp. 11.1-11.15). EDUCAUSE.

Morville, P. (2004, September 28). User experience design [Web log message]. Retrieved from http://semanticstudios.com/publications/semantics/000029.php

OECD. (2006). 21st century learning environments. Retrieved from http://mphs.wikispaces.com/ file/view/21st+Century+Learning+Environments+-+OECD.pdf

Rubinoff, R. (2004, September 28). How to quantify the user experienc. Retrieved from http:// www.sitepoint.com/quantify-user-experience/

Schank, R. (1990). *Tell me a story: Narrative and intelligence.* Northwestern

University Press.

Udin, A. & Rajuddin, M. R. (2008, November 25-27). Physical environment in school setting: Conceptual reviews. In *Seminar Penyelidikan Pendidikan Pasca Ijazah*, University Teknologi Malaysia.

Vahey, P., Knudsen, J., Rafanan, K., & Lara-Meloy, T. (2013). Curricular activity systems supporting the use of dynamic representations to foster students' deep understanding of mathematics. In C. Mouza & N. Lavigne (Eds.), *Emerging technologies for the classroom: Explorations in the learning sciences, instructional systems and performance technologies* (pp. 15-30). Springer.

White, T. (2013). Networked technologies for fostering novel forms of student interaction in high school mathematics classrooms. In C. Mouza & N. Lavigne (Eds.), *Emerging technologies for the classroom: Explorations in the learning sciences, instructional systems and performance technologies* (pp. 81-92). Springer.

제7장

교육공학의 사회 학습 관점

학습내용

- 사회 학습
- 사회 학습에서 테크놀로지의 특징
- 학습 공동체 및 그룹의 구축과 관리
- 사회 학습의 분석 및 측정

학습목표

- 사회 학습의 정의를 명확히 할 수 있다.
- 학습 공동체를 구축하고 운영할 수 있다.
- 사회연결망 분석 및 내용 분석 기법을 활용하여 상호작용을 분석할 수 있다.

학습활동

01 자신의 사회 학습경험과 인식을 설명한 후 사회 학습의 장점을 요약해 본다. 사회 학습 접근법과 행동적 및 인지적 접근법 간의 차이점이 무엇인지 생각해 본다.

02 자신이 참여했던 학습 공동체를 설명하고, 무엇이 학습 공동체를 구성하는지 논의해 본다. 다른 선택지가 없다면 이 수업을 예시로 사용할 수 있다.

03 사회 학습에서 테크놀로지가 필수인 이유에 대해 생각해 본다. 테크놀로지가 사회 학습을 촉진하는 데 어떠한 역할을 할 수 있는가? 테크놀로지가 적용된 사회 학습 시나리오를 설명해 본다.

04 만약 자신이 교사라면 학급 내에서 그룹을 어떻게 구성하고 운영할 것인지 생각해 본다.

05 그룹의 학습성과를 어떻게 측정할 것인지 생각해 본다. 어떤 요소를 고려해야 하는가? 수업에서 그룹 활동을 평가하고 측정하는 방법을 논의해 본다.

1. 서론

소셜 미디어는 개인과 조직 간의 커뮤니케이션을 변화시키고 있다. 이제 사람들은 소셜 미디어를 통해 새로운 유형의 학습을 경험할 수 있다. 학습자는 인터넷의 도움으로 언제 어디서나 강의, 학습자료, 동료 학습자와 연결될 수 있다. 또한 소셜 미디어를 활용한 학습은 지리적 · 시간적 · 문화적으로 떨어져 있는 학습자 간에도 높은 수준의 상호작용성을 제공한다. 소셜 미디어는 학습자들에게 특정 장소나 시간으로 이동할 필요 없이 대면 상호작용의 다양한 이점을 제공한다.

이 장은 사회 학습(social learning)의 관점에서 교육공학을 소개하고 사회 학습에서 테크놀로지가 수행하는 역할, 학습 공동체 구축 및 운영 방법과 그룹 학습을 측정하는 방법에 대해 논의한다.

2. 사회 학습

1) 정의

사회 학습은 Bandura(1962)에 의해 제안되었으며, 그는 사람들이 다른 사람을 관찰, 모방, 모델링하는 과정을 통해 학습한다고 보았다(Bandura, 1962; Bandura & Walters, 1963). 예를 들어, 한 아이가 다른 사람이 도둑질을 해서 처벌받는 것을 보면, 도둑질이 나쁜 행동이라는 것을 알게 된다. 그러나 그의 정의는 학습에서 중요한 요소인 사회적 맥락을 강조하지 않았다(Reed et al., 2010). Wenger(1998)는 사회 학습을 실천 공동체에서의 적극적인 사회적 참여로 설명한다. 그와 다른 연구자들은 사람들이 의미를 구성하고 정체성을 발전시키는 과정에서 개인과 사회적 맥락 간의 역동적인 상호작용을 강조한다(Muro & Jeffrey, 2008). 이는 행동주의 및 인지주의를 넘어, 타인과 사회적 맥락의 영향을 고려하는 개념으로 확장된 것이라고 볼 수 있다(Reed et al., 2010). Reed와 동료들(2010)은 사회 학습을 개인의 이해, 실천 공동체, 공동체 내 사회적 상호작용의 측면에서 다음과 같이 분석한다.

> 사회 학습은 개인을 넘어 사회적 네트워크 내의 행위자 간의 사회적 상호작용을 통해 더 넓은 사회적 단위 또는 실천 공동체에 자리 잡은 이해의 변화로 정의될 수 있다(p. 6).

2) 사회 학습의 이점

사회 학습은 개인이 공동체와 그룹 내에서 사회적 상호작용을 통해 학습한다는 점을 강조한다. 학생들은 그룹의 일원으로 활동할 때 협업을 통해 경험을 쌓고, 비판적 사고, 자기 성찰, 지식의 공동 구축과 같은 중요한 기술을 개발할 수 있다(Brindley, Walti, & Blaschke, 2009). 사회 학습의 구체적인 이점은 사회적·심리적·학업적·평가적 측면의 네 가지 주요 범주로 정리할 수 있으며, 구체적인 내용은 다음과 같다(Laal & Godsi, 2012).

사회적 이점

- **학습자의 사회적 지원 체계를 구축하는 데 기여한다.** 사회 학습을 통해 학습자는 그룹이나 공동체 내에서 활동하며, 다른 사람들로부터 질문과 문제 해결을 위한 조언과 정보를 얻을 수 있다.
- **학습자와 교수자 간의 다양한 이해 형성을 돕는다.** 학습자의 다양한 경험으로 인해 동일한 사물에 대해 서로 다른 이해를 형성하게 한다. 사회 학습은 다양한 사람 사이의 긍정적인 관계를 장려하여 폭넓은 시각과 이해를 발전시킨다.
- **협력을 위한 긍정적인 분위기를 조성한다.** 학습자는 일반적으로 긍정적인 태도와 동기를 갖고 동료 상호작용에 참여하며, 이는 문제에 대한 적극적인

사회적 반응으로 이어지고 우호적인 환경을 조성한다.

심리적 이점

- 학습자 중심의 교수는 학습자 자존감을 향상시킨다. 사회 학습환경에서 수업은 학습자 중심적이다. 즉, 학습자는 탐구를 수행하고, 지식을 적용하며, 새로운 개념에 대한 의미를 파악하는 책임을 갖는다.
- 협력은 불안을 감소시킨다. 사회 학습환경에서 학습자는 일반적으로 갈등과 문제 해결에 도움을 받을 수 있는 지지적 환경에 놓이게 된다.
- 학생들이 교사에 대해 긍정적인 태도를 형성한다. 사회 학습환경은 개방적이므로 교사가 학생들과 원활하게 대화할 수 있다. 또한 교사는 학생을 더 잘 파악하고 적절한 지도를 할 수 있다.

학업적 이점

- 수업결과가 향상된다. 대면 수업과 비교했을 때, 사회 학습에서 학습자는 더 완성도 높은 보고서를 작성하고, 더 높은 질의 의사결정을 내리며, 아이디어와 해결책을 도출해야 하는 복잡한 과제에서 더 나은 성과를 보인다.
- 비판적 사고 능력이 증진된다. 학습자가 다른 사람들과 상호작용할 때, 더 넓은 관점에서 정보를 분석하므로 비판적 사고 능력이 향상될 수 있다.
- 학습자가 학습과정에 적극적으로 참여한다. 사회 학습환경에서 학습자는 학습의 중심이 되며, 학습에 대한 책임을 지게 된다. 학습자는 학습과정에 적극적으로 참여하므로, 학습에 대한 관심을 가질 가능성이 더 높아진다.
- 문제 해결 기술이 향상된다. 학생들이 짝을 이루거나 소규모 그룹으로 작업할 때, 한 명은 듣고 다른 학생들은 조사 중인 문제에 대해 논의한다. 모든 학생은 아이디어를 정리하고 논의하는 과정에서 동료 학습자로부터 즉각적인 피드백을 받으며 중요한 문제 해결 기술을 개발한다.

평가적 이점

- **협력적 교수법은 다양한 평가 방식을 활용한다.** 사회 학습환경에서 교수자는 학생들과 상호작용할 기회를 더 많이 갖게 된다. 따라서 교수자는 시험 및 기타 산출물 외에도 상호작용의 질을 기준으로 학생을 평가할 수 있다.

3) 사회 학습에서 테크놀로지의 특징

오늘날 테크놀로지는 사회적 상호작용에서 중요한 역할을 한다. 테크놀로지의 예로는 페이스북(Facebook), 프렌스터(Friendster), 링크드인(LinkedIn), 마이스페이스(MySpace), 닝(Ning), X[구 트위터(Twitter)], 위챗(WeChat) 등이 있다. 이러한 도구들은 대규모 네트워크와 대규모 그룹 내에서 상호작용하고 기여할 수 있는 기능을 포함하고 있다. 블로그와 위키도 사용되지만, 소셜 미디어 도구로서의 이점이 많지는 않다(Spector, 2015).

소셜 미디어는 커뮤니티 플랫폼, 학습자원 및 콘텐츠, 학습활동을 제공하는 등 사회 학습을 촉진하는 데 유용하다. Resta와 Laferrière(2007)는 사회 학습에서 테크놀로지의 특징을 다음과 같이 요약하였다.

- **학생 간 협력과 지식 창출을 촉진한다.** 협력은 공동 창작의 과정으로 이해될 수 있다(Schrage, 1990). 테크놀로지의 상호작용적 특성을 통해 학생들은 다른 사람들과 편리하게 소통하고 지식을 명확하게 표현할 수 있으며, 이를 통해 학생들은 협력 과정에 적극적이고 깊이 있게 참여할 수 있다.
- **학생의 인지적 수행 능력을 향상시키거나 깊은 이해를 촉진한다.** 사회적 상호작용은 인지발달의 원천으로 간주된다(Resta & Laferrière, 2007). 테크놀로지의 도움을 받아 학생들은 서로 원활한 의사소통을 할 수 있다. 예를 들어, 사고 관리 도구나 개념도를 활용하면 아이디어를 명확하게 표현할 수 있어 반성적 사고와 깊은 이해를 지원할 수 있다.
- **사회 학습을 위한 시간과 공간의 유연성을 제공한다.** 가상 작업 공간은 일상

생활에서 점점 더 인기를 얻고 있다. 학생들은 다양한 장소와 시간에서 과제를 완료할 수 있어, 시간과 장소의 제약을 극복할 수 있다. 예를 들어, MOOCs에서는 서로 다른 국가에서 학생들이 참여하더라도, 수업이 제공되는 가상공간 덕분에 함께 학습할 수 있다.

- **학생 참여를 촉진하고 협력 과정을 추적할 수 있다.** 학습분석학과 빅데이터는 학습자의 진행 상황을 모니터링하는 데 유용하다. 많은 학습 플랫폼이 학습자의 행동과 학습과정을 추적 및 분석하여 성취도를 모니터링 및 예측하며, 학습을 촉진하기 위한 개입을 추천할 수 있다.

4) 사회 학습과 컴퓨터 지원 협력 학습(CSCL)

사회 학습과 협력 학습 사이에는 명확한 관계가 존재한다. 여기에 테크놀로지가 결합되었을 때, 컴퓨터 지원 협력 학습(Computer-Supported Collaborative Learning: CSCL)과 사회 학습의 관계는 주목할 만한 가치가 있다(Scardamalia & Bereiter, 1994, 2006). CSCL의 핵심적인 측면은 Vygotsky(1978)의 사회적 발달 이론을 기반으로 하며, Stahl(2006)은 협력을 통합하여 지식과 이해의 공유된 구축을 강조하는 교수적 접근법을 제안하였다.

3. 학습 공동체 및 그룹의 구축과 관리

1) 그룹 발달의 다섯 단계

그룹을 형성하기 전에 그룹이 어떻게 발달하는지 이해해야 한다. 효과적인 그룹 발달은 체계적인 과정을 따른다. Tuckman(1965), Tuckman과 Jensen(1977)은 이러한 과정을 형성, 격동, 규범화, 수행, 해체의 다섯 단계로 요약하였다([그림 7-1] 참조).

- 형성: 공통된 목표를 가진 사람들이 모이며, 팀원들의 유사점과 차이점을 파악해야 한다. 이 단계에서 중요한 것은 구성원들이 서로와 과제에 친숙해지는 것이다. 이 단계에서는 과제를 위한 노력의 범위를 논의하고, 수행 방식을 마련하며, 참여 규칙을 설정하는 것이 중요하다.
- 격동: 그룹이 과제를 수행할 때, 책임, 역할 분배 또는 규칙에 대한 갈등이 발생할 수 있다. 이 단계에서 중요한 것은 타인의 의견을 경청하고, 아이디어를 명확히 하며, 해결책을 찾고, 아이디어를 실험하는 것이다.
- 규범화: 그룹이 갈등을 극복하면, 구성원들은 더욱 적극적으로 참여하며 정보 공유, 공동체 유지, 새로운 문제의 해결에 보다 적극적으로 나서게 된다. 이 단계에서 중요한 것은 그룹이 효과적이라는 집단적 인식이며, 그룹 효과성의 지표는 상호작용 과정의 명확화와 문제 해결을 위한 적극적인 행동이다.
- 수행: 그룹이 이 단계에 도달하면, 구성원들은 완전히 상호의존적인 관계를 형성하며, 진정한 결속력을 갖게 된다. 그룹 구성원들은 상당히 과제 지향적이며, 원활하게 협력하고, 그룹의 필요에 따라 다양한 역할을 수행한다. 이 단계에서 중요한 것은 그룹 발달을 촉진하는 최적의 방법으로 문제를 해결하는 것이다. 그러나 모든 그룹이 이 단계에 도달할 수 있는 것은 아니다.
- 해체: 그룹이 항상 활동적이거나 발전하는 것은 아니다. 그룹은 과제가 종료되거나 다양한 이유로 해체될 수 있다. 이 단계에서 중요한 것은 성과를 정리하고, 구성원의 기여를 인정하며, 서로 작별 인사를 나눌 기회를 갖는 것이다.

그룹 발달이 항상 선형적인 것은 아니다. 해결되지 않은 갈등이 있거나, 새로운 구성원이 합류하거나, 과제를 이해하는 데 어려움이 발생하면 그룹 발달 과정은 다시 격동 단계로 돌아갈 수 있다. 그룹 발달의 초기 단계에 참여 규칙을 설정하는 것은 이후 단계에서 그룹이 문제에 직면했을 때 유용하다.

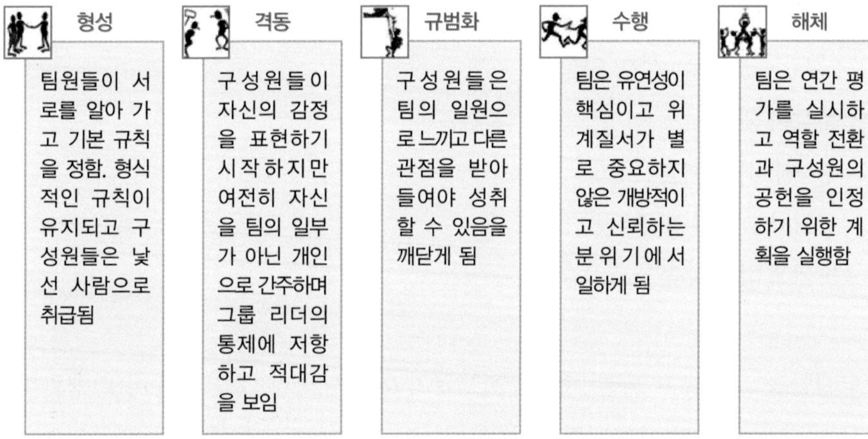

[그림 7-1] 그룹 발달 과정

2) 소규모 그룹 구축 및 관리

교실 환경에서 여러 가지 그룹 구성 방식이 가능하다. 그룹을 결정하는 주체(학생, 교사 또는 무작위 배정)는 과제의 설정 방식과 그룹의 특성에 따라 달라진다. 그룹의 구성을 고려하기 전에 먼저, 그룹의 규모를 결정해야 한다. 이상적인 그룹의 규모는 교수목적과 학습내용에 따라 다르지만, 일반적으로 4~5명이 적절하다고 여겨진다. 그룹 수를 결정할 때는 다음과 같은 요소를 고려해야 한다(Dreyer & Harder, 2009).

- 그룹이 학습하는 데 얼마의 시간이 걸리는가?
- 학생들은 얼마나 많은 경험을 가지고 있는가?
- 학생들의 연령대는 어떠한가?
- 학생들이 활용할 수 있는 자료는 무엇인가?
- 이러한 자료는 얼마나 포괄적인가?

그룹의 규모가 결정되면 다양한 방법을 적용할 수 있다. Dreyer와 Harder(2009)

는 교실 환경에서 그룹을 구성하는 네 가지 방법을 제안하였다.

- 무작위 배정
- 성적에 따른 배정
- 관심사에 따른 배정
- 느낌에 따른 배정

학생들을 그룹으로 나눌 때, 종종 누군가가 포함되지 않는 상황이 발생한다. 교사는 그룹에 아직 포함되지 않은 학생들을 받아들이도록 그룹을 설득해야 하므로 그룹 구성은 주로 교사가 담당하게 된다. 어떤 그룹 편성 방법을 사용하더라도 학생들에게 다른 그룹으로 이동할 수 있는 기회를 주어야 한다. 학생들이 파트너 선택 기회를 갖게 되면, 파트너와 함께 학습하는 것에 대한 수용도도 높아진다. 따라서 파트너 변경의 자유는 학생들의 참여를 촉진하는 데 긍정적인 역할을 한다.

팀 구성이 완료된 후에는, 과제 수행을 위한 각 팀원의 역할을 명확히 규정해야 한다. 명확한 역할 분담을 통해 팀원들은 서로 협력하며 자신감을 키울 수 있다. 또한 팀원들의 역할은 과제에 따라 달라질 수 있다.

3) 학습 공동체 구축 및 관리

학습 공동체는 사회 학습을 위해 필수적인 지원을 제공한다. 학습자는 학습 공동체와 그룹 내에서 다른 사람들과 상호작용하며 사회적 관계를 형성한다. 하지만 학습 공동체의 구축과 관리에는 시간과 노력이 필요하며, 그룹 발달의 법칙을 따른다. 성공적인 학습 공동체를 구축하기 위한 필수 요소로는 비공식성, 친숙함, 정직함, 개방성, 진정성, 열정, 대화, 친밀감, 공감, 신뢰, 진솔함, 자기 개방, 유머, 다양한 의견 등이 있다(Chapman, Ramondt, & Smiley, 2005). Waltonen-Moore와 동료들(2006)이 제안한 구축의 다섯 단계에 따라, 학습 공동체 구축 및 관리의 네 단계를 제안하면 다음과 같다.

- **소개**: 이 단계는 서로를 알아 가는 단계이다. 자기소개나 아이스 브레이킹 활동과 같은 몇 가지 방법을 활용하여 공동체 내에서 타인과 초기 정서적 관계를 형성할 수 있다.
- **그룹 내 참여**: 이 단계는 그룹의 일원으로서 그룹에 대해 더 깊이 이해하는 단계이다. 그룹 규칙을 정하거나, 업무 분담을 명확히 하는 등의 방법을 통해 개인과 그룹 간에 더 깊은 유대감을 형성할 수 있다.
- **기본 상호작용 형성**: 이 단계는 표준화 단계이다. 예를 들어, 그룹 내 개인이 강의 내용을 논의하는 등 서로 정보를 공유하기 시작한다. 상호작용에 대한 피드백 제공과 같은 몇 가지 방법을 활용하여 그룹 간의 상호작용을 촉진할 수 있다.
- **실질적 협력 촉진**: 이 단계는 실질적 협력 단계이다. 개인은 자신의 아이디어를 확립하고 적극적으로 성찰하기 시작한다. 성찰 작성과 같은 몇 가지 방법을 활용하여 그룹 구성원의 협력을 강화할 수 있다.

4. 사회 학습의 분석 및 측정

방법론 및 계산 능력의 발전에 따라 사회 학습과정의 복잡성을 측정하고 평가하는 능력이 크게 향상되었다.

1) 사회적 상호작용

개인의 상호작용 패턴은 사회 학습의 중요한 평가 요소이다. 사회연결망은 사람들이 서로 상호작용할 때 형성된다. 사회연결망은 '노드'라고 불리는 개인(또는 조직)으로 구성된 사회적 구조이며, 이들은 상호작용, 우정, 친족 관계 등 하

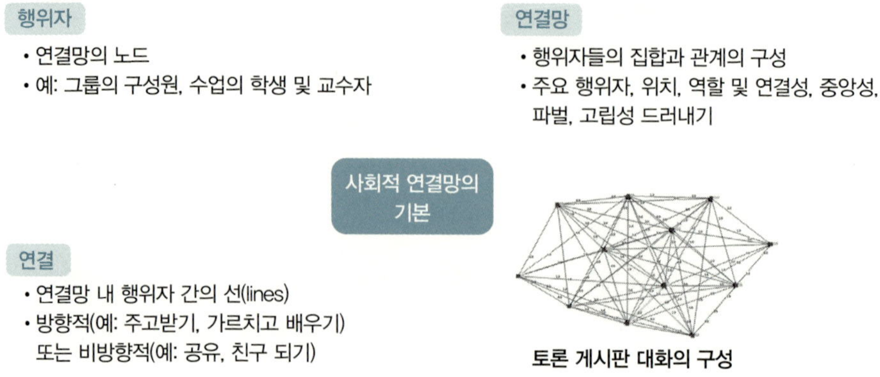

[그림 7-2] 사회연결망의 기본

출처: Haythornthwaite와 De Laat(2010)에서 수정.

나 이상의 특정한 상호의존성으로 묶여(연결되어) 있다([그림 7-2] 참조).

사회연결망에서 평가는 '사회연결망 분석(Social Network Analysis: SNA)'이라는 방법을 사용한다. 일반적으로 SNA는 사회연결도, 밀도, 중심성, 내향 연결 정도(in-degree), 외향 연결 정도(outdegree) 등의 핵심 개념을 다룬다(Cho et al., 2007; Choi & Kang, 2014; Martınez et al., 2003).

사회연결도(sociogram)는 사회연결망의 전체 또는 부분적 상태를 시각적으로 나타내는 도구이다([그림 7-3] 참조). 사회연결도에서 노드는 행위자를, 선은 행위자 간의 관계를, 화살표의 방향은 정보의 흐름을 나타낸다(Haythornthwaite & De Laat, 2010).

밀도(density)는 연결망의 연결 정도를 나타낸다. 밀도는 행위자가 실제로 맺고 있는 관계의 수를 행위자가 맺을 수 있는 최대 관계의 수로 나눈 값으로 정의된다(Haythornthwaite & De Laat, 2010). 예를 들어, 10명의 행위자가 있다면, 각 행위자는 최대 아홉 개의 관계를 형성할 수 있다. 만약 한 행위자가 여섯 개의 관계를 맺고 있다면, 해당 연결망의 밀도는 66.67%(6/9)이다. 밀도 값이 클수록 연결망의 연결성이 높다는 것을 의미한다.

중심성(centrality)은 행위자가 가진 관계의 수를 나타낸다. 행위자가 더 많은 관계를 맺을수록 중심성이 높아진다. 연결망에 방향성이 존재하는 경우, 중심성을

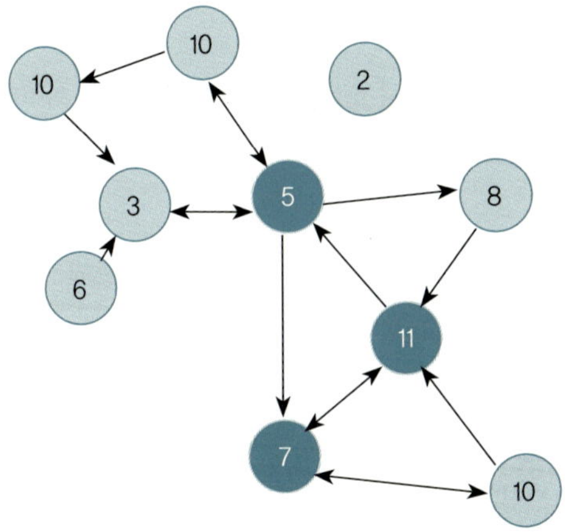

[그림 7-3] 사회연결도의 예

설명하는 두 가지 지표로 내향 연결 정도와 외향 연결 정도가 있다. 예를 들어, 행위자 A가 행위자 B에게 댓글을 남겼다면, 두 행위자 사이의 방향은 A에서 B로 향한다. 이때, A는 댓글을 작성한 주체이므로 외부 연결 정도로 설명되며, B는 댓글을 받은 대상이므로 내향 연결 정도로 설명된다. 한 행위자의 내부 연결 정도가 높다는 것은 더 많은 정보를 받고 있음을 의미하며, 외부 연결 정도가 높다는 것은 더 많은 정보를 제공하고 있음을 의미한다(Russo & Koesten, 2005).

사례 7-1

온라인 영어-중국어 협력 번역 활동의 사회적 상호작용 분석

Yang, Guo와 Yu(2016)는 온라인 영어-중국어 번역 활동의 사회연결망을 분석하였다. 연구 참여자는 장수사범대학교에서 교육공학을 전공하는 2학년 학생 48명이었다. 이들은 무작위로 네 명씩 총 12개 그룹으로 배정되었다. 그룹 간 상호작용을 통해 형성된 연결망은 방향성이 있었다.

[그림 7-4]는 사회연결도를 통해 형성된 연결망을 시각적으로 나타낸다. 사회연결도를 보면 각 그룹이 서로 연결되어 있으며, 이는 그룹 간 원활한 의사소통이 가능했음을 의미한다.

이 사회연결도의 밀도는 0.65로서 높은 밀도의 연결망임을 의미한다. 연결망 내 그룹들은 대부분 다른 그룹과 접촉하고 있으며, 서로 다른 그룹 간에 정보가 자유롭게 흐르고 있다.

<표 7-1>은 그룹 4가 정보 공유에 가장 적극적이며 네트워크에 강력한 영향력을 행사하였음을 보여 준다. 그룹 2는 가장 많은 정보를 받았지만 공유는 많이 하지 않았다. 즉, 그룹 2는 다른 그룹을 통제하지만 다른 그룹에 대한 영향력은 거의 없었다.

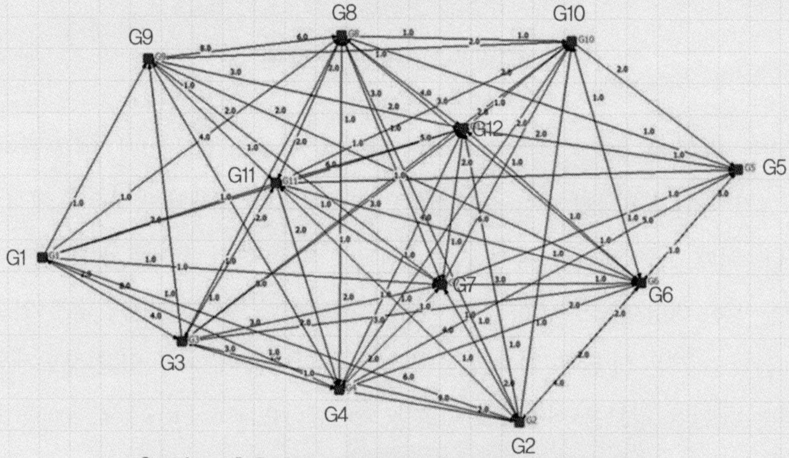

[그림 7-4] 온라인 사회연결망에서 생성된 사회연결도

〈표 7-1〉 연결망에서 각 그룹의 연결 정도

	G1	G2	G3	G4	G5	G6	G7	G8	G9	G10	G11	G12	평균	표준편차
외향 연결 정도	12	7	17	30	12	23	19	25	13	12	14	24	17.33	6.59
내향 연결 정도	16	29	21	14	11	10	18	19	20	12	22	16	17.33	5.15

2) 내용 분석

개인이 서로 상호작용할 때, 특히 토론하거나 대화를 나눌 때 내용에 대한 이해가 더욱 깊어질 수 있다. 사회적 상호작용은 일반적으로 지식 구축과 밀접한 관련이 있다.

지식 구축(knowledge building)은 심층적 구성주의의 한 형태로 간주된다(Scardamalia, 2002). Scardamalia와 Bereiter(2006)는 지식 구축을 공동체에 가치 있는 아이디어를 생산하고 지속적으로 발전시키는 과정으로 정의하였으며, 이는 개인과 집단이 상호작용 속에서 질문하고 토론하며, 아이디어를 지속적으로 개선하는 과정을 통해 더 깊은 이해에 도달하는 것을 포함한다. 교육심리학자와 교육공학 연구자들이 말하는 심층 학습의 개념은, 컴퓨터 과학자나 AI 연구자들이 기계 학습 맥락에서 사용하는 딥러닝 개념과 다르다는 점을 유의할 필요가 있다.

텍스트를 통해 절차를 분석하는 방법인 내용 분석(content analysis)을 통해 내용적 상호작용을 측정할 수 있다(Rourke, Anderson, Garrison, & Archer, 2001). 텍스트에는 일반적으로 채팅, 토론 게시판, 로그 파일 데이터 등이 포함된다. 내용 분석은, ① 코딩 체계 설정, ② 텍스트 코딩, ③ 결과 분석의 세 단계로 진행된다.

사례 7-2

중국 4개 초등학교의 협력적 탐구 학습에 대한 내용 분석

Zheng(2017)은 협력적 탐구 활동의 최종 산출물을 분석하였다. 연구 참여자는 중국 내 초등학교의 4곳의 학급에 소속된 196명의 학생들이었다. 학생들은 무작위로 네 명 또는 다섯 명으로 구성된 그룹에 배정되었다.

먼저, Zheng(2017)은 지식 구축 수준을 분석하기 위해 Zhang와 동료들(2011)이 제안한 코딩 체계를 사용하였다. 이 코딩 체계는 <표 7-2>에 제시된 바와 같이 '과학성(scientificness)'과 '복잡성'을 포함한다.

코딩의 신뢰성을 확보하기 위해 두 명의 평가자가 모든 토론 텍스트를 독립적으로 코딩하였다. 평가자들은 서로의 코딩 결과를 비교하였으며, 0.91의 평가자 간 일치도를 계산하였다. 마지막으로, 각 지식 수준의 비율을 산출하였으며, 그 결과는 <표 7-3>에 제시되어 있다.

과학성 측면에서 분석한 결과, 토론 기록의 0.4%는 전과학적(prescientific), 1%는 혼합적, 18.6%는 기초 과학적, 64%는 과학적 수준에 해당하는 것으로 나타났다. 이를 바탕으로 대부분의 학습자가 일상생활 도구에 대한 과학적 지식을 습득하였다고 결론지었다.

복잡성 측면의 결과는 담화 기록의 16%가 정교화되지 않은 사실, 67.3%는 정교화된 사실이었으며, 0.9%는 정교화되지 않은 설명, 15%는 정교화된 설명인 것으로 나타났다.

Zheng(2017)은 이 연구 결과를 통해 대부분의 학습자가 용어, 현상, 사실을 구체적으로 설명할 수 있음을 확인하였다. 하지만 일상생활에서 사용하는 도구에 대한 정교화된 설명을 제공할 수 있는 학습자는 소수에 불과하였다. 이에 따라 교사들이 학습자의 일상생활 도구에 대한 이해를 심화할 수 있도록 보다 정교화된 설명을 제공해야 한다고 제안하였다.

〈표 7-2〉 지식 구축 코딩 체계

코드		설명
과학성	전과학적	오개념과 미숙한 개념적 틀 포함
	혼합적	오개념과 약간의 과학적 정보 포함
	기초 과학적	정확하지는 않으나 과학적 틀 적용
	과학적	과학적 지식에 부합
복잡성	정교화되지 않은 사실	단순한 진술
	정교화된 사실	용어와 현상 등 정교화
	정교화되지 않은 설명	이유, 관계, 메커니즘 등 포함
	정교화된 설명	이유, 관계, 메커니즘 등 정교화

〈표 7-3〉 지식 구축 결과

코드		비율(%)
과학성	전과학적	0.4
	혼합적	1
	기초 과학적	18.6
	과학적	64
	기타	16
복잡성	정교화되지 않은 사실	16
	정교화된 사실	67.3
	정교화되지 않은 설명	0.9
	정교화된 설명	15
	기타	0.8

3) 인지적 과제 분석(CTA)

학습해야 할 내용을 분석하는 것뿐만 아니라, 해당 내용과 관련된 수행 과제 및 문제 해결 과정을 분석하는 것도 유용할 수 있다. 인지적 과제 분석(Cognitive Task Analysis; CTA)은 이러한 분석을 수행하는 데 널리 활용되는 기법이다(Clark & Estes, 1996). CTA는 관찰, 인터뷰, 사고 구술(talk-aloud) 기법을 활용하여 학습해야 할 내용과 관련된 문제 해결 및 의사결정 과정에서 나타나는 명시적 · 암묵적 경험을 추출한다. CTA에 사용되는 일반적 방법으로 사전 지식 수집(예: 문헌 검토), 관련 지식 표현 방식 확인(예: 개념도 또는 인과 관계 영향도), 지식 추출 기법 적용(예: 인터뷰 및 사고 구술), 경험이 부족한 사람을 대상으로 테스트하기에 적합한 방식으로 결과 개발 등이 있다. CTA의 핵심 요소 중 하나는 문제 해결자나 의사결정자의 행동에 영향을 미치는 주요 차이점과 결정 지점을 식별하는 것이다.

4) 그룹 성과

그룹 성과를 분석하기 위해 최종 시험, 결과물이나 산출물 제출과 같은 전통적인 평가 방법이 활용된다. 이러한 평가를 통해 학습자가 무엇을 알고 있는지, 어떤 것을 수행할 수 있는지, 전반적으로 무엇을 성취했는지 추론할 수 있다(Mislevy et al., 2003).

최종 시험은 학습자의 지식을 평가하는 전통적인 방법이다. 실습 상황에서는 산출물이나 결과물을 만드는 것이 표준 평가 방법으로 사용된다. 산출물 평가 방법의 단계는 내용 분석과 유사하며, 두 방법 모두 평가 체계를 설정하는 과정이 필요하다. 그 후, 평가 체계에 따라 산출물을 평가해야 한다.

사례 7-4

중국 4개 초등학교의 협력적 탐구 학습 산출물 평가

Zheng(2017)은 협력적 탐구 활동의 최종 산출물을 분석하였다. 연구 참여자는 중국 초등학교의 4곳의 4개 학급에 소속된 196명의 학생이었다. 각 학급의 학생들은 무작위로 4~5명으로 구성된 그룹에 배정되었으며, 최종적으로 48개의 그룹이 형성되었다.

〈표 7-4〉 그룹 산출물 평가 기준

영역	3	2	1
단어	제목 크기가 크고 텍스트에 장식이 풍부하다.	제목 크기가 크지 않고 텍스트에 장식이 약간 있다.	제목 크기가 너무 작고 텍스트에 장식이 없다.
공간	공간 분배가 잘 되어 있다.	공간 분배가 충분하지 않다.	공간 분배가 지저분하다.
색상	산출물이 다채롭고 색상도 적절하다.	산출물에 두 가지 색상만 들어 있다.	산출물이 지루하다.
주제	산출물 내용이 주제와 일치한다.	산출물 내용의 일부가 주제와 일치한다.	산출물 내용이 주제와 관련이 없다.

먼저, Zheng(2017)은 학습 그룹이 제출한 산출물을 분석하기 위해 Lai와 Hwang (2015)이 제안한 코딩 체계를 선택하였다. 이 체계는 단어, 공간, 색상, 주제를 포함하며, <표 7-4>와 같이 각 차원은 세 개의 수준으로 구분된다.

Zheng(2017)은 설정된 코딩 체계에 따라 그룹의 최종 산출물을 평가하고, 그룹 산출물의 평균 및 표준 편차를 분석하였다. 그 결과, 모든 그룹이 협력적으로 산출물을 제작하는 데 많은 노력을 기울인 것으로 나타났다. [그림 7-5]는 그룹의 최종 산출물 예시를 보여 준다.

[그림 7-5] 중국 붓에 대한 그룹의 최종 산출물 예시(Zheng의 허가를 받아 사용)

핵심 내용

1. 사회 학습은 개인을 넘어선 이해의 변화로서 사회적 네트워크 내 행위자 간의 상호작용을 통해 더 넓은 사회적 단위나 실천 공동체에 자리 잡게 되는 과정이다.
2. 사회 학습의 이점은 크게 사회적 · 심리적 · 학업적 세 가지 주요 범주로 요약된다.
3. 사회 학습에서 테크놀로지의 특징은 학생 간 협력과 지식 창출 촉진, 학생의 인지적 수행 능력 향상 및 심층적 이해 도모, 학습을 위한 시간과 공간의 유연성 제공, 학생 참여 촉진 및 협력 과정 추적 등으로 설명된다.
4. 그룹 발전 과정은 형성, 격동, 규범화, 수행, 해체의 다섯 단계 모델을 기반으로 설명된다.
5. 학습 공동체 형성은 일반적으로 소개, 집단에서 정체성 형성, 상호작용, 그룹 응집력 형성 및 개인 성찰, 확장적 질문의 다섯 단계로 구성된다.
6. 그룹 성과는 사회적 상호작용, 내용적 상호작용, 산출물이라는 세 가지 측면에서 측정 및 분석할 수 있다.

학습자료

- 소규모 그룹을 효과적으로 만드는 방법: Race, P. (2006). *The Lecturer's Toolkit: 3rd Edition*. Routledge.
- 그룹 작업 평가: 고등교육연구센터(The Centre for the Study of Higher Education)는 그룹 형성, 그룹 과정 및 절차, 평가를 포함한 그룹 작업의 이점과 어려움을 연구한다. (웹사이트: https://teaching.unsw.edu.au/assessing-group-work)

참고문헌

Bandura, A. (1962). *Social learning through imitation*. University of Nebraska Press.

Bandura, A., & Walters, R. H. (1963). *Social learning and personality development*. Holt, Rinehart & Winston.

Brindley, J. E., Walti, C., & Blaschke, L. M. (2009). Creating effective collaborative learning groups in an online environment. *International Review of Research in Open & Distance Learning, 10*(3), 1-18.

Chapman, C., Ramondt, L., & Smiley, G. (2005). Strong community, deep learning: Exploring the link. *Innovations in Education and Teaching International, 47*(3), 217-230.

Cho, H., Gay, G., Davidson, B., & Ingraffea, A. (2007). Social networks, communication styles, and learning performance in a CSCL community. *Computers & Education, 49*(2), 309-329.

Choi, J. & Kang, W. (2014). Themes and trends in Korean educational technology research: A social network analysis of keywords. *Procedia-Social and Behavioral Sciences, 131*, 171-176.

Clark, R. E., & Estes, F. (1996). Cognitive task analysis. *International Journal of Education Research., 25*, 403-417.

Dreyer, E., & Harder, K. (2009). *99 Tipps partner-und gruppenarbeit*. Cornelsen Schulverlage GmbH.

Haythornthwaite, C., & De Laat, M. (2010, May). Social networks and learning networks: Using social network perspectives to understand social learning. Paper presented at the *7th International Conference on Networked Learning*, Aalborg, Denmark.

Laal, M., & Ghodsi, S. M. (2012). Benefits of collaborative learning. *Procedia-Social and Behavioral Sciences, 31*(2), 486-490.

Lai, C. L., & Hwang, G. J. (2015). An interactive peer-assessment criteria development approach to improving students' art design performance using handheld devices. *Computer & Education, 85*, 149-159.

Mislevy, R. J., Steinberg, L. S., & Almond, R. G. (2003). Focus article: On the structure of educational assessments. *Measurement: Interdisciplinary Research and Perspectives, 1*(1), 3-62.

Muro, M., & Jeffrey, P. (2008). A critical review of the theory and application of social learning in participatory natural resource management. *Journal of Environmental Planning and Management, 51*, 325-344.

Martınez, A., Dimitriadis, Y., Rubia, B., Gómez, E., & De La Fuente, P. (2003). Combining qualitative evaluation and social network analysis for the study of classroom social interactions. *Computer & Education, 41*(4), 353-368.

Reed, M. S., Evely, A. C., Cundill, G., Fazey, I., Glass, J., & ··· Laing, A. (2010). What is social learning? *Ecology and Society, 15*(4), 1-10.

Rourke, L., Anderson, T., Garrison, D., R., & Archer, W. (2001). Methodologies issues in the content analysis of computer conference transcripts. *International Journal of Artificial Intelligence in Education, 12*(1), 8-22.

Resta, P., & Laferrière, T. (2007). Technology in support of collaborative learning. *Educational Psychology Review, 19*(1), 65-83.

Russo, T. C., & Koesten, J. (2005). Prestige, centrality, and learning: A social network analysis of an online class. *Communication Education, 54*(3), 254-261.

Scardamalia, M. (2002). Collective cognitive responsibility for the advancement of knowledge. In B. Smith (Ed.), *Liberal education in a knowledge society* (pp. 67-98). Open Court.

Scardamalia, M., & Bereiter, C. (1994). Computer support for knowledge building communities. *Journal of the Learning Sciences, 3*(3), 265-283.

Scardamalia, M., & Bereiter, C. (2006). Knowledge building: Theory, pedagogy and technology. In R. K. Sawyer (Ed.), *Cambridge handbook of the learning sciences* (pp. 97-118). Cambridge University Press.

Schrage, M. (1990). *Shared minds: The new technologies of collaboration.* Random House.

Spector, J. M. (2015). *Foundations of educational technology: Integrative approaches and interdisciplinary perspectives.* Routledge.

Stahl, G. (2006). *Group cognition: Computer support for building collaborative knowledge.* MIT Press.

Tuckman, B. (1965). Developmental sequence in small groups. *Psychological Bulletin, 63*, 384–399.

Tuckman, B., & Jensen, M. (1977). Stages of small group development. *Group and Organizational Studies, 2*, 419–427.

Vygotsky, L. S. (1978). *Mind in society*. Harvard University Press.

Waltonen-Moore, S., Stuart, D., Newton, E., Oswald, R., & Varonis, E. (2006). From virtual strangers to a cohesive learning community: The evolution of online group development in a professional development course. *Journal of Technology and Teacher Education, 14*(2), 287–311.

Wenger, E. (1998). *Communities of practice: Learning, meaning, and identity*. Cambridge University Press.

Yang, X., Guo, X., & Yu, S. (2016). Student-generated content in college teaching: Content quality, behavioural pattern and learning performance. *Journal of Computer Assisted Learning, 32*(1), 1–15.

Zhang, J., Hong, H. Y., Scardamalia, M., Teo, C. L., & Morley, E. A. (2011). Sustaining knowledge building as a principle-based innovation at an elementary school. *Journal of the Learning Sciences, 20*(2), 262–307.

Zheng, L. Q. (2017). *Knowledge building and regulation in computer-supported collaborative learning*. Springer.

제3부

교육공학을 위한 설계

Design for Educational Technology

Educational Technology

A Primer for the 21st Century

제8장

학습활동 및 교수체제 설계

학습내용

- 학습활동 설계
- Bloom의 교육목표 분류 체계
- 인지부하이론
- Mayer의 멀티미디어 설계 원리
- 교수체제 설계

학습목표

- 학습활동 설계와 교수체제 설계의 차이를 이해하고 설명할 수 있다.
- Bloom의 교육목표 분류 체계를 구분할 수 있다.
- 멀티미디어 설계 원리에 대해 명확하게 설명할 수 있다.
- 학습활동 설계에 대해 숙고할 수 있다.

학습활동

01 학생들이 전통적인 대면 상호작용 없이 자료에 몰입하게 하는 방법을 찾아 설명해 본다. 최적의 해결 방안을 위해 고려해야 할 추가적인 지원사항을 명시해 본다. 앞서 제시된 내용이 반영된 개념지도를 작성해 본다.

02 Bloom의 교육목표 분류 체계를 활용하여 교수설계가 어느 수준에 해당하는지 제시하고 그 이유를 설명해 본다.

03 Gagné의 아홉 가지 교수사태 중 인지적 도제 학습에서 스캐폴딩과 관련된 것은 무엇이며 그 이유를 설명해 본다.

04 한 단원의 수업에 대한 전형적인 교수 흐름을 기술해 보되, 활동, 피드백, 평가를 포함하는 학습목표와 학습내용 지식을 포함해 본다.

05 인지부하이론을 고려하여, 학습활동을 설계할 때 어떤 전략을 사용할 것인지를 설명해 본다.

06 Mayer의 인지이론을 고려하여 멀티미디어 학습자원을 설계할 때 무엇을 고려할 것인지 설명해 본다.

07 ADDIE 모델을 적용하여 과목을 설계하는 과정을 설명해 본다.

1. 서론

이 장에서는 먼저 학습활동 설계의 몇 가지 일반적인 원칙을 살펴본 다음, 교수체제를 설계할 때 고려해야 할 원칙을 다룰 것이다. 이 장의 앞부분에서는 독자들이 학습활동을 설계하는 기초 단계 기술 개발을 목표로 Bloom(1956)의 개정된 교육목표 분류 체계(Anderson & Krathwohl, 2001), Sweller(1988)의 인지부하이론, Mayer(2003)의 멀티미디어 설계 원리에 따라 학습활동을 계획하고 구현하는 데 중점을 둔다.

교수설계(Instructional Systems Design: ISD)는 지식과 기술 개발 및 습득을 지원하기 위한 교수경험을 창출하는 실제이다(Merrill et al., 1996). 교수설계 모델은 다양하며, 많은 모델이 ADDIE[분석(Analysis), 설계(Design), 개발(Development), 실행(Implementation) 및 평가(Evaluation)를 지칭] 모델의 변형이다. 교수설계는 역사적으로나 전통적으로 인지심리학과 행동심리학에 뿌리를 두고 있으며, 구성주의(학습이론)도 영향을 미쳤다(Mayer, 1992). 이 장의 '3. 교수체제 설계' 부분에서는 big D(즉, 총체적인 관점에서의 설계 및 개발, ADDIE에서 발견되는 대규모 교수체제 개발)에 대해 논의한다.

2. 학습활동 설계

1) 학습활동

학습활동(learning activity)은 지식, 기술, 역량 개발을 주된 목표로 하는 특정한 형태의 인간 활동이다. 이는 학습대상의 본질과 구조에 부합하는 고유한 학습행동을 통해 역사적 과정 속에서 사회적으로 형성된 것이다(Davydov, 1988; Hedegaard & Lompscher, 1999). 학습활동은 계획된 학습결과를 달성하기 위하여 학습자와 환경(경우에 따라 다른 학습자, 실무자, 자원, 도구 및 서비스 포함)이 상호작용하는 것이다(Beetham, 2004). 이는 학습자들이 목표한 결과를 달성하기 위해 특정 도구와 자원을 활용하고 다른 사람들과 상호작용하는 것으로 정의될 수 있다.

교사의 본질적인 임무는 학생들이 성과를 거둘 수 있는 학습활동에 참여하도록 하는 것이다(Shuell, 1986). 이 때 학생의 역할이 교사의 역할보다 더 중요하며, 강좌의 각 학습활동은 의도적이고, 의미가 있으며, 유용한 것이어야 한다.

교사 또는 설계자의 관점에서, 완전한 학습활동은 학습목표, 활동 또는 과제, 학습방법 및 운영 절차, 조직 형태, 상호작용 방식, 학습결과의 형태, 활동 모니터링 규칙, 형성적 피드백, 역할 및 책임, 학습평가 규칙과 평가 기준과 같은 구성 요소로 이루어진다. 학습활동에는 학습과제, 학습방법, 평가 요건이라는 세 가지 필수 요소가 포함되어야 한다(Huang, Kinshuk, & Spector, 2013).

학습자의 관점에서 각 학습활동은 학습과제, 학습자원, 평가 방법 및 학습지원 서비스와 같은 네 가지 측면을 포함한다.

- 학습과제는 학습자가 무엇을 해야 하는지 정확하게 이해할 수 있도록 학습 결과에 대한 명확한 설명이 필요하다.
- 학습자원은 학습자에게 필요한 정보와 내용을 제공하는 디지털 및 비디지털 자료를 모두 포함하며, 구체적인 예로는 교과서, 학습 가이드, 기사 및 읽기 자료, 동영상, 온라인 자료 등이 있다. 학습자원을 준비하는 기본 원칙은 학습과제를 완수하는 데 충분하고 적절해야 하며, 자원의 중복을 줄여야 한다는 것이다.
- 평가 방법은 학습자의 학습내용에 대한 암기 평가에 치중하지 않고 학습활동의 완성도를 충분히 검토해야 한다.
- 학습지원 서비스는 매우 중요하기 때문에 강사나 튜터는 학습자의 학습에 겪는 어려움과 학습환경을 파악하여 그들과 효과적인 의사소통을 해야 한다.

학습자에게 부과되는 과도한 인지적 부담을 최소화하기 위해 한 단원에 학습활동이 너무 많지 않아야 한다. 학습목표, 학습자의 인지부하를 고려한 학습자의 활동 수용도, 활동을 위해 제공되는 다양한 자원은 학습활동 설계의 중요한 요소이다. 학습목표는 학습활동 설계의 출발점이자 목적지이며, 학습자 특성과 자원의 조건은 제약 조건이다. 더 나은 학습활동을 설계하기 위해서는 Bloom의 교육목표 분류 체계, Sweller의 인지부하이론, Mayer의 멀티미디어 설계 원리와 같은 관련 이론에 주목해야 한다.

2) Bloom의 교육목표 분류 체계

학습목표 분석의 주요 목적은 학습자가 특정 내용을 학습한 후 얻을 수 있는 학습결과(예: 지식, 기술 등)를 파악하는 것이다. 학습목표를 특성화하는 방법에는 여러 가지가 있으며, 이를 체계적으로 해석하기 위해서는 분류 체계가 필요하다. Bloom의 교육목표 분류 체계는 학습목표를 분석하는데 널리 사용되는 고전적인 분류 체계이다.

Bloom(1956)은 교육목표 분류 체계라고 불리는 교육목표의 계층 구조를 제시하였다. 이 체계는 인지적 영역, 정의적 영역, 심동적 영역으로 학습목표를 구분한다(Anderson & Krathwohl, 2001; Krathwohl, Bloom, & Masia, 1964; Bloom, 1956).

- **인지적 영역**: 지적 기술과 지식 처리를 포함하며 대부분의 전통적 교육의 주요 관심 영역으로 교육과정의 학습목표, 평가 및 활동을 구조화하는 데 자주 사용된다.
- **정의적 영역**: 태도와 감정에 관련된 목표를 나타낸다.
- **심동적 영역**: 학생들이 신체적으로 할 수 있는 것과 관련된 영역이다.

(1) 인지적 영역

인지적 영역에는 지식, 이해, 적용, 분석, 종합, 평가라는 여섯 가지 단계가 있다. 이 여섯 가지 단계는 가장 단순한 행동부터 고차원적인 사고 행동까지 위계적으로 분류된다(Bloom, 1956). Bloom의 교육목표 분류 체계의 여섯 단계는 누적적 위계 구조로, 복잡한 기술이나 능력을 성취하려면 이전 단계의 달성이 필요한 구조이다(Krathwohl, 2002).

① 지식

- 주로 특정 사실을 암기하고 기억하는 능력이다.
- 예시: 사과의 품종을 열거해 보라.

② 이해

- 기본적인 개념을 해석하고 이해하는 능력이다.
- 예시: 골든딜리셔스 사과와 그래니스미스 사과의 특징을 비교해 보라.

③ 적용

- 개념과 원리를 새로운 실제 상황에 적용할 수 있는 능력이다.
- 예시: 사과가 비타민C 결핍으로 인한 괴혈병을 예방할 수 있는가?

④ 분석

- 개념을 분석하고 개념이나 원리를 구성 요소로 분리하는 능력이다.
- 예시: 사과로 만든 네 가지 음식을 나열하고 어떤 것이 건강에 가장 이로운지 설명하고, 주장을 뒷받침하는 참고문헌을 제시해 보라.

⑤ 종합

- 요소와 부분을 결합하여 전체를 형성할 수 있는 능력이다.
- 예시: 건강에 해로운 애플파이 레시피를 보고 재료를 대체하여 건강에 이로운 애플파이 레시피로 변경해 보라. 기존의 재료와 비교하여, 본인이 선택한 재료를 사용함으로써 얻을 수 있는 건강상의 이점을 설명해 보라.

⑥ 평가

- 어떤 것의 가치를 판단할 수 있는 능력이다.
- 예시: 애플파이를 구울 때 어떤 품종의 사과가 가장 적합하며, 그 이유는 무엇인가?

(2) 정의적 영역

정의적 영역은 즐거움, 존중, 지지와 같은 감정, 태도, 감상 및 가치관과 관련이 있다. 정의적 영역은 수용, 반응, 가치화, 조직화, 인격화라는 다섯 가지 주요 하위 범주로 구분된다(Spector, 2015).

① 수용

- 학생들은 주의를 기울이며, 이는 학생의 기억과 인식에도 관련이 있다. 수용하지 않으면 학습은 이루어질 수 없다.

② 반응

- 학생들은 학습과정 활동에 참여한다. 학생들은 자극에 주의를 기울일 뿐만 아니라 때때로 어떤 방식으로든 반응한다.

③ 가치화

- 학생들은 사물, 현상 또는 정보, 심지어는 습득한 지식에 가치를 부여하거나 가치와 연관시킨다.

④ 조직화

- 학생들은 다양한 가치, 정보, 아이디어를 자신의 스키마 안에서 통합할 수 있다. 학생들은 학습한 내용을 비교하고, 연결하고, 구체화할 수 있다.

⑤ 인격화

- 학생들은 가치를 내면화할 수 있다.

(3) 심동적 영역

Bloom은 심동적 영역의 분류를 정리하지 않았지만, 수년에 걸쳐 심동적 영역에 대한 다양한 분류 체계(예: Dave, 1970; Simpson, 1966)가 제시되었다. 심동적 영역은 학습자들이 신체적으로 할 수 있는 것과 관련이 있다. 심동적 영역에 대한 분류 체계 중 많이 활용되는 Dave(1970)의 분류 체계는 모방(imitation), 조작(manipulation), 정확성(precision), 명확성(articulation), 자연화(naturalization)와 같이 다섯 가지 수준을 제시한다.

(4) 사례 연구

학습목표를 설계할 때는 구체적이고, 실행 가능하며, 측정 가능해야 한다.

사례 8-1

Newton의 제1법칙에 대한 학습목표

- Newton의 첫 번째 법칙에 대한 의미와 내용을 설명해 보라(인지적).
- 일상에서 관성으로 발생하는 간단한 현상을 설명하고 예를 들어 보라(인지적).
- 과학적 연구 과정의 어려움을 경험하고 실험적 · 추론적 · 과학적 연구 방법에 대해 인식해 보라(정의적).

(5) 추가 자료

학습이론의 발전에 따라 학자들은 Bloom의 교육목표 분류 체계를 수정하고 개선해 왔다. 또한 목표 분류 연구 분야에서는 다양한 학자가 각자 다른 관점에서 학습목표 분류 체계를 제안하였다.

① 개정된 분류 체계

Bloom의 교육목표 분류 체계는 교육적 목표, 목적, 기준을 분류하기 위한 체계이다. 이는 학습목표를 하나의 범주로 분류하여 조직적인 구조와 공통적인 의미를 제공한다.

Lorin W. Anderson과 David R. Krathwohl은 교육목표 분류 체계의 인지적 영역을 재검토하여 각 수준을 명사에서 동사로 바꾸고 위계를 재배열하는 등의 변화를 주었다(Anderson & Krathwohl, 2001). 기존의 단일 차원과 달리 개정된 분류 체계는 인지과정과 지식 차원의 2차원적 구조이다.

인지과정 차원은 인지적으로 단순한 것부터 복잡한 것으로 기억하기, 이해하기, 적용하기, 분석하기, 평가하기, 창조하기와 같은 여섯 가지 범주를 포함한다. 지식 차원에는 구체적인 것에서 추상적인 것으로 사실적 · 개념적 · 절차적 · 메타인지적 네 가지 범주가 포함된다. 개정된 분류 체계에서 인지과정 차원은 여섯 개의 수준인 위계적 구조로 배열되어 있지만 기존의 분류 체계만큼 엄격하지는 않다(Krathwohl, 2002). 인지과정과 지식 차원을 결합하면 〈표 8-1〉과 같은 분류 체계가 형성된다.

〈표 8-1〉 인지적 영역에 대한 개정된 분류 체계와 기존 분류 체계의 비교

기존 분류 체계	개정된 분류 체계	지식 차원			
		사실적	개념적	절차적	메타인지적
지식	기억하기				
이해	이해하기				
적용	적용하기				
분석	분석하기				
종합	평가하기				
평가	창조하기				

출처: Spector(2015)에서 수정.

② Gagné의 분류

Gagné는 학습목표를 언어 정보, 지적 기능, 인지전략, 운동 기능, 태도로 분류하였다. Gagné와 Bloom은 학습목표를 다른 측면에서 제시하는데, Bloom의 분류는 학습목표의 '형태'에 가까우며, Gagné의 분류는 주로 '내용' 중심이다. Gagné는 학습결과 유형에 따라 다른 학습조건을 필요로 한다고 가정하였다(Gagné, 1987).

3) 인지부하이론

인지부하이론은 학습자가 정보와 학습내용을 효율적으로 습득할 수 있도록 하기 위해 만들어졌다. 이 이론은 인간의 인지구조에 대한 지식을 바탕으로 한 교수이론으로, 교수과정을 설계하고 제시하는 데 사용될 수 있다.

인지부하이론은 인간 정보 처리 모델을 기반으로 하며 1980년대와 1990년대에 걸쳐 작업 기억과 장기 기억 사이의 연관성을 특히 강조하였다. 이 이론은 1980년대 후반 John Sweller의 문제 해결 연구에서 발전되었으며(Sweller, 1988), 인지부하를 내재적 · 외재적 · 본유적 인지부하 세 가지 유형으로 구분한다.

(1) 내재적 인지부하

내재적 인지부하는 특정 학습주제와 관련된 고유한 난이도를 의미하며, 이는 자료의 특성으로 인해 결정되므로 변경할 수 없는 수준을 의미한다(Sweller, 1988). 그러나 지식이 적정한 분량으로 전달되기 위해서는 학습활동 설계 시 이를 고려해야 한다.

(2) 외재적 인지부하

외재적 인지부하는 학습자에게 제공되는 정보의 제시 방식에 의해 생성되며 학습활동 설계자에 의해 통제가 가능하다(Chandler & Sweller, 1991). 외재적 인지부하는 학습자료의 비효율적 설계로 인하여 발생할 수 있으며, 이러한 경우

수정되어야 한다.

텍스트나 형식에 불필요한 정보가 포함되면 작업 기억에 과부하가 발생할 수 있으며, 이는 학습자의 정보 저장에 부정적인 영향을 미칠 수 있다. 외재적 인지부하의 예로는 다양한 출처의 정보를 동시에 제공하는 경우, 불필요하거나 지나치게 포괄적인 형식, 무의미한 소리, 길고 복잡한 설명 등이 있다.

(3) 본유적 인지부하

본유적 인지부하는 스키마의 처리, 구성 및 자동화 과정에 관련된 것이다. 본유적 인지부하는 외재적 인지부하와 마찬가지로 조정이 가능한 추가적 정보이다. 내재적 인지부하는 비교적 고정적인 특성을 가지기 때문에 학습설계자는 외재적 인지부하를 최소화하고 본유적 인지부하를 촉진해야 한다(Sweller, Van Merriënboer, & Paas, 1998). 그러나 본유적 인지부하는 새로운 스키마 구성에 사용되어야 한다.

(4) 학습활동 설계와 인지부하이론

인지부하이론은 인간의 정보 처리 과정을 설명하고 학습자의 학습을 돕는 이론식 근거를 제공하는 구체적인 내용은 다음과 같다.

첫째, 단기 기억의 제한 외에도 다양한 종류의 인지부하가 있다. 내재적 인지부하는 문제나 상황 자체에 내재되어 있어 크게 바꿀 수는 없다.

둘째, 외재적 인지부하는 상황의 맥락에서 발생하며, 이를 줄이거나 최소화할 수 있다.

셋째, 본유적 인지부하는 학습자가 문제 상황의 본질적인 측면에 집중하도록 유도하고 일부 사항은 무시할 수 있도록 한다.

Sweller는 작업 기억은 용량이 제한되어 있으므로 학습에 직접적으로 도움이 되지 않는 추가 활동으로 과부하가 일어나지 않도록 교육방법을 설계해야 한다고 주장하였다. 따라서 학습과 교육설계는 학습자의 인지부하를 줄이는 데 사용되어야 한다. 내재적 또는 본유적 인지부하가 높은 경우(예: 문제가 어려운 경우),

학습자료는 외재적 인지부하를 줄일 수 있도록 설계해야 한다.

한마디로 인지부하이론은 일반적인 프레임워크를 제공하며 학습활동 설계를 위한 광범위한 시사점을 제공한다. 이를 통해 교수설계자는 학습환경 혹은 더 일반적으로 교육자료 내에서 학습의 조건들을 통제할 수 있다. 교수설계에 대한 시사점은 다음과 같다.

- 교수·학습 상황에서 외재적 인지부하 요인을 최소화한다.
- 새로운 학습자가 추가적인 외재적 부하를 발생시키지 않고 필수적인 학습에 집중할 수 있도록 도와준다.

(5) 사례 연구

중학교 과정에서 '관성의 법칙'은 관련 교과에서 중요한 주제이다. 학생들은 물체가 등속직선 상태를 유지하는 특성이 있다는 개념과 관성을 가진 물체의 정지 상태 개념을 구분하기 어려워한다.

- **내재적 인지부하**: 관성의 법칙/Newton의 제1법칙
- **외재적 인지부하**: 적절한 활동설계 또는 학습방법
- **본유적 인지부하**: 관련 법칙 검토 및 Newton의 제1법칙에 대한 다양한 예시 제공

설계 전략

- 내재적 인지부하를 줄이기 위해 실제 혹은 애니메이션 기반 실험 프레젠테이션을 설계한다.
- 관성으로 인해 발생하는 일상생활의 현상을 떠올리는 학습활동을 설계한다. 예를 들어, 자동차가 갑자기 출발하거나 브레이크를 밟으면 탑승자가 앞쪽 혹은 뒷쪽으로 기울어지는 현상을 떠올리게 한다.

4) Mayer의 멀티미디어 설계 원리

학습활동을 위한 자료를 설계하거나 강의를 위한 파워포인트 프레젠테이션슬라이드를 만들 때, 온라인 과정을 개발하거나 플립 러닝을 준비하는 경우, 교사는 학생들이 학습자료에 집중할 수 있도록 고민해야 한다.

Mayer의 멀티미디어 학습에 대한 인지이론은 학습자가 글자와 그림 사이에 의미 있는 연결을 구축하려고 시도하며, 이를 통해 글자나 그림만 가지고 학습할 때보다 더 깊이 있는 학습을 한다는 아이디어에 기반을 두고 있다(Mayer, 2009). 멀티미디어 교육의 주요 목표 중 하나는 학습자가 자료에 대한 일관된 정신적 표상을 구성하도록 장려하는 것이다. 학습자의 역할은 능동적인 참여자로서 제시된 자료를 이해하고 궁극적으로는 새로운 지식을 구성하는 것이다.

(1) Mayer의 멀티미디어 설계 원리

Mayer(2009)는 지난 20년간 약 100건의 연구를 통해 12가지 멀티미디어 학습 혹은 설계 원리를 제시하였다.

- **일관성 원리**: 사람들은 불필요한 글자, 그림, 음향을 포함하지 않고 제외할 때 더 잘 학습한다.
- **신호 제공의 원리**: 사람들은 중요한 내용을 강조하는 단서를 추가하면 더 잘 학습한다.
- **중복성 원리**: 사람들은 그래픽, 내레이션, 텍스트가 동시에 제공되는 것보다 그래픽과 내레이션이 함께 제공될 때 더 잘 학습한다.
- **공간적 근접성 원리**: 사람들은 페이지나 화면에서 관련 있는 글과 그림이 서로 멀리 떨어져 있는 것보다 가까이 위치할 때 더 잘 학습한다.
- **시간적 근접성 원리**: 사람들은 말과 그림이 연속적으로 제시되는 것보다 동시에 제시될 때 더 잘 학습한다.
- **세분화 원리**: 멀티미디어 기반 학습에서 내용이 연속적으로 제시되지 않고

사용자 맞춤형 속도로 제공될 때 더 잘 학습한다.

- 사전 훈련 원리: 사람들은 주요 개념의 명칭과 특징을 알고 있을 때 멀티미디어 수업에서 더 잘 학습한다.
- 양식 원리: 사람들은 애니메이션과 함께 화면에 텍스트를 제공해 주는 것보다 그래픽과 내레이션이 제공될 때 더 잘 학습한다.
- 멀티미디어 원리: 사람들은 글만 제시되는 것보다 글과 그림을 통해 더 잘 학습한다.
- 개인화 원리: 학습자들은 멀티미디어 수업에서 공식적인 스타일보다 대화식으로 설명할 때 더 잘 학습한다.
- 음성 원리: 멀티미디어 강의에서 내레이션이 기계음보다 친근한 사람의 목소리일 때 학습자들은 더 잘 학습한다.
- 이미지 원리: 멀티미디어 강의에서 강사의 이미지가 화면에 추가된다고 해서 학습자들이 반드시 더 잘 학습하는 것은 아니다.

이러한 12가지 원리는 〈표 8–2〉와 같이 인지부하의 유형에 따라 세 가지로 나눌 수 있다.

〈표 8–2〉 인지부하의 유형과 12가지 원리

인지부하 유형	원리	
외재적 인지부하 감소	• 일관성 • 신호 제공 • 중복성	• 공간적 근접성 • 시간적 근접성
내재적 인지부하 관리	• 세분화 • 사전 훈련	• 다중양식
본유적 인지부하 촉진	• 멀티미디어 • 개인화	• 음성 • 이미지

(2) 사례 연구

Newton의 제1법칙과 관련한 학습설계의 경우 내용이 어렵고 추상적이기 때문에 멀티미디어 자원을 활용할 필요가 있다.

설계 전략

- 플래시 또는 애니메이션 실험 프레젠테이션을 사용한다.
- 일상생활에서의 예시와 사진을 활용한다.

(3) Mayer의 멀티미디어 학습에 대한 인지이론

Mayer의 멀티미디어 학습에 대한 인지이론은 이중 채널, 제한된 용량, 능동적 과정이라는 세 가지 가정을 기반으로 한다(Mayer, 2003).

- 이중 채널에 대한 가정은 작업 기억에 청각과 시각 채널이 있다는 Baddeley의 작업 기억 이론(Baddeley & Hitch, 1974)과 Paivio의 이중 코딩 이론(Paivio, 1971)에 근거한다.
- 제한된 용량에 대한 가정은 인지부하이론에 근거한다. 이 이론은 작업 기억의 각 하위 체제에는 제한된 용량이 있다고 설명한다.
- 능동적 과정에 대한 가정은 사람들이 관련 자료에 주의를 기울이고 이를 일관되게 구성할 때 의미 있는 방식으로 지식을 구성한다고 주장한다.

Mayer의 멀티미디어 학습에 대한 인지이론에 따르면, [그림 8-1]과 같이 멀티미디어 프레젠테이션을 통해 학습자에게 글과 그림이 제시되며, 이는 서로 상충되지 않는 두 개의 개별 채널을 따라 처리된다.

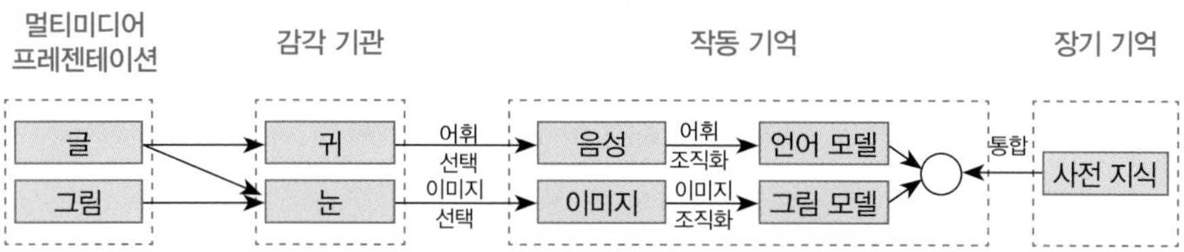

[그림 8-1] Mayer의 멀티미디어 학습에 대한 인지이론

출처: Mayer (2010).

정보는 귀와 눈을 통해 감각 기억으로 입력된다. 학습자는 감각 기억에서 글과 그림을 능동적으로 선택하여 작업 기억으로 입력한다. 작업 기억에서는 이를 언어 모델과 그림 모델로 구성한다.

각 채널은 작업 기억에서 일정 시간 동안 단지 몇 가지 정보만 처리할 수 있다. 그런 다음, 두 모델은 장기 기억에서 학습자의 사전 지식과 통합된다. 이러한 통합은 멀티미디어 프레젠테이션에서 학습자에게 제공되는 수업에 따라 작업 기억 내에서 이루어진다.

3. 교수체제 설계

교수체제 설계는 학습목표를 계획하고, 교수전략을 선택하며, 매체를 선택하고, 학습자료와 평가 도구를 선택하거나 만드는 반복적인 과정이다. 이는 유의미한 성과에 초점을 두며 학습자 중심적이고 목표 지향적 특징이 있다. 교수시스템 설계는 결과를 측정할 수 있다는 가정하에 절차는 실증적 증거에 기반하고, 상호작용적이며, 스스로 수정하는 특징이 있으며 이러한 과정은 일반적으로 팀의 노력에 의해 이루어진다. 많은 교수설계 모델이 존재하지만, 그중 많은 모델은 분석, 설계, 개발, 실행 및 평가로 구성된 ADDIE 모델을 기반으로 한다.

1) ADDIE 모델

ADDIE 모델은 교수설계자와 훈련 개발자가 수행하는 일련의 과정을 보여 주는 모델이다(Morrison, Ross, & Kemp, 2010). [그림 8-2]에서 보여 주듯이, 의도적 학습 흐름을 생성하기 위한 교수설계 과정을 설명한다.

(1) 분석(A)

분석은 ADDIE의 첫 번째 단계이며, 이 단계의 목적은 성과가 나지 않는 원인

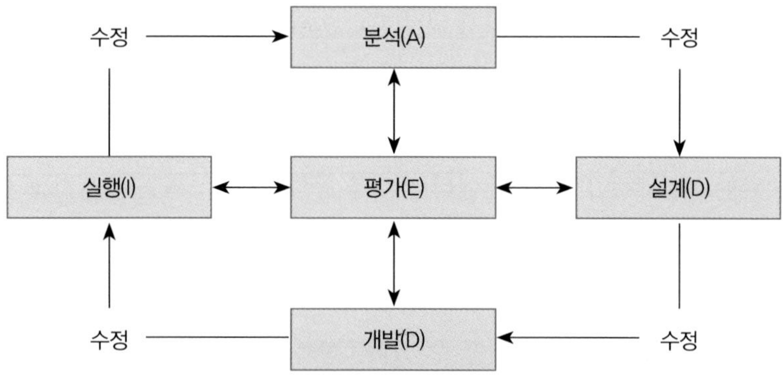

[그림 8-2] ADDIE 모델

출처: Branch(2009)에서 수정.

을 파악하고 해결책을 제시하는 것이다. 분석 단계를 완료하면, 교육이 성과 격차(performance gap)를 해소할 수 있는지에 대한 여부와 어느 정도의 격차를 해소할 수 있는지에 대한 결정을 내릴 수 있어야 한다. 이후 성공 가능성에 대한 경험적 증거를 바탕으로 성과 격차를 줄이기 위한 전략을 제공해야 한다.

분석 단계와 관련된 표준 절차와 일반적인 결과물은 〈표 8-3〉과 같다.

〈표 8-3〉 분석 표준 절차

표준 절차	일반적인 결과물
① 성과 격차 확인하기	수행평가 목적 진술
② 교수목표 정하기	교수목표 목록
③ 학습대상자 확인하기	학습자 분석/학습자 프로파일
④ 필요 자원 파악하기	필요한 자원
⑤ 전달 체제 결정하기(예산 포함)	잠재적 전달 체제(예산 포함)
⑥ 프로젝트/과목 관리 계획 작성하기	프로젝트 관리 계획

① 성과 격차 확인하기

교수설계자는 학습자들이 이미 알고 있는 지식이나 수행할 수 있는 기술에 대한 교수법을 개발해 달라는 요청을 받는 경우가 많다. 교수설계 절차에서 첫 단계는 성과 격차를 확인하고 차이가 발생하는 이유나 원인을 분석하는 것이다.

성과 격차를 검증하는 세 가지 주요 단계로는 실제 성과를 측정하고, 이상적인 성과를 확인하고, 그 사이 성과 격차가 발생하는 원인을 파악하는 것이다. 설계자는 관찰, 테스트, 인터뷰, 데이터 분석을 통해 실제 성과를 측정하고 이상적인 성과를 확인한다. 성과 격차가 어느 정도인지 확인되면 다음 단계는 차이의 주요 원인을 규명하는 것이다. 실제로 성과 격차의 원인은 자원 부족, 동기 부족, 지식과 기술 부족으로 분류할 수 있다. 성과 격차를 검증하는 절차는 목표 진술문으로 요약될 수 있다. 목표 진술문의 목적은 교육 프로그램의 주요 기능과 교육이 이루어지는 맥락을 간단하고 명시적인 용어로 설명하는 것이다.

교육은 성과에 대한 격차가 지식과 기술이 부족해서 나타나는 경우 가장 효과적인 대응책이 될 수 있다. 따라서 학습자들을 위해 수업이나 과목, 교육과정을 설계할 때 가장 중요한 과제는 지식과 기술 부족에 대처하는 것이다.

② 교수목표 정하기

교수목표를 결정하는 것은 지식과 기술의 부족으로 인한 성과 격차를 해소하기 위한 목표를 설정하는 것이다. 목표는 "학습자들이 수업에 참여한 결과 무엇을 할 수 있게 될 것인가?"와 같이 수업이 종료되는 시점에 학습자가 수행할 '최종 과제'를 설명한다. 교수목표(학습목표라고도 함)의 분류와 구체적인 작성 방법은 다음 설계 단계에서 확인할 수 있다.

③ 학습대상자 확인하기

학습대상자를 확인한다는 것은 학습자의 능력, 경험, 선호도, 동기 수준 파악을 의미한다. 수집된 데이터는 학습자 집단 유형, 일반적인 특성, 학습자 수, 학습자의 지리적 위치, 경험 수준, 태도, 학습환경에서의 성공 가능성에 영향을 미치는 기술 등이 포함되며, 이후 ADDIE 절차 전반의 의사결정에 활용된다.

④ 필요 자원 파악하기

이 단계에서는 학습을 완료하고 ADDIE 절차 전반에 필요한 모든 유형의 자원을 파악한다. 자원에는 콘텐츠, 기술(technology), 교육시설, 인적 자원과 같은 네 가지 유형이 포함된다.

⑤ 전달 체제 결정하기(예산 포함)

이 절차는 다양한 교수의 전달 체제를 평가하고 성과 격차를 효과적으로 줄일 수 있는 최적의 방안을 추천하는 것이다. 대표적인 전달 체제로는 대면, 컴퓨터 기반 학습, 비디오, 인터넷 기반 학습관리 시스템, 가상 현실(VR) 환경 등이 있다.

⑥ 프로젝트/과목 관리 계획 작성하기

이 단계는 프로젝트 또는 과목 계획에 관련된 모든 관계자의 기대치를 확인하고 이에 대한 합의 문서를 작성하는 단계로, 시작, 기획, 실행, 종료라는 네 단계로 구성된다. 프로젝트 관리 계획을 작성할 때는 교수설계와 관련한 핵심 구성원, 주요 제약 조건, 작업 일정, 최종 보고서 등을 고려해야 한다.

(2) 설계(D)

설계는 ADDIE의 두 번째 단계로 원하는 성과를 명확히 하고 이를 달성하기 위한 적절한 교수방법을 확인하는 것을 목적으로 한다. 설계 단계를 완료한 후에는 지식이나 기술 부족으로 인한 성과 격차를 해소하기 위한 일련의 구체적이고 체계적인 세부 내용을 준비할 수 있어야 한다.

설계 단계와 관련된 표준 절차 및 일반적인 산출물은 〈표 8-4〉에 제시되어 있다.

① 과업 분석 수행하기

과업을 분석하는 것은 교수목표를 달성하는 데 필요한 필수 과제를 확인하는 것이다. 과업 분석은 학습자들이 교수목표를 달성하는 데 필요한 지식과 기술

〈표 8-4〉 설계 단계의 표준 절차

표준 절차	일반적인 산출물
① 과업 분석 수행하기	과업 분석 다이어그램
② 성과 목표 작성하기	성과 목표
③ 시험 전략 만들기	시험 문항 세트 시험 전략
④ 투자 수익률 계산하기	투자 수익률 제안

에 관련된 콘텐츠를 구조화한다. 교수설계 절차에서는 이를 종종 과제 분석(task analysis)이라고도 하며, 하나의 과목에는 학습자들이 교수목표를 달성하는 데 도움이 되는 다수의 학습과제가 포함된다. 과업 분석을 수행하는 4단계는 목적 진술을 반복하고, 교수목표를 재확인하여, 주요 수행 과제를 식별하고, 필수 선수 지식과 기술을 명시하는 것이다.

② 성과 목표 작성하기

이 단계의 목적은 교수목표와 일치하는 성과 목표를 작성하는 것이다. 목표는 기대하는 성과가 달성되었을 때 이를 평가할 수 있는 방법을 제공한다. 학습결과를 세분화하기 위해 학습범주(예: Bloom의 교육목표 분류 체계)를 사용할 수 있다.

③ 시험 전략 만들기

이 단계의 목적은 학습자들의 성취도를 측정하는 문항을 개발하는 것이다. 시험 전략은 과제, 목표, 시험 문항 간의 일치도가 높아야 한다. 시험 문항은 실제 수행 상황과 유사하고 해당 지식이 적용될 현실적 환경이 반영되어야 한다.

④ 투자 수익률 계산하기

투자 수익률(Return on Investment: ROI)은 전체 ADDIE 절차를 수행하는 데 필요한 비용을 추정하여 계산한다. 계산 절차에는 교육 비용, 교육으로 인해 발생하는 혜택, 교육 비용 대비 효과에 대한 비교가 포함된다. 투자 수익률 계산은 전체 노력을 평가하는 총괄평가의 일정 부분으로 간주할 수 있다.

(3) 개발(D)

개발은 ADDIE의 세 번째 단계로, 학습모듈을 구현하는 과정에서 필요한 학습자원을 생성하고 검증하는 데 목적이 있다. 개발 단계를 완료한 후에는 계획된 의도적 학습을 수행하는 데 필요한 모든 자원을 확인할 수 있어야 한다. 또한 계획된 교육을 실행하고, 교육결과를 평가하며, ADDIE의 나머지 단계를 완료하기 위해 필요한 도구나 자료를 선별하거나 개발해야 한다.

개발 단계와 관련된 표준 절차 및 일반적인 산출물은 〈표 8-5〉와 같다.

〈표 8-5〉 개발 단계의 표준 절차

표준 절차	일반적인 산출물
① 콘텐츠 생성하기	콘텐츠 추가적 콘텐츠 자료 교안 교수전략
② 매체 선택 또는 개발하기	학습과정 촉진을 위해 선별된 매체
③ 학습자 지침 개발하기	각 수업차수에 대한 포괄적인 지침과 학습자들의 지식과 기술 구성을 촉진하는 독립적인 활동
④ 교수자 지침 개발하기	계획된 수업이 진행되는 동안 교수자가 학습자들과 상호작용하는 데 필요한 가이드를 제공하는 지침
⑤ 형성적 수정하기	형성평가 계획 주요 개정 사항 요약
⑥ 파일럿 테스트 수행하기	파일럿 테스트 결과

① 콘텐츠 생성하기

이 단계의 목표는 학습계획을 수립하는 것이다. 지식 구성 과정에서 학습자의 몰입을 촉진하기 위해서는 콘텐츠가 중심이 되어야 하지만, 콘텐츠는 교수·학습에서 전략적으로 도입되어야 한다. 따라서 교수전략은 의도된 학습이 진행되는 동안 지식, 기술, 절차가 교환되는 명백한 수단으로 작용한다.

② 매체 선택 또는 개발하기

이 단계의 목표는 수행 목표와 ADDIE의 나머지 절차를 효과적으로 달성할 수 있는 교수매체를 선택하거나 개발하는 것이다. 효과적인 매체는 지식과 기술을 습득하고 유지하는 것을 촉진한다. 교수매체는 다양한 형태의 구체적인 자료를 활용해 학습경험을 풍부하게 하고 수행 목표 달성을 지원한다. 매체는 수업을 지원하기 위해 선택되어야 하며, 매체에 맞추어 수업을 구성해서는 안 된다. 수업은 여러 형태의 매체를 통해 전달되며, 하나의 수업에서 다양한 유형의 매체가 사용될 수 있다. 보조 매체를 선택하거나 개발할 때는 학습자의 인지부하와 대한 Mayer의 멀티미디어 설계 원리를 고려해야 한다.

③ 학습자 지침 개발하기

이 단계의 목표는 수업을 통해 학습자들에게 정보를 제공하는 것이다. 이때 학습자가 교수전략을 명확하게 이해할 수 있는 지침이나 안내를 제공하면 학습자의 경험이 향상된다. 안내 요소의 형식은 교육목표와 주요 전달 체제에 따라 달라질 수 있다.

④ 교수자 지침 개발하기

이 단계의 목표는 교수자가 수업을 진행할 때 교수자에게 도움이 되는 정보를 제공하는 것이다. 안내 자료에는 교수설계자가 의도한 학습자 과제, 달성해야 할 목표, 교수전략, 수업의 진행 속도 등이 포함된다. 여기서는 교수자가 계획된 교수전략을 통해 학습자를 지도할 수 있는 구체적 요소들에 중점을 둔다.

⑤ 형성적 수정하기

이 단계의 목표는 수업을 시행하기에 앞서 산출물과 과정을 검토하고 수정하는 것이다. 교수설계자는 성과 격차를 줄이려는 목표를 달성할 수 있도록 설계된 교수법을 개선하기 위한 구체적인 목적으로 평가를 사용한다.

ADDIE 접근 방식에는 크게 두 가지 유형의 평가가 사용된다.

- 형성평가는 수업을 실행하기 전에 계획을 개선하거나 수정하는 데 필요한 데이터를 수집하는 과정이다.
- 총괄평가는 수업을 실행한 후에 교육의 전체 효과를 평가하기 위한 데이터를 수집하는 과정이다.

⑥ 파일럿 테스트 수행하기

이 단계의 목표는 개발된 교육과정을 제한된 규모로 실제 시험 운영하여 설계의 적절성과 효과성을 검토하는 것이다. 파일럿 테스트는 학습자, 교수자, 평가자 등 소수의 참여자를 대상으로 수행되며, 의도된 학습이 실제로 일어나는지, 시간 배분이나 시스템 오류 등 운영상의 문제점을 미리 확인한다.

파일럿 테스트의 결과는 형성적 평가 자료로 활용된다.

(4) 실행(I)

실행은 ADDIE의 네 번째 단계로, 학습환경을 준비하고 학습자의 참여를 유도하는 데 목적이 있다. 실행 단계를 완료한 후에 학습자는 새롭게 습득한 지식과 기술을 실제 학습환경에서 적용할 수 있어야 한다. 대부분의 ADDIE 접근 방식에서 실행 단계는 총괄평가로 나아가고 교수·학습전략이 실제로 이행되는 것을 의미한다.

실행 단계와 관련된 표준 절차와 일반적인 산출물은 〈표 8-6〉과 같다.

〈표 8-6〉 실행을 위한 표준 절차 단계

표준 절차	일반적인 산출물
① 교수자 준비	퍼실리테이터 계획
② 학습자 준비	학습자 계획

① 교수자 준비

이 단계의 목표는 새로 개발된 교수전략과 학습자원을 교수자가 효과적으로 사용할 수 있도록 이해하고 준비시키는 것이다.

② 학습자 준비

학습자들이 새로 개발된 학습자원과 효과적으로 상호작용하고 수업에 능동적으로 참여할 수 있도록 준비시키는 것이다.

(5) 평가(E)

평가는 ADDIE 절차의 다섯 번째 단계로, 실행 전후로 학습자료 품질을 평가하고 결과물을 산출하는 데 사용된 교수설계 절차의 효과성을 평가하는 데 그 목적이 있다. 교수설계에 대한 평가는 학습자가 실제 업무 환경에서 새롭게 습득한 지식과 기술을 수행할 수 있는 능력을 측정하는 데 중점을 둔다.

평가 단계와 관련된 표준 절차 및 일반적인 결과물은 〈표 8-7〉에 제시되어 있다.

〈표 8-7〉 평가 단계를 위한 표준 절차

표준 절차	일반적인 산출물
① 평가 기준 설정하기	평가 계획
② 평가 도구 선택하기	평가 도구
③ 평가 수행하기	평가 결과

① 평가 기준 설정하기

이 단계의 목표는 평가를 인식, 학습, 성과라는 세 가지 수준으로 구분하는 것이다. 이 책의 ADDIE 접근법에서는 다음의 세 수준의 평가를 장려한다. 1수준에서는 학습내용, 과목 전반에 걸쳐 사용된 자원, 교실 환경의 편안함 또는 가상 교실 환경에서의 네비게이션 용이성, 교수자 퍼실리테이션 등에 대한 학습자들의 인식을 측정한다. 2수준 평가는 각 학습목표 및 학습목적에 명시된 과제를 학습자가 수행할 수 있는지 측정한다. 3수준 평가는 실제 업무 환경에서 학습한 지식과 기술을 적용한 결과인 직무 수행 성과를 측정한다.

② 평가 도구 선택하기

교수설계자는 평가 목적에 따라 다양한 측정 도구를 사용할 수 있다. 각 측정 도구는 특정 유형의 평가에 효과적으로 사용될 수 있는 특성이 있다. 평가 도구의 예로는 설문지, 인터뷰, Likert 척도, 개방형 질문, 설문조사, 시험, 역할극, 관찰, 연습, 시뮬레이션, 실제 작업 과제, 수행 체크리스트, 감독자 평가, 동료 평가, 관찰 등이 있다.

③ 평가 수행하기

평가 수행 단계에서는 앞서 설정된 평가 기준과 선정된 도구를 기반으로 자료를 수집하고 평가를 실행한다. 이 단계의 핵심은 평가의 목적에 부합하는 자료를 수집하는 것이다. 평가는 프로그램 실행 전·중·후에 걸쳐 이루어질 수 있으며, 평가 수준(1수준 인식, 2수준 학습, 3수준 성과)에 따라 자료 수집 시점과 방식이 달라진다.

2) 기타 모델

복잡하고 비구조화된 학습과제를 지원하는 교수체제를 설계하는데 적합한 4C/ID 모델과 같이, 다양한 관점에서 제안된 교수설계 모델이 존재한다. 예를 들어, Tennyson의 모델은 설계자가 실제로 수행하는 작업을 기반으로 하여 교수설계의 역동적이고 복잡한 특성을 반영한다. 또한 최근에는 협동, 협력 학습, 팀 기반 문제 해결의 역할을 강조하는 새로운 교수설계 모델들이 등장하고 있다.

(1) 네 가지 요소로 구성된 교수설계 모델

4C/ID(four-component instructional design) 모델은 van Merriënboer(1997)가 제안한 교수설계 이론이다. 4C/ID 교수설계 모델에는, ① 학습과제, ② 지원

〈표 8-8〉 4C/ID의 구성 요소

구성 요소	복잡한 학습을 위한 단계
학습과제	1. 학습과제 설계 2. 시퀀스 데스크 수업 3. 성과 목표 설정
지원적 정보	4. 지원적 정보 설계 5. 인지전략 분석 6. 정신 모델 분석
절차적 정보	7. 절차적 정보 설계 8. 인지적 규칙 분석 9. 사전 지식 분석
부분 과제 연습	10. 부분 과제 연습 설계

적 정보, ③ 절차적 정보, ④ 부분 과제 연습의 네 가지 구성 요소가 있다. 과제는 난이도에 따라 배열되며, 각 과제의 초기 단계에는 스캐폴딩이 충분히 제공되지만 학습이 진행되면서 점차 줄어든다. 〈표 8-8〉은 네 가지 기본 구성 요소와 복잡한 학습에 관련된 단계의 관계를 보여 준다(van Merriënboer & Kirschner, 2007).

van Merriënboer(2002)에 따르면, 4C/ID 모델은 기존 교수설계 모델의 한계를 최소 세 가지 이상 해결한다.

첫째, 4C/ID 모델은 지식 유형, 맥락, 전달 매체보다는 과업 중심 기술의 통합과 조화로운 성과에 중점을 둔다.

둘째, 4C/ID 모델은 지원적 정보와 적시에 제공되는 정보(후자는 필요한 지식의 유형뿐만 아니라 구체적인 수행을 명시)를 명확하게 구분한다.

셋째, 기존 모델에서는 부분 과제 또는 전체 과제 연습 중 하나에만 집중하는 경향이 있지만, 4C/ID 모델에서는 부분 과제 연습이 복잡한 '전체 과제' 학습을 지원하는 혼합형 접근을 권장한다.

(2) Tennyson의 4세대 ISD 모델(ISD-4)

교수설계의 복잡성은 Tennyson이 개발한 4세대 ISD 모델에서 잘 드러난다

(Tennyson, 1993). Tennyson의 ISD-4 모델은 교수설계자가 실제로 수행하는 일을 종합적으로 반영하고 있다([그림 1-4] 참조).

ISD-4의 첫 번째 구성 요소는 상황 평가이다. 이 평가의 목적은 두 가지가 있는데, 학습문제 및 요구를 평가하고 교수설계 해결안 계획(적절한 교수설계 활동으로 교수개발 과정을 제안하는 계획)을 구성하는 것이다. 이 모델은 상황평가 개념과 함께 교수설계자가 항상 분석 단계부터 시작하지 않는다는 사실을 강조한다. 즉, 구체적인 상황과 환경이 교수설계자가 실제로 하는 일의 상당 부분을 결정한다고 강조한다(Spector, 2016).

(3) 새로운 모델

소셜 네트워킹과 협력 학습은 앞서 제시된 전통적 교수설계 모델에 새로운 측면을 더한다. 앞에서 설명한 모델은 이미 자리가 잡혀 있고, 신기술을 수용하도록 변형할 수도 있다. 그러나 문제 기반 학습, MOOC 등 최근 등장한 새로운 모델에서도 학습내용과 학습대상자의 특성, 그리고 학습의 진행이 어떻게 반영되는지에 대한 이해가 필요하다. 단, 명확한 학습목표가 정의되지 않은 비형식 학습의 경우는 예외로 간주한다.

핵심 내용

1. 학습활동은 계획된 학습결과를 달성하기 위한 학습자와 환경(다른 학습자, 실무자, 자원, 도구 및 서비스 등 포함)의 상호작용이다.
2. Bloom의 교육목표 분류 체계는 인지적 · 정의적 · 심동적 영역의 학습목표를 포괄한다. 인지적 영역은 전통적 교육의 주요 관심사인 지적 능력과 지식 처리를 나타내며, 이는 교육과정의 학습목표, 평가 및 학습활동을 구조화하는데 자주 사용된다. 정의적 영역은 태도 및 감정과 관련된 목표를 나타내며, 심동적 영역은 학습자들이 신체적으로 할 수 있는 것에 관한 것이다.
3. ADDIE 모델은 교수설계자와 교수개발자가 수행하는 일반적인 절차를 나타내는 프레임워크로, 의도적인 학습을 만들기 위해 교수설계에 적용되는 과정을 설명한다.

학습자료

- Gagné, R. M., & Driscoll, M. P. (1988). *Essentials of learning for instruction* (2nd ed.). Prentice Hall.
- Gagné, R. M., & Glaser, R. (1987). Foundations in learning research. In R.M. Gagné (Ed.), *Instructional technology foundations* (pp. 49-83). Lawrence Erlbaum.
- Gagné, R. M., Wager, W. W., Golas, K. C., & Keller, J. M. (2005). *Principles of instructional design* (5th ed.). Wadsworth.
- Krathwohl, D. R. (2002). A revision of Bloom's taxonomy: An overview. *Theory Into Practice, 41*(4), 212-264.
- Mayer, R. E. (2005). *Cambridge handbook of multimedia learning*. Cambridge University Press.
- Tennyson, R. D. (1993). A framework for automating instructional design. In J. M. Spector, M. C. Polson, & D. J. Muraida (Eds.), *Automating instructional design: Concepts and issues* (pp. 191-214). Educational Technology Publications.
- Tennyson의 4세대 ISD 모델에 대한 자세한 내용은 http://onlinelibrary.wiley.com/doi/10.1002/pfi.4140380607/pdf 참조
- 4C/ID 모델에 대한 자세한 내용은 http://edutechwiki.unige.ch/en/4C-ID) 참조

참고문헌

Anderson, L. W., & Krathwohl, D. R. (2001). A taxonomy for learning, teaching, and assessing: A revision of Bloom's taxonomy of educational objectives. In P. W. Airasian, K. A. Cruikshank, R. E. Mayer, P. R. Pintrich, J. Raths, & M. C. Wittrock (Eds.), *A taxonomy for learning, teaching, and assessing: A revision of Bloom's taxonomy of educational objectives*. Longman.

Baddeley, A. D., & Hitch, G. (1974). Working memory. In G. H. Bower (Ed.), *The psychology of learning and motivation: Advances in research and theory* (Vol. 8, pp. 47-89). Academic Press.

Beetham. H, (2004) Review: Developing e-learning models for the JISC practitioner communities. Retrieved from http://www.ibrarian.net/navon/paper/Review__developing_e_Learning_Models_for_the_JISC.pdf?paperid=1725131

Bloom, B. S. (1956). Taxonomy of educational objectives. In M. D. Engelhart, E. J. Furst, W. H. Hill, & D. R. Krathwohl (Eds.), *The classification of educational goals (Handbook I: Cognitive domain)*. David McKay.

Branch, R. M. (2009). *Instructional design: The ADDIE approach*. Springer.

Chandler, P., & Sweller, J. (1991). Cognitive load theory and the format of instruction. *Cognition and Instruction, 8*(4), 293-332.

Dave, R. H. (1970). Psychomotor levels. In R. J. Armstrong (Ed.), *Developing and writing behavioral objectives* (pp. 20-21). Educational Innovators Press.

Davydov, V. (1988). Problems of developmental teaching. *Soviet Education, 30*(10), 3-41.

Gagné, R. M. (1987). *Instructional technology foundations*. Lawrence Erlbaum.

Hedegaard, M., & Lompscher, J. (1999). Introduction. In M. Hedegaard & J. Lompscher (Eds.), *Learning activity and development* (pp. 10-21). Aarhus University Press.

Huang R., Kinshuk, & Spector J. M. (2013). *Reshaping learning: New frontiers of educational research*. Springer.

Krathwohl, D. R. (2002). A revision of Bloom's taxonomy: An overview. *Theory into Practice, 41*(4), 212-218.

Krathwohl, D. R., Bloom, B. S., & Masia, B. B. (1964). *Taxonomy of educational objectives: The classification of educational goals* (Affective domain, Vol. Handbook II). David McKay.

Mayer, R. E. (1992). Cognition and instruction: Their historic meeting within educational psychology. *Journal of Educational Psychology, 84*(4), 405-412.

Mayer, R. E. (2003). Elements of a science of e-learning. *Journal of Educational Computing Research, 29*(3), 297-313.

Mayer, R. E. (2009). *Multimedia learning* (2nd ed.). Cambridge University Press.

Mayer, R. E. (2010). Applying the science of learning to medical education. *Medical Education, 44*, 543-549.

Merrill, M. D., Drake, L., Lacy, M. J., Pratt, J., & ID2_Research_Group. (1996). Reclaiming instructional design. *Educational Technology, 36*(5), 5-7.

Morrison, G. R., Ross, S. M., & Kemp, J. E. (2010). *Designing effective instruction* (6th ed.). John Wiley & Sons.

Paivio, A. (1971). *Imagery and verbal processes*. Holt, Rinehart, and Winston.

Shuell, T. J. (1986). Cognitive conceptions of learning. *Review of Educational Research, 56*, 411-436.

Simpson, E. J. (1966). The classification of educational objectives: Psychomotor domain. Illinois. *Journal of Home Economics., 10*(4), 110-144.

Spector, J. M. (2015). *The Encyclopedia of educational technology*. Sage.

Spector, J. M. (2016). *Foundations of educational technology: Integrative approaches and interdisciplinary perspectives*. Routledge.

Sweller, J. (1988). Cognitive load during problem solving: Effects on learning. *Cognitive Science, 12*(2), 257-285.

Sweller, J., van Merriënboer, J., & Paas, F. (1998). Cognitive architecture and instructional design. *Educational Psychology Review, 10*(3), 251-296.

Tennyson, R. D. (1993). A framework for automating instructional design. In J. M. Spector, M.C. Polson, & D. J. Muraida (Eds.), *Automating instructional design: Concepts and issues* (pp. 191-214). Educational Technology Publications.

van Merriënboer, J. J. G. (1997). *Training complex cognitive skills: A four-component instructional design model for technical training*. Educational Technology Publications.

van Merriënboer, J. J. G., & Kirschner, P. A. (2007). *Ten steps to complex learning: A systematic approach to four-component instructional design*. Educational Technology Publications.

van Merriënboer, J. J. G., Clark, R. E., & de Croock, M. B. M. (2002). Blueprints for complex learning: The 4C/ID-model. *Educational Technology Research and Development, 50*(2), 39-61. https://doi.org/10.1007/BF02504993.

제9장

학습공간 설계

학습내용

- 학습공간의 정의
- PST 프레임워크
- 학습공간 설계 원리
- 스마트 학습환경(SLE)

학습목표

- 비형식 학습과 형식 학습의 차이를 설명할 수 있다.
- 학습공간에 대해 정의할 수 있다.
- PST 설계 및 평가 프레임워크를 이해할 수 있다.
- 학습공간 설계 원리를 설명할 수 있다.
- 스마트 학습환경의 요소 및 기술 특징을 명확히 이해할 수 있다.
- 학습공간 설계에 대한 예시를 두 가지 제시할 수 있다.

학습활동

01 자신에게 익숙한 특정 학습공간을 선정하여 설명해 본다. 해당 공간에는 어떤 교수학습법이 적용되었는가? 어떤 기술이 적용되는가? 그 공간이 그러한 교수학습법과 기술에 적합한가? 적합하거나 부적합하다면 그 이유를 설명해 본다.

02 학습공간의 주요 특징을 묘사하는 그림을 그려 본다. 형식 학습을 위한 구체적인 학습공간과 비형식 학습을 위한 구체적인 학습공간을 묘사해 본다. 각 예시를 스마트 학습공간으로 전환하기 위해 필요한 요소를 서술해 본다.

1. 서론

21세기 학습은 끊임없는 변화가 진행 중이다. 학습은 교실, 가정, 지역사회, 실내 및 실외 등 다양한 맥락에서 이루어진다. 학습공간의 설계는 바람직한 학습결과를 도출하기 위해 중요하다. 또한 기술의 발전은 우리의 삶과 사회를 빠르게 변화시켰으며, 상호작용 학습도구, 무선 네트워크, 화이트보드 및 모바일 기기와 같은 고품질 기술의 확산은 학습공간을 급격히 개선하였다. 학습공간을 설계하거나 재설계하는 데 있어 학습자들의 학습을 극대화하는 것은 매우 중요한 사안이다. 잘 설계된 학습공간은 복잡하고 빠르게 변화하는 세상에서 학습자들이 성공하는 데 필요한 지식, 기술, 특성을 습득하도록 지원하고 학습에 몰입할 수 있도록 한다.

이 장에서는 학습공간에 대한 정의를 제시하고 학습공간을 평가하는 방법에 대해 논의한다. 또한 기술이 어떻게 학습공간에서 구현되고 있는지, 특히 스마트 기술의 활용에 대해 중점적으로 논의한다.

2. 학습공간

과거 학습은 주로 숲과 같은 야외 환경에서 이루어졌다. 중국의 황실 대학뿐만 아니라 사립 학교, 학원, 야외 장소가 포함된 Xiang Order(기원전 1046~256)가 그 예이다. 현대적인 학습환경은 16세기 체코의 Comenius가 교실 수업체제(class teaching system)를 도입하면서 등장하였다(http://www.newworldencyclopedia.org/entry/Comenius 참조).

1990년대 이후 멀티미디어, 컴퓨터, 디지털 프로젝터, 인터넷, 코스웨어, 네트워크 기반 수업, 튜토리얼 웹사이트 등 많은 새로운 정보 기술이 학교와 교실에 도입되었다. 이에 학습공간은 단순한 물리적 공간을 넘어 새로운 연구 영역으로 부상하고 있다. 학습공간의 목적은 학습자에게 적절한 테크놀로지와 교수·학습환경을 제공함으로써 독립적이고 유연하며 몰입도 높은 학습을 촉진하는 것이다. 따라서 효과적인 학습공간을 설계하고 개발하는 방법이 점점 더 중요한 과제가 되고 있다(Ellis & Goodyear, 2016).

1) 학습공간의 정의

학습공간은 교수 · 학습이 이루어지는 장소와 관련된 주변 환경을 의미한다. 학습공간은 실내 혹은 실외에 위치할 수 있으며 물리적 공간뿐만 아니라 가상 공간도 포함한다(예: http://libjournal.uncg.edu/index.php/jls에 있는 『Journal of Learning Spaces』).

형식 학습은 체계적으로 설계되고 구조화되어 있으며 명확한 학습목표가 있다(OECD, 2017). 형식 학습은 일반적으로 학교 또는 대학에서 방식으로 훈련된 교사에 의해 체계적이고 의도적인 방식으로 전달된다.

비형식 학습은 자기 주도 학습이나 경험을 통한 학습과 같이 학습자가 학습 결과에 대한 목표를 정하지 않고 의도하지 않은 자연스러운 학습을 의미한다(OECD, 2017). 이러한 학습은 주로 공용 공간, 멀티미디어 샌드박스, 주거 공간 등에서 다양한 맥락에서 발생한다.

형식 및 비형식 학습에서 가상 학습환경은 학습관리 시스템, 소셜 미디어 웹사이트, 온라인 교실 및 가상 환경 등 디지털 미디어를 통해 사용자와 시스템 간의 정보 교환을 지원하는 일종의 플랫폼을 의미한다.

학습공간은 교수와 학습을 지원, 촉진, 자극 또는 향상하도록 설계된다. 예를 들어, 전통적인 교실인 강의실과 같은 학습공간은 강의와 필기를 지원하도록 설계될 수 있다. 그러나 새로운 기술의 도입으로 인해 효과적인 학습공간을 설계하는 것은 점점 더 복잡해지고 있으며, 학습을 지원하기 위한 교수학습법에 대한 신중한 고려가 필요하다. 학습공간과 그 구성 요소는 규모, 형태, 모양, 환경, 기술, 의도된 활동 및 사용자 특징 등이 포함된다.

2) PST 프레임워크

학습자들이 주도적으로 학습에 참여하고 독립적인 평생 학습자가 되도록 장려하는 것이 21세기 교육의 목표이자 학습공간 설계의 과제이다. 여기서 중요한 것은 교수학습법(Pedagogy), 공간(Space), 기술(Technology) 설계 사이에 상호연관성이 있다는 것이다. 이러한 연결은 테크놀로지 교수 내용 지식(Technological Pedagogical Content Knowledge: TPACK) 프레임워크에서 분명하게 드러난다(Koehler & Mishra, 2007). 이러한 연결 사이에는 여러 가지 관계가 있으며, 이는 교수학습법–공간–기술(PST) 프레임워크와 함께 정교화되었다(Fisher, 2005).

PST 프레임워크([그림 9–1] 참조)에서 각 요소는 중요하며, 세 가지 요소(교수학습법, 공간, 기술)는 서로 영향을 주고받는다. 예를 들어, 교수학습법은 공간을 배치하고 사용하는 방식에 영향을 미친다. 특정 기술은 다른 기술보다 해당 교수학습법이나 공간에 더 적합할 수 있다. 어떤 공간은 특정 유형의 기술을 도입하는 데 제약이 될 수도 있고 반대로 기회를 제공할 수 있으며, 어떤 기술은 교수자와 학습자가 공간을 사용하는 방식에도 영향을 줄 수 있다. 이와 함께 추가적으로 학습내용과 학습자 특성도 고려되어야 한다.

학습내용, 학습자, 교수학습법, 기술을 모두 고려한 효과적인 학습공간 설계의 복잡성과 어려움을 고려할 때, 설계, 개선, 평가를 지원하는 반복적 주기가

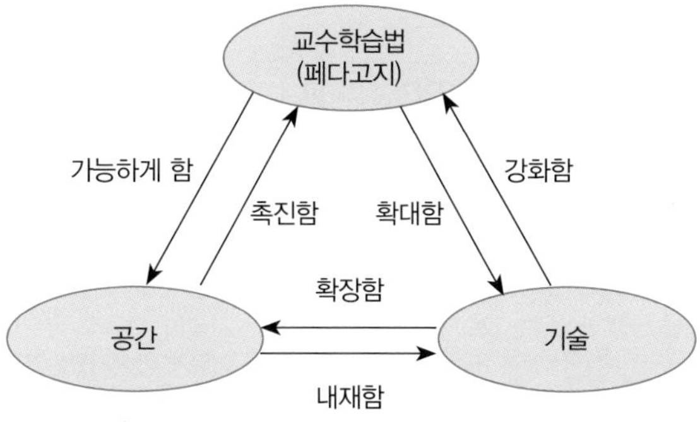

[그림 9–1] 교수학습법–공간–기술(PST) 프레임워크

출처: Fisher(2005)에서 수정.

〈표 9-1〉 PST 설계 및 평가 프레임워크

초점	개념	실행 및 운영
전체	• 이러한 시도를 추진하는 동기는 무엇인가, 의도는 무엇인가? • 프로젝트를 시작하게 된 요인은 무엇인가? • 지지자와 반대자는 누구인가? 설득이 필요한 사람은 누구인가? 그 이유는 무엇인가? 이 과정에서 교훈을 얻었는가?	• 성공적인 공간의 모습은 어떤 식으로 정의되는가? 이 시설은 성공으로 간주되는가? 누구의 관점에 의 그러한가? 그 이유와 증거는 무엇인가? • 이는 원래의 동기나 의도와 관련이 있는가? • 어떤 교훈을 얻었는가?
교수 학습법 (페다고지)	• 어떤 유형의 학습과 교육을 촉진하려고 하는가, 그 이유는 무엇인가? • 이러한 시도가 학습에 변화를 가져올 가능성이 있는가? 근거가 되는 이론과 증거는 무엇인가? • 새로운 시설을 활용하기 위해 프로그램이나 교육과정을 수정할 계획이 있는가? 교직원을 대상으로 어떤 교육 또는 훈련이 계획되어 있는가?	• 어떤 유형의 학습과 교육이 이루어지는 것으로 관찰되는가? 이를 확인하기 위한 증거는 무엇인가? • 어떤 평가 방법 또는 접근법을 사용했으며, 데이터를 수직하고 분석하는 데 어떤 방법을 사용했는가? • 데이터 수집하고 분석하는 데 누가 포함되었는가? (학생, 교수자, 직원, 관리자, 임원, 시설 관리자 및 기술직 직원)
공간 (주변 환경 포함, 가구 및 설비)	• 공간 설계와 가구/비품의 어떤 측면이 학습방식을 촉진할 수 있는가? 어떤 방식으로? 콘셉트를 개요 개발에 누가 관여하는가? 이유는? • 콘셉트를 개발할 때 어떤 기존 시설을 참고할 것인가? • 아이디어를 프로토타입으로 제작할 수 있는가? • 콘셉트 및 세부 설계 평가에는 누가 참여하는가? 그 이유는 무엇인가? • 그들의 주요 쟁점과 우려사항은 무엇인가?	• 공간 설계와 시설의 어떤 측면이 효과가 있었고 어떤 측면이 효과가 없었는가? 그 근거는 무엇인가? • 어떤 공간과 시설의 예상치 못한(의도하지 않은) 사용이 학습을 지원하거나 교육을 촉진하였는가? • 이는 향후 프로젝트에 대한 아이디어를 제공하는가? • 학습과 교수를 돕기 위한 공간 사용의 효과성은 어떻게 측정되었는가? 사용된 지표는 무엇인가? • 이 공간과 다른 공간들 간에 학습을 향상시키는 시너지 효과가 있었는가?
기술 (ICT, 실험실 및 전문 장비)	• 의도한 학습과 교수를 촉진하기 위해 공간을 설계할 때 어떤 기술을 배치할 것인가? 어떻게 배치할 것인가? • 큰 그림을 그리고 세부 디자인을 개발할 때 공간 설계와 기술의 선택/통합 사이에는 어떤 관계가 있는가? • 기술을 통해 개선되는 교수학습법은 무엇인가?	• 학습과 교수를 향상시키는 데 가장 효과적인 기술은 무엇인가? 그 이유는 무엇인가? • 기술이 학습과 교육에 미치는 예상치 못한(의도하지 않은) 긍정적 혹은 부정적 영향은 무엇인가? • 기술이 캠퍼스 안팎에서 학습과 교수를 어떻게 향상시켰는가?

출처: Fisher(2005)에서 수정.

필요하다. 학습공간을 계획하고 개발하는 전체 주기에서 PST 프레임워크를 여러 번 반복하면 바람직한 결과를 얻을 수 있는데, 이는 PST를 처음과 끝을 이어주는 프레임워크로 생각하면 된다. 〈표 9-1〉에는 두 가지 수명 주기 단계(개념과 설계, 실행과 운영)만 제시되어 있지만, 이를 더 세분화하고 각 단계에 적합한 질문을 작성하면 프레임워크를 더 세밀하게 만들 수 있다. 또한 후속 단계도 추가할 수 있다. 따라서 특정 교육기관에서 의사결정 시점[일명 주요 마일스톤(milestones)]이 정해진 프로젝트의 경우, PST 프레임워크 질문을 해당 기관의 주요 의사결정 단계에 맞추어 변형할 수 있으며, PST도 그에 맞게 수정될 수 있다.

3. 학습공간 설계 원리

이 절에서는 학습공간을 효과적으로 설계하는 데 도움이 되는 몇 가지 원리에 대해 제시한다. 가장 먼저 고려해야 할 사항은 학습공간의 용도, 즉 공간에서 지원해야 할 활동에 초점을 맞추는 것이다.

1) 학습공간에 활동 연결하기

멀티모달 학습환경은 특정 기술을 대상으로 설계된 학습활동에 적합한 공간을 구성하는 것이다. 일부 기술과 활동은 다양한 활동을 가능하게 하지만, 동시에 한 공간 안에서 이 모든 활동을 효과적으로 지원하는 것은 어렵다. 자세한 내용은 〈표 9-2〉에 제시되어 있다.

〈표 9-2〉 교육적 활동과 공간적 환경의 연계

교수학습 활동	교육적 속성	단계	행동 전제	공간 배치
전달	• 강의 • 교수자가 수업 통제 • 수업에 집중 • 수동적 학습	• 수업 준비 및 개발 • 청중에게 전달 • 이해도 평가	• 다수의 학습자에게 정보전달 • 교수자 주도 • 지식이 중요한 원천	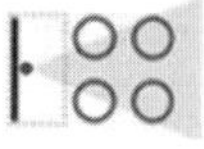
적용	• 통제적 관찰 • 일대일 • 숙련자와 비숙련자가 교대로 진행 • 비형식적 • 능동적 학습	• 시연을 통한 지식 전수 • 비숙련자 실습 • 성취도 파악	• 학습자 중심 • 도제식 모델	
창조	• 다양한 분야 통합 • 리더 없음 • 평등주의 • 분산된 관심 • 사생활 보고 • 비형식 • 능동적 학습	• 연구 • 요구 발견 • 발산적 사고 • 배양 • 산출 및 혁신으로 해석	• 혁신 • 추상적인 지식에서 산출물로 변환	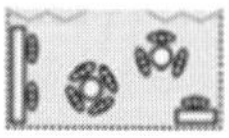
커뮤니케이션	• 지식은 분산되어 있음 • 즉석 전달 • 편안하고 자유로움 • 능동적 학습	• 정보 조직 • 전달 • 수신 및 통역 • 확인	• 정보 공유 • 신속한 상호작용	
의사결정	• 지식은 분산되어 있음 • 정보가 공유됨 • 리더가 최종 방향 설정 • 상황은 보호됨 • 준형식적에서 형식적 • 수동·능동 학습	• 데이터 검토 • 전략 수립 • 기획 • 실행	• 의사결정	

출처: Fisher(2005)에서 수정.

2) 디자인 설계 원리

SPACE 원리 학생들의 성과를 극대화하기 위한 신축 학교 설계, 학교 재개발, 건물 및 학습공간의 용도 변경에 전략적 지침을 제공한다.

- 지속 가능성(Sustainable): 공간은 지속 가능하도록 설계되어야 한다.
  - 공간을 쉽게 재배치하고 재구성할 수 있어야 한다.
  - 비용 대비 효과적인 물품, 시설물, 이동 동선, 지원 체계를 고려한다.
  - 미래 테크놀로지 발전 방향과 활용, 교수법에 대해 선제적으로 고려한다.
- 개인화(Personalized): 학습자와 교수자를 위해 공간을 개인화해야 한다.
  - 창의적이고 대체 가능한 색상, 음향, 이미지, 동영상을 고려한다.
  - 개인화를 촉진하기 위한 의사결정 과정에 학습자와 교수자를 참여시킨다.
  - 학습자와 교수자가 개별적으로 조정하고 수정할 수 있도록 한다.
- 접근성(Accessible): 공간은 개방적이고 누구나 쉽게 사용할 수 있어야 한다.
  - 변화하는 요구사항에 맞추어 쉽게 조정할 수 있는 기술을 사용한다.
  - 핸드폰이나 노트북에 연결된 상호작용 가능한 플랫폼을 활용한다.
  - 온라인 디지털 자원, 서비스 및 저장 장치를 사용할 수 있도록 지원한다.
- 협동성(Collaborative): 공간은 적절한 시점에 협업을 지원해야 한다.
  - 협동 학습과 모둠 활동이 필요한 교수법을 사용할 때 이를 지원하는 공간을 제공한다.
  - 관련 지역, 국가, 글로벌 네트워크, 파트너십, 학습 공동체를 지원한다.
- 몰입(Engaging): 공간은 콘텐츠, 다른 학습자 및 교수자와 함께 학습의 몰입을 지원해야 한다.
  - 지역사회와 전문직 종사자, 전문가가 참여한다.
  - 학습자와 튜터에게 활력과 영감을 제공한다.
  - 신속하고 깊이 있는 학습을 지원한다.

3) 효과적인 학습공간의 예

(1) 텍사스주립대학교의 협동학습공간

텍사스주립대학교의 이 새로운 공간은 알케크 건물 1층 대리석 벽 뒤 카페 오른쪽에 위치하고 있다([그림 9-2] 참조). 학생들은 노트북(Mac 및 PC 호환)을 가져와 화면을 공유할 수 있다. 다음 내용은 텍사스주립대학교의 협동학습공간이 앞서 언급한 설계 원리를 어떻게 충족하는지 보여 준다.

- **접근성**: 협동학습공간 내 4개의 공간에는 대형 모니터와 충전 기능이 있는 테이블이 마련되어 있다. 학생은 모바일 장치와 노트북을 사용하여 화면을 공유할 수 있다.
- **협동성**: 협동학습공간은 학생들에게 그룹 활동과 협력 학습을 위한 공간을 제공한다. 뿐만 아니라 네트워크를 통해 글로벌 학생들과 그룹 토론도 가능하게 한다.

(2) 중국의 베이징국립주간학교

원래 중앙군사위원회 자녀들을 위한 학교였던 베이징국립주간학교는 1952년에 설립되었으며, 베이징 시내에서 가장 큰 중학교 중 하나로 꼽힌다. 베이징국립주간학교는 「Maker Movement 교육법」(https://makerfaire.com/maker-movement/ 참조)을 대규모로 적용하고 있다. 학생들은 다양한 주제와 관련된 산출물들을 설계하고 개발한다. 전통적인 교실이 아닌 실험실과 협력 공간이 있는 이곳에서는 VR과 협동 학습이 가능하다. 이곳에서 학습공간 배치 예시는 다음과 같으며, 이러한 공간들이 학습공간 설계 원리를 어떻게 충족하고 있는지 설명한다.

다음 항목은 중국의 베이징국립주간학교가 앞에서 언급된 설계 원리 중 일부를 어떻게 충족하는지 보여 준다([그림 9-3]~[그림 9-5] 참조).

- **개인화**: 다양한 색상의 학습공간은 학생들의 학습의욕을 자극한다. 편안한 가구와 부드러운 조명은 학생들의 학습요구를 충족시킨다.
- **협동성**: 메이커스페이스와 공용학습공간은 학습자들이 놀이, 공연, 토론 등 공동 경험을 위해 만날 수 있는 유연한 공간이다. 메이커스페이스는 그룹 프레젠테이션이나 학술행사 또는 수업과 관련된 프로그램과 같은 정적인

[그림 9-2] 텍사스주립대학교의 협동학습공간

[그림 9-3] 베이징국립주간학교의 공용학습공간

활동에도 사용할 수 있다.

- **참여**: 공용학습공간은 다른 공간과 연결되는 통로의 연장선이자 학습, 회의, 즉흥적인 모임이 일어나기 적합한 공간이다.

[그림 9-4] 베이징국립주간학교의 도서관

[그림 9-5] 베이징국립주간학교의 메이커스페이스

(3) 스웨덴의 미래 학습환경

스웨덴의 고등교육연구소인 카롤린스카연구소(Karolinska Institute)는 미래 학습환경 프로젝트의 일부로 공간을 설계하였다. 강의실 옆에 위치한 버려진 공간을 활용하여, 학생, 교사, 연구원이 자연스럽게 만날 수 있는 집과 같은 공간을 만드는 것이었다. 다음 내용은 스웨덴의 미래 학습환경이 앞서 언급된 설계 원리를 어떻게 충족하고 있는지 보여 준다.

- **참여**: 시설은 공용 회의 공간과 인포메이션 센터 등을 포함하며, 이곳에서 사람들이 어울리고 사교모임을 갖도록 하였다. 공간에는 개방형 라운지, 공간 속의 공간, 그리고 집중 학습을 위한 독서실 공간 등이 있다.
- **협동성**: '집과 같이 편안한 공간'이라는 개념의 일환으로, 사람들이 생각과 아이디어를 교환하고 동료 학습이 촉진되는 공간이다.

(4) 101 VR 교실

우수한 교수·학습자원을 갖춘 101 VR 교실(A NetDragon Project; http://edu.nd.com.hk/zh-hk/product/vreditor 참조)은 VR을 교육과 학습에 통합하여 학습자들에게 실제와 유사한 몰입형 학습환경을 조성한다. 101 VR 교실은 교수설계자와 교사가 맞춤형 학습자원을 제작할 수 있도록 편집 가능한 개방형, 상호작용형, 몰입형 학습환경이다. 101 VR 교실은 다음 [그림 9-6], [그림 9-7]에 나타난 특징을 가지고 있다.

[그림 9-6] 101 VR 교실 배치

[그림 9-7] 화재 대피 시뮬레이션

다음 내용은 101 VR 교실이 앞에서 언급한 디자인 원리를 어떻게 충족하는지 보여 준다.

- 지속 가능성: 전 세계 교육자 및 학습자가 공유할 수 있도록 모바일 인터넷, 교육 클라우드 플랫폼 및 기타 기술을 통해 전자책, 교보재, 세계적 수준의 교육자료, 3D 교육자원 및 기타 교육자료를 통합한다.
- 개인화: 101 VR 교실에서는 외부로부터 발생하는 학습자의 시각, 청각 및 외부 간섭을 완전히 제거하고 완전히 VR에 몰입하여 학습할 수 있다.
- 접근성: 학생들은 특수 VR 장비를 통해 실제 세계에서 경험하는 시각, 청각, 촉각과 동일한 느낌을 얻을 수 있다. 또한 시공간 제약을 넘고 추상적 개념을 시각화하며, 개방적이고 상호작용적이며 몰입도가 높은 3차원 학습환경을 경험한다.
- 몰입도: 시각, 음성, 접촉, 제스처, 움직임, 심지어 뇌파 등 멀티모드 상호작용 방식의 조합을 통해 교사는 VR 101 Assistant를 사용할 수 있다. VR 101 Assistant는 장비의 재생과 정지와 같이 수업을 제어하는 핵심 장치로 인간과 컴퓨터 간의 상호작용, 2차원적 상호작용 한계를 돌파하여 교사가 보다 효율적인 수업을 제공하고 학습자들은 보다 자연스럽고 쉽게 학습할 수 있게 한다.

4. 스마트 학습환경(SLE)

1) 스마트 학습환경의 정의

정보 통신 기술(ICT)의 발전에 따라 교육분야 연구자들은 지속 가능하고 참여적이며 대규모로 확장 가능한 학습환경을 구상하기 시작하였다(Spector, 2014). 스마트 학습환경(Smart Learning Environment: SLE)은 더 빠르고 더 나은 학습을 촉진하기 위해 디지털, 상황 인식 및 적응형 장치로 강화된 물리적 환경으로 정의된다(Koper, 2014). 기술 지원을 통해 SMART 교실은 교사와 학생이 이전에는 불가능했던 풍부하고 몰입도 높은 교육과 학습을 경험할 수 있는 장소가 된다. Hwang(2014)은 상황 인식 유비쿼터스 학습 관점에서 스마트 학습환경의 정의와 기준을 제시하였다. 또한 Hwang(2014)은 온라인과 면대면 양쪽 모두의 학습활동을 지원하기 위해 스마트 학습환경을 설계하고 개발하는 프레임워크를 다음과 같은 원리와 함께 소개하였다.

- 스마트 학습환경은 물리적 환경과 가상 환경을 통합해야 한다. 스마트 학습환경에서는 물리적 환경의 지각, 모니터링, 조절 기능이 더욱 향상된다. 증강 현실을 적용하면 가상 환경과 물리적 환경을 매끄럽게 통합할 수 있다.
- 스마트 학습환경은 학습자의 개별 특성에 따라 더 나은 학습지원과 서비스를 제공해야 한다. 스마트 학습환경은 학습자의 학습과정 기록, 개인별 맞춤 평가, 학습효과 및 콘텐츠 전달에 대한 평가를 강조한다. 학습자 모델에 따르면, 스마트 학습환경은 학습자의 학습역량을 개발하기 위한 계획, 모니터링, 평가에 중요한 역할을 한다.
- 스마트 학습환경은 캠퍼스 내에서의 학습과 캠퍼스 밖에서의 학습, 형식 학습과 비형식 학습을 모두 지원해야 한다. 스마트 학습환경에서의 학습자는 학생뿐만 아니라 업무에서 학습이 필요한 모든 사람을 의미한다.

2) 스마트 학습환경의 주요 기능

정보화 시대에 교실 환경은 새로운 기술과 대안적인 교육 접근법을 통해 학습을 최적화하는 방식으로 변화하고 있다. SMART 교실은 제시(Showing), 관리(Manageable), 접근성(Accessible), 실시간 상호작용(Real-time interactive), 평가(Testing)라는 다섯 가지 측면을 포함하는 중요한 변화 중 하나이다([그림 9-8] 참조; Huang, Yang, & Hu, 2012).

- **제시(S)**: 제시 방식은 학습자의 인지적 특성을 고려한다. 이는 단순히 명확하게 제시하는 것뿐만 아니라 학습자의 인지적 특성에 적합한 내용을 제시하는 것을 의미한다. 이러한 접근은 학습자가 학습자료에 대한 이해와 처리 능력을 향상시키는 데 도움이 된다.
- **관리(M)**: 유연한 배치는 교수활동을 지원한다. SMART 교실의 환경관리는 공간 배치의 다양성과 관리의 편의성을 특징으로 한다. 교실의 모든 장비와 시스템 및 자원은 교실 배치 관리, 장비 관리, 물리적 환경 관리, 전기 안전 관리, 네트워크 관리 등을 포함한 강력한 관리 기능이 있어야 한다.
- **접근성(A)**: 풍부한 자원은 다양한 학습방법을 실제에 적용하는 데 도움이 된다. 자원 획득은 주로 자원 선택, 콘텐츠 배포, 접근 속도의 세 가지 측면을 포함하는 자원 획득 능력과 강의실 내 장비 접근의 편의성을 특징으로 한다.
- **실시간 상호작용(R)**: 심층 수준의 상호작용은 문제를 발견하고 적시에 피드백을 제공하는 데 도움이 된다. 시의적절한 상호작용은 SMART 교실의 교수 상호작용 및 대인 상호작용을 지원하는 주요 특징이며, 퍼실리테이션, 원활한 상호작용 및 상호작용 추적의 세 가지 측면을 포함한다.

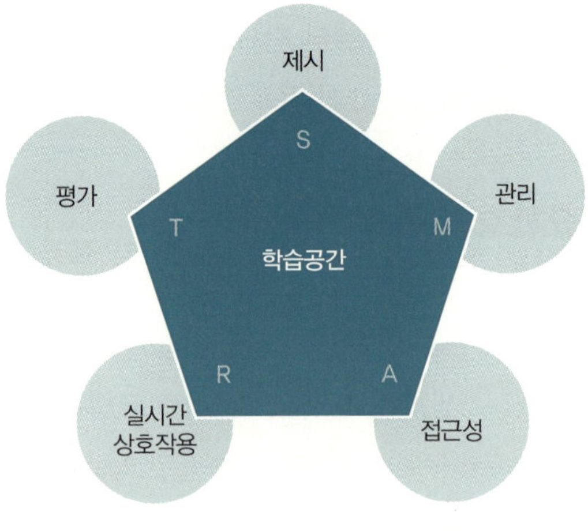

[그림 9-8] SMART 교실의 개념

출처: Huang과 동료들(2012)에서 수정.

- **평가(T)**: 물리적 환경과 학습행동을 인식하는 능력은 SMART 교실의 기본 능력이다. 상황적 지각은 주로 SMART 교실의 물리적 환경과 학습행동에 대한 지각 능력을 특징으로 한다.

3) 스마트 학습환경의 구성 요소

[그림 9-9]에서 보여 주듯이, 스마트 학습환경의 구성 요소는 학습자원, 지능형 도구, 학습 공동체, 교수 공동체, 학습방법, 교수방법 이렇게 여섯 가지를 포함한다.

- 스마트 학습환경은 학습자원, 지능형 도구, 학습 공동체, 교수 공동체, 학습방법 및 교수방법이라는 여섯 가지 구성 요소로 구성된다.
- 학습자와 교수자는 학습자의 효과적인 학습을 촉진하기 위해 교수·학습과 관련한 네 가지 요소와 관련되어 있고 서로 상호작용한다. 학습과 교수를 제외하면 스마트 학습환경은 학습환경이라 할 수 없다.
- 효과적인 학습의 발생은 개인 지식 구축과 집단 지식 구축이라는 공동의 결과이다. 학습 공동체는 학습자의 상호작용, 협동 및 교류를 강조하는 반면,

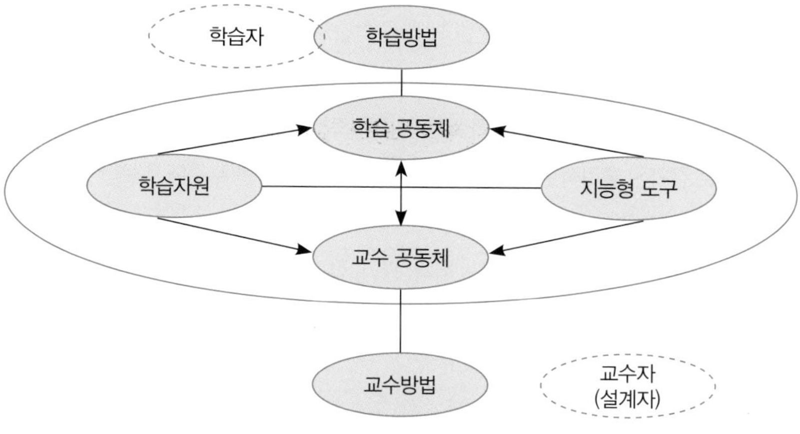

[그림 9-9] 가상 학습공간의 시스템 모델

교수 공동체는 교수자들이 함께 학습하고 협력하여 지속적인 전문성 개발을 추구하는 연속체이다.

- 학습자원과 지능형 도구는 학습 공동체와 교수 공동체를 모두 지원한다. 학습 공동체와 교수 공동체의 발전은 자원과 도구의 효과성과 불과분의 관계이다. 다양한 종류의 지능형 도구는 학습환경의 지능(intelligence)을 강화하는 포괄적인 지원을 제공한다. 동시에 학습 공동체와 교수 공동체는 학습자원과 도구의 진화를 촉진한다.

핵심 내용

1. 학습공간은 교수와 학습이 이루어지는 장소를 말하며, 실내 또는 실외의 장소, 물리적 또는 가상 환경을 지칭한다.
2. PST 프레임워크는 세 가지 요소인 교수학습법(페다고지, P), 공간(S), 기술(T)의 설계와 그 과정을 설명한다.
3. SPACE는 학생들의 성과를 극대화하기 위해 신설 학교 설계, 학교 재개발, 건물 및 학습공간의 용도 변경에 대한 지침을 설명하는 광범위한 용어이다.
4. SPACE 원리는 지속 가능한 공간으로 설계되어야 함을 의미하는 '지속 가능성(S)', 학생과 교사에게 맞춤화된 공간으로 설계되어야 함을 의미하는 '개인화(P)', 모든 사람이 쉽게 사용할 수 있도록 개방되어야 함을 의미하는 '접근성(A)', 적절한 경우 협업을 지원해야 함을 의미하는 '협동성(C)', 콘텐츠, 다른 학습자 및 교사와의 학습 참여를 지원하는 공간으로 설계되어야 함을 의미하는 '몰입(E)'를 포함한다.
5. 스마트 학습환경은 더 나은 학습과 빠른 학습을 촉진하기 위해 디지털 상황 인식 및 적응형 장치로 강화된 물리적 환경을 의미하며, 이는 지속 가능한 수준에서 보다 효과적이고 효율적인 학습환경을 구축할 수 있다.
6. 스마트 학습환경의 주요 특징으로는 제시, 관리, 접근성, 실시간 상호작용, 평가가 있다.
7. 스마트 학습환경의 여섯 가지 요소에는 학습자원, 지능형 도구, 학습 공동체, 교수 공동체, 학습방법 및 교수방법이 포함된다.

참고문헌

Ellis, R. A., & Goodyear, P. (2016). Models of learning space: Integrating research on space, place and learning in higher education. *Review of Education, 4*(2), 149-191.

Fisher, K. (2005). Linking pedagogy to space: Proposed planning principles. Department of Education and Training, Victoria, Canada. Retrieved from https://www.eduweb.vic.gov.au/edulibrary/

Huang, R., Yang, J. A., & Yongbin, H. U. (2012). From digital to smart: The evolution and trends of learning environment. *Open Education Research, 1*(1), 75-84.

Hwang, G. J. (2014). Definition, framework and research issues of smart learning environments-a context-aware ubiquitous learning perspective. *Smart Learning Environments, 1*(4). Retrieved from https://link.springer.com/content/pdf/10.1186%2Fs40561-014-0004-5.pdf

Koehler, M., & Mishra, P. (2007). What is technological pedagogical content knowledge. *Contemporary Issues in Technology and Teacher Education, 9*(1). Retrieved from http://www.citejournal.org/volume-9/issue-1-09/general/what-is-technological-pedagogicalcontent-knowledge

Koper, R. (2014). Conditions for effective smart learning environments. *Smart Learning Environments, 1*(5). Retrieved from https://link.springer.com/content/pdf/10.1186%2Fs40561-014-0005-4.pdf

OECD. (2017). Recognition of non-formal and informal learning. Retrieved from http://www.oecd.org/education/skills-beyond-school/recognitionofnon-formalandinformallearning-home.htm

Spector, J. M. (2014). Conceptualizing the emerging field of smart learning environments. *Smart Learning Environments, 1*(2). Retrieved from https://slejournal.springeropen.com/track/pdf/10.1186/s40561-014-0002-7

제10장

교육 프로젝트 설계 및 평가

학습내용

- 교육 프로젝트의 특성
- 교육 프로젝트의 수명 주기
- 교육 프로젝트 설계를 위한 논리 모델
- 교육 프로젝트 평가를 위한 CIPP 모델

학습목표

- 교육 프로젝트의 수명 주기를 파악할 수 있다.
- 교육 프로젝트 설계 과정을 명확히 설명할 수 있다.
- 논리 모델을 사용하여 교육 프로젝트를 설계할 수 있다.
- CIPP 모델을 사용하여 교육 프로젝트를 평가할 수 있다.

학습활동

01 교육 프로젝트란 무엇을 의미하는지 자신의 언어로 설명해 보고 구체적인 두 가지 사례를 제시해 본다.

02 자신이 참여했던 교육 프로젝트에 대해 설명해 보고 프로젝트에서 수행한 역할과 업무를 설명해 본다.

03 앞에서 설명한 교육 프로젝트 사례에서 문제 해결을 위한 단계적 접근 과정을 설명해 본다.

04 '학습활동 01'에서 제시한 사례를 교육 프로젝트의 수명 주기에 따라 설명해 본다. 이전 장에서 논의한 교수설계 과정과 비교하여 유사점과 차이점을 설명해 본다.

05 교육 프로젝트 설계 논리 모델을 사용하여 수학 성적이 낮은 학습자 문제를 해결하기 위한 프로젝트를 설계해 본다.

> 상황: 수학 수업에서 학생의 60%는 자고 있고, 20%는 교사에게 집중하고, 20%는 휴대폰을 하고 있으며, 교사는 교과서를 읽고 있다.

06 논리 모델과 CIPP 모델의 주요 요인 간의 관계에 대해 설명해 본다. 산출물과 결과의 차이점을 설명해 본다. 이 둘 중 목표 및 목적과 직접적으로 연관된 것은 무엇인가?

1. 서론

오늘날에는 교수 · 학습을 지원하는 자원과 기술이 이용 가능하고 합리적인 비용으로 존재한다. 그러나 이러한 환경 속에서 특정 상황에 가장 적합한 자원을 선택하는 것은 교수설계자, 교사, 행정가 등에게 점점 더 도전적인 과제가 되어 가고 있다. Spector와 Yuen(2016)에 따르면, 교육공학을 사용하려면, ① 효과적이고 효율적인 설계 · 개발 · 실행이 뒷받침되어야 하며, ② 관련 대상에게 최상의 결과물을 제공해야 한다. 교육공학이 가장 잘 활용되도록 하는 측면에서 교육 프로젝트 설계 및 평가는 교육문제를 다루는 혁신적인 접근 방식을 제공한다.

이 장에서는 교육 프로젝트의 개념과 교육 프로젝트를 설계하는 방법, 그리고 교육 프로젝트를 평가하는 모델을 소개한다. 이 장의 목적은 교육문제를 해결하기 위해 프로젝트 접근 방식을 사용하도록 교수자 역량을 개발하는 데 도움을 주는 것이다.

2. 교육 프로젝트

1) 교육 프로젝트의 정의

대학, 교육부, 교육청에는 많은 연구 또는 개발 프로젝트가 있다. 이는 교육문제를 해결하기 위해 연구자와 교사가 프로젝트 접근법을 사용하는 것이 매우 중요하다는 것을 보여 준다. 프로젝트는 주어진 시간과 예산 내에서 명확하게 설정된 목표를 달성하기 위한 일련의 활동 또는 구조이다(ILO, 2010). 따라서 교육 프로젝트는 목표와 목적, 예산과 시간, 명확한 시작과 끝을 고려해야 한다.

교육 프로젝트란 예산과 자원, 명확한 시작 시점과 지속 기간, 그리고 합리적으로 잘 정의된 목표와 목적이 있는 상태에서 원하는 결과를 가져오기 위한 계획된 노력으로 정의할 수 있다(Spector & Yuen, 2016).

2) 교육 프로젝트의 특징

교육 프로젝트의 정의를 살펴보면, 바람직한 교육 결과, 명확한 시작과 끝, 잘 정의된 목표와 목적 등과 같은 특성을 알 수 있다. 실행 가능성과 지속 가능성을 위해 개발 교육 프로젝트는 그 규모와 범위에 관계없이 다음과 같은 특성을 지향해야 한다(ILO, 2010).

- 프로젝트의 시작점은 특정 집단에 영향을 미치는 문제이다.
- 프로젝트는 처음부터 끝까지 참여 기반 활동으로 이루어진다.
- 잘 정의된 프로젝트는 성과 중심이다.
- 성과 중심 프로젝트는 명확하게 정의된 목표나 결과를 추구하며, 이를 위한 일련의 상호연관되고 조직화된 활동으로 구성된다.
- 문제가 프로젝트의 시작점이라면 목표는 종착점이다.
- 프로젝트 실행은 정해진 예산, 제한된 자원, 그리고 정해진 마감 기한 내에서 이루어진다.
- 각 프로젝트는 고유한 관리 체계가 있다.
- 각 프로젝트는 모니터링 및 평가 시스템을 포함한다.
- 프로젝트는 사회적 · 재무적 · 제도적 · 환경적 차원에서 지속 가능해야 한다.
- 마지막으로, 각 프로젝트는 고유한 특징이 있다.

3) 교육 프로젝트의 수명 주기

모든 프로젝트는 일련의 단계를 따라야 하며, 문제가 확인되기 전에 과정을 시작하여 문제가 해결될 때까지 진행해야 한다. 이러한 일련의 단계를 프로젝트의 수명 주기라고 한다([그림 10-1] 참조). 프로젝트 수명 주기에는 일반적으로, ① 각 단계 또는 하위 단계에서 완료되는 작업, ② 정의된 각 단계를 담당하는 팀(Prabhakar, 2009)이 포함된다. [그림 10-1]은 앞 장에서 제시한 교육설계 모델

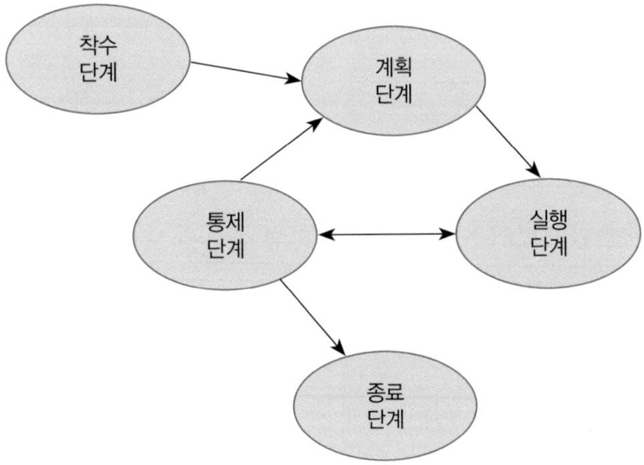

[그림 10-1] 교육 프로젝트의 수명 주기

과 유사한 전형적인 프로젝트 주기를 보여 준다.

(1) 착수 단계

착수 단계에서는 프로젝트의 성격과 범위가 결정된다. 주요 목적은 측정 가능한 목표, 현황에 대한 검토, 이해관계자(사용자, 프로젝트 지원 담당자) 의견 분석을 통해 프로젝트의 상황을 이해하는 것이다.

(2) 계획 단계

착수 단계 이후 프로젝트는 적절한 수준의 세부 내용으로 계획된다. 주요 목적은 시간, 비용, 자원을 적절하게 계획하여 필요한 작업을 추정하고 프로젝트 실행 중에 효과적으로 리스크를 관리하는 것이다. 계획은 프로젝트 진행 내내 지속되는 노력이다.

(3) 실행 단계

실행 단계에서는 계획 단계에서 준비한 프로젝트 관리 계획이 적절하게 실행되는지 확인한다. 이 과정에는 적절한 인적 자원, 재정적 자원 및 시간 할당이 포함된다. 이 과정의 결과물은 프로젝트 결과물이다.

(4) 통제 단계

프로젝트 성과를 정기적으로 모니터링하고 측정하여 계획 대비 결과를 파악해야 한다. 통제 단계에서는 정기적으로 진행 상황을 모니터링하고 측정하여 결과를 파악하고, 필요할 때 수정 조치를 취함으로써 프로젝트 목표를 달성할 수 있도록 한다. 통제 단계에서는 발생 가능한 문제를 예상하여 선제적 조치를 취하는 것도 포함된다.

(5) 종료 단계

이는 일반적으로 프로젝트가 끝날 때 계획한 성과를 달성했는지 확인하기 위해 실시한다. 프로젝트를 통해 학습한 내용은 정리하여 향후 협력적 개발 전략 및 프로젝트에 다시 적용하거나 확장하여 통합할 수 있도록 한다.

3. 교육 프로젝트 설계

1) 논리 모델

교육 프로젝트를 계획할 때는 노력에 대한 묘사, 상황의 속성, 특정 해결책 선택, 구체적인 결과에 대한 기대를 설명하기 위해 텍스트와 함께 시각적 제시가 필요하다. 이러한 시각적 표현은 논리 모델(logic model)이라고 한다. 교육 프로젝트를 설계할 때는 어떤 문제를 해결하고, 어떤 노력을 기울이고, 어떤 결과를 얻을 수 있는지 알아야 한다. 즉, 목표, 투입 요소, 산출물, 결과에 대해 명확히 알아야 한다([그림 10-2] 참조).

[그림 10-2] 기본 논리 모델

2) 목표

프로젝트에는 명확한 목표와 목적 그리고 시작과 끝이 있다. 프로젝트의 시작은 대개 문제를 분석하고 목표를 설정하는 것에서 출발한다. 목표는 대개 문제적 상황에서 도출된다. 따라서 가장 먼저 해야 할 일은 문제 분석이다.

모든 프로젝트의 궁극적인 목표는 해결이다. 문제 분석을 통해 기존 상황의 부정적인 측면을 파악하고 상황에 내재된 문제의 근본 원인들 사이에 인과 관계를 규명할 수 있다. 하지만 모든 부정적인 측면이 문제인 것은 아니다. 각 문제에는 증상(symptom)이 존재한다. 소위 증상이라고 불리는 것은 특정 상황, 과정, 감정, 또는 기타 현상이나 상황에서 나타나는 징후를 의미한다. 어떤 사람이 감기나 과로로 인해 두통이 생겼다고 가정하자. 여기서 두통은 증상이고, 두통의 원인인 감기나 과로는 문제(problem)에 해당한다. 증상은 문제의 징후 또는 표시로 볼 수 있다. Spector와 Yuan(2016)은 단순화한 문제 분석 과정을 [그림 10-3]과 같이 설명하였다.

- 1단계: 문제의 증상을 설명하기 위해 모든 사실과 가용한 데이터를 사용한다. 가장 중요한 문제 증상을 선택하고 다음과 같이 질문한다. 무슨 일이 일

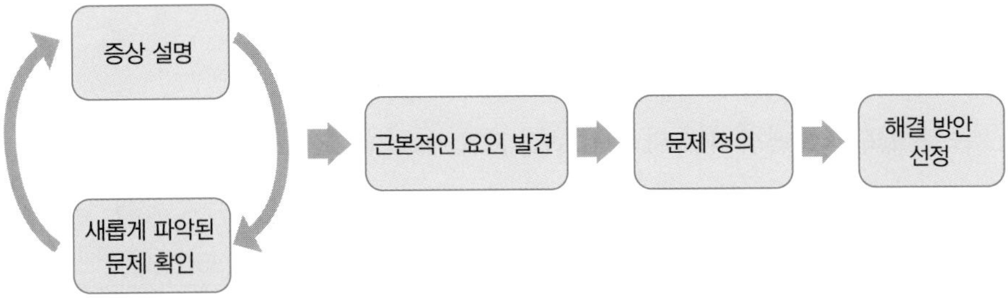

[그림 10-3] 문제 분석 과정

어났는가? 무슨 일이 벌어지고 있는가? 구체적인 증상은 무엇인가? 왜 이런 일이 발생하는가?

- **2단계**: 드러나는 패턴이 있는지 파악한다. 설명이 가능한 내용을 기록하고 정리하여 다음과 같이 질문한다. 문제가 있다는 것을 증명하기 위한 증거는 무엇인가? 문제가 미치는 영향은 무엇인가?
- **3단계**: 일부 기본적인 인과 관계 요인으로 수렴할 때까지 1단계와 2단계를 반복한다. 체제적인 해석을 염두에 두고 다음과 같이 질문한다. 어떤 일련의 사건이 문제를 유발했는가? 어떤 조건이 문제를 발생시켰는가? 핵심 문제 발생과 관련한 주변의 다른 쟁점은 무엇인가?
- **4단계**: 근본 원인을 통해 문제를 정의한다. 정정이 필요한 상황을 만드는 시스템 구조 관계를 확인하고 다음과 같이 질문한다. 요인은 왜 존재하는가? 문제의 근본 원인은 무엇인가?
- **5단계**: 문제를 발생시키는 시스템 관계를 변화시키기 위한 활동을 결정한다. 해결책 실행을 제안하고 다음과 같이 질문한다. 해결책은 어떻게 달성할 것인가? 누구가 책임을 질 것인가? 해결책을 실행할 때 어떤 위험이 따르는가?

문제가 확인되면, 목표나 목적도 분명해진다. 목표나 목적은 문제가 해결된 이후의 미래 상태로 생각할 수 있다. 부정적인 상황은 해결책과 목표의 긍정적인 성과로 전환되어 표현된다.

3) 투입 요소

프로젝트를 실행하려면 다양한 투입 요소가 필요하다. 투입 요소에는 일반적으로 필요한 자원과 확보된 자원, 개발된 교육자료, 제공된 교육, 품질 검토 결과 및 소규모 현장 테스트 결과 등이 포함된다(Spector & Yuan, 2016).

자원(투입) 계획은 프로젝트 실행에 필요한 모든 자료와 자원을 제시하는 데

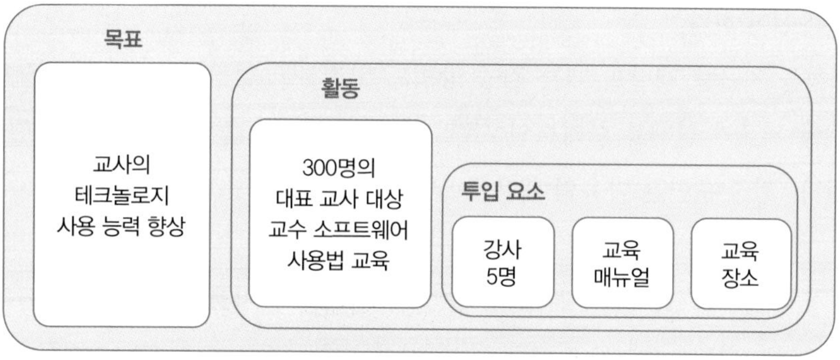

[그림 10-4] 자원 계획 예시

도움을 준다. 여기에는 구성원, 장비 및 자재, 예산에 대한 요구사항이 명시되며, 필요한 자원에 대한 비용이 산출된다. 자원 계획에는 인력, 사무실 건물 또는 시설, 장비 및 자료, 서비스(특수 계약 물자, 교육 워크숍, 기타 투입 요소)와 같은 모든 투입 요소에 대한 요구사항과 비용이 포함된다(ILO, 2010).

자원(투입) 계획은 특정 활동과 행동에 맞게 세분화되어야 한다. 각 활동에 필요한 투입 자원 목록을 작성하고 이를 범주별로 통합하여 전체 프로젝트 자원 계획을 구성할 수 있다(ILO, 2010). [그림 10-4]는 자원 계획의 예시를 보여 준다.

4) 산출물

프로젝트의 목표를 달성하기 위해서는 다양한 활동이나 조치가 체계적으로 준비되어 있어야 한다. 산출물은 이러한 활동의 결과물이다. 산출물은, ① 프로젝트에 의해 산출되어야 하고, ② 공급자 중심이 아닌 수요자 중심이어야 하며, ③ 확인 가능한 용어로 명시되어야 하고, ④ 가용 예산 안에서 실현 가능해야 한다(ILO, 2010).

산출물은 측정 가능한 지표를 설정함으로써 달성할 수 있다. 지표는 (프로젝트 목표 및 결과물과 관련하여) 진전이 있었는지 그 정도에 대해 객관적으로 측정할 수 있는 척도이다. 성과 지표는 일반적으로 산출물 수준이어야 한다(ILO, 2010). 그리고 산출물 지표는 활동 내용을 요약한 것이 아니라 활동에 대한 측정 가능한 결과여야 한다.

산출물 지표를 개발할 때는 검증 방법도 고려하고 설정해야 한다. 이렇게 해야 해당 지표가 실제로 합리적인 시간, 비용, 노력으로 측정할 수 있는지 검증할 수 있다. 검증 수단은 다음의 내용을 명시해야 한다(ILO, 2010).

- 정보(예: 비디오 기록, 설문조사, 관찰)와 문서화된 자료(예: 최종 산출물)를 수집하는 방법
- 정보를 수집/제공해야 하는 대상(예: 지역 공무원, 조사팀, 프로젝트 관리팀)
- 정보를 수집해야 하는 시기(예: 월별, 분기별, 연간)

5) 결과

결과는 단기 · 중기 · 장기 결과로 나뉜다. 중단기 결과는 일반적으로 노력하는 목표 또는 노력의 동기가 되는 특정 문제 상황과 직접적으로 연결되어 있다(Spector & Yuan, 2016). 예를 들어, 많은 고등학생이 학업을 지속하기 위해 대학에 진학하지 않는 것이 문제라고 가정해 보자. 이런 경우 중단기적 결과는 등록률을 단기적으로는 15%까지, 중기적으로는 30%까지 높이는 것이다.

중단기 성과에서 강조해야 할 두 가지 사항이 있다. 첫째, 중단기 결과는 문제 상황과 노력의 목표에 직접적이고 명확하게 연결되어야 한다. 둘째, 중단기 결과는 산출물처럼 측정할 수 있어야 한다(Spector & Yuan, 2016).

그러나 장기적 결과는 여러 가지 이유로 측정이 불가능한 경우가 많다(Spector & Yuan, 2016). 교육분야에서 장기적인 성과는 국가 인력의 질 향상, 특정 분야의 취업률 또는 대학원 진학률 향상과 같이 학교나 사회에 긍정적인 영향을 미칠 수 있으나 이러한 장기적인 결과를 측정하는 것은 가능한 노력의 범위를 초과하는 경우가 많다(Spector & Yuan, 2016).

6) 대표 논리 모델

이 장에서 제시된 아이디어 중 일부는 많은 독자에게 생소할 것이다. 교육 프로젝트의 설계, 개발, 실행을 안내하기 위한 논리 모델 개발을 보다 쉽게 이해할 수 있도록 실제 사례를 다음과 같이 간략하게 소개한다. 이 사례는 40여 개의 학교와 약 50,000명의 학생이 속한 대형 학군에서 진행된 다년간의 프로젝트로, 학군 전체에 컴퓨팅 인프라를 구축하여 개별화된 학습과 적응형 학습을 구현하고자 했던 시도이다. 이는 행정가, 직원, 교사, 학생, 학부모 등 다양한 이해관계자가 관련된 매우 큰 규모의 프로젝트였다. 프로젝트 초기에는 주요 행정가들과 많은 교사가 높은 열의를 보였다. 그러나 이 프로젝트의 성공을 위해서는 결국 모든 교사가 핵심 실행자로 참여해야 했기에, 교사를 위한 일련의 교육훈련과 강력하고 지속적인 지원이 강조되었다.

또한 일부 교사들이 급격한 변화에 저항할 가능성이 있다고 예측되었다. 따라서 모든 교사의 지지를 얻기 위해 첫해에는 교사들이 기존 컴퓨터 시스템(주로 학습자 정보 시스템과 관련된 문제)에 대해 우려하는 사항을 해결하는 데 주력하였다. 구체적인 예로는 시스템에 대한 다중 로그인 요구, 학습자 데이터 중복 입력 등이 있었는데, 교사들의 전폭적인 지원을 이끌어 내기 위해 이러한 사항들을 우선적으로 보고하고 해결하였다. 이는 향후 교육활동에 영향을 미칠 후속 노력(이전에는 장애 학습자에게만 요구되었던 개별 학습계획을 모든 학습자에게 적용하는 작업)을 위한 광범위한 지지를 확보하기 위한 첫 단계였다. 이러한 새로운 일들을 최대한 자동화하고 지원하기 위해 특별한 주의를 기울였으며, 교사가 정보 전달자에서 개별 학습자의 이해를 돕는 코치로 변화하는 새로운 역할에 적응할 수 있도록 지원하였다.

일반적인 논리 모델과 앞에서 설명한 프로젝트를 위해 개발된 실제 논리 모델이 [그림 10-5]와 [그림 10-6]에 제시되어 있다.

논리 모델은 교육 프로젝트에서 진행되는 내용을 묘사하기 위한 것이지만, 이 모델은 노력을 정당화하는 근거를 설명하는 변화 이론으로 보완된다. 간단한 예로, 어린 학습자들이 식물의 분류 방법을 이해하도록 돕기 위해 개발된 게임을 가정해 보자. 문제 상황에 대한 초기 분석에서는 학습자들이 이 주제를 지루하게 생각하고 다양한 예시를 분류하는 연습에 충분한 시간을 할애하지 않는다는 점이 드러났을 수 있다. 연구에 따르면, 학습과제에 소요되는 시간과 시기적절하고 유익한 피드백은 학습성과를 향상시키는 경향이 있다. 게임은 학습자를 몰입하게 하여 더 많은 시간을 연습에 할애하도록 하며, 즉각적인 피드백을 제공한다. 이러한 근거는 변화 이론의 일부가 되어 동기 부여에서 시작해 더 많은 학습시간, 더 많은 피드백이 학습성과 향상으로 이어지는 연쇄 효과를 형성한다.

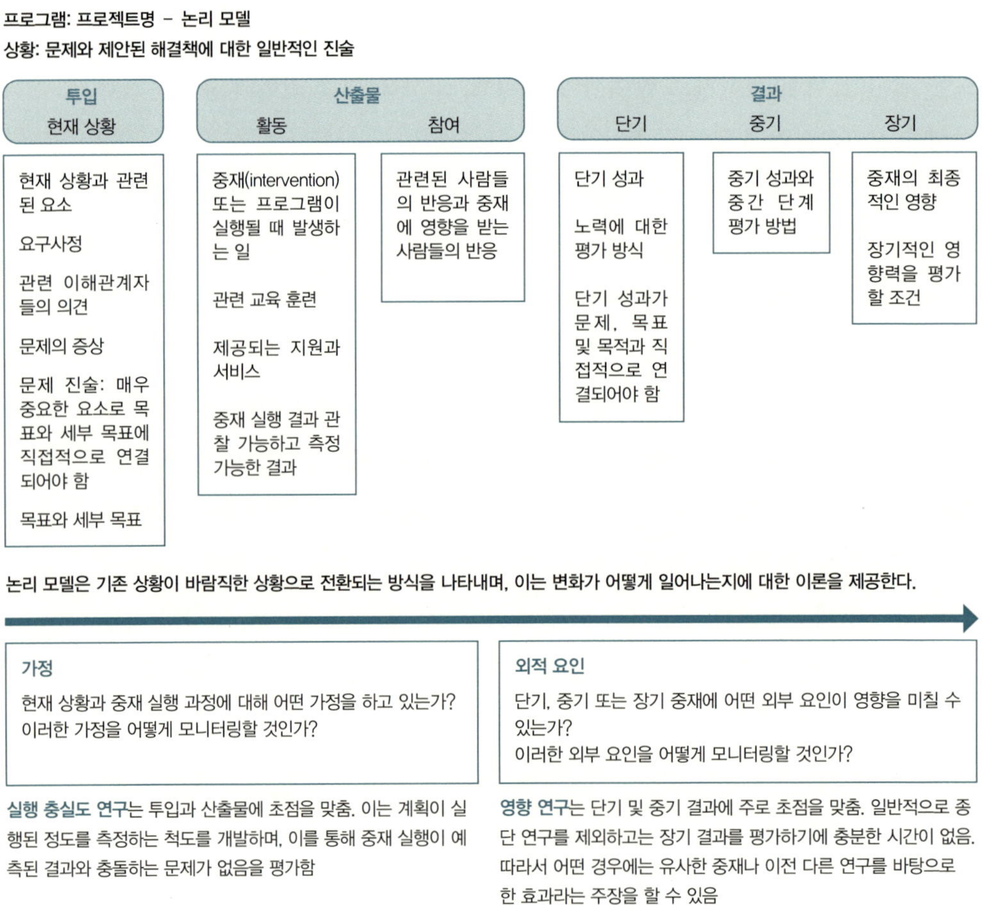

[그림 10-5] 일반적인 논리 모델

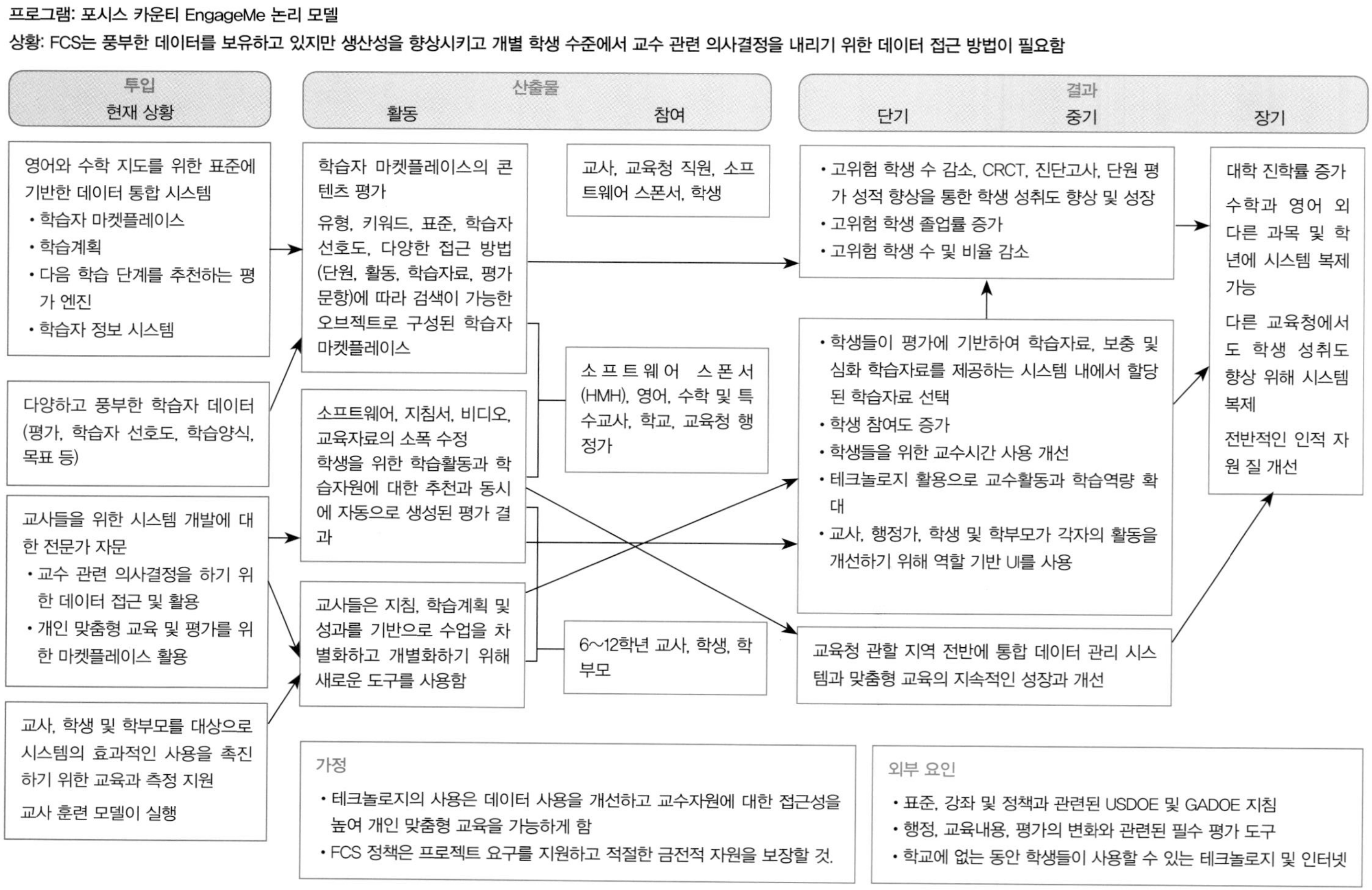

[그림 10–6] 대규모 프로젝트를 위한 실제 논리 모델

4. 교육 프로젝트 평가

교육 프로젝트 평가의 목적은 완료된 프로젝트에 대한 종합적인 사정으로 프로젝트가 목표를 달성하는 데 있어 관련성, 효과성, 효율성, 영향력, 지속 가능성을 판단하는 것이다(ILO, 2010).

논리적 프레임워크에 따르면, 평가는 상황(Context) 평가, 투입(Input) 평가, 과정(Process) 평가, 산출(Product) 평가와 같이 네 가지 측면으로 이루어지는데, 이 평가 모델은 Daniel Stufflebeam과 동료들에 의해 개발된 CIPP 평가 모델이다(Stufflebeam, 1971).

〈표 10-1〉 CIPP 평가 모델

	상황(C)	투입(I)	과정(P)	산출(P)
설명하기	시스템 변수와 값	문제 정의 설계 기준 제약사항	절차 결정 시점 주요 단계 장애물	효과성 기준
획득하기	성과 및 판정 날짜	전략 식별 및 분석	절차 모니터링	1차, 2차, 3차 효과
제공하기	요구사항, 기회, 문제에 대한 개요	문제에 따른 전략	과정 공유 예외사항 공유	프로젝트 성과 및 영향력에 대한 설명

CIPP 평가 모델은 〈표 10-1〉에 제시된 것과 같이 두 가지 주요 차원이 있다. 수직적 차원에는 평가 과정의 세 가지 단계인 설명하기, 획득하기, 제공하기가 포함된다. 설명하기는 답변이 필요한 질문과 수집해야 할 정보를 명확하게 정의하는 것을 의미한다. 획득하기는 관련 정보를 수집하는 것을 의미한다. 제공하기는 의사결정권자들이 정보를 활용해 의사결정을 내리고, 이를 통해 현재 계획을 개선할 수 있도록 정보를 제공하는 과정을 의미한다. 수평적 차원은 상황, 투입, 과정, 산출 평가를 포함한다(Stufflebeam, 1971, 2003).

상황 평가는 시스템의 각 수준에서 개선 지향적인 목표를 계획할 수 있도록 전체 시스템의 강점과 약점에 대한 정보를 제공한다(Stufflebeam, 2003). 이 평가의 내용은 주로 관련 환경에 대한 이해, 특정 문제 진단, 교육요구 분석, 요구사항 결정, 프로젝트 목표 설정 등의 내용이 포함된다.

투입 평가는 주어진 목표를 달성하기 위해 선택되거나 구조화될 수 있는 대안적 전략의 강점과 약점에 대한 정보를 제공한다(Stufflebeam, 2003). 투입 평가에는 교육자원 정보 수집, 교육훈련 자원 평가, 교육훈련 목표를 달성하기 위해 기존 자원을 효과적으로 사용하는 방법 결정, 프로젝트 계획 및 설계를 위한 전반적인 전략에 외부 자원을 필요로 하는지 판단하는 과정을 포함한다.

과정 평가는 실제 실행 조건에서 선택된 전략의 강점과 약점에 대한 정보를 제공하여 전략 또는 그 실행 과정을 강화할 수 있도록 한다(Stufflebeam, 2003). 과정 평가의 목적은 프로젝트의 실행 과정을 지속적으로 수정하거나 개선하기 위한 정보를 피드백으로 제공하는 데 있다. 과정 평가는 주로 실행 과정의 실패 원인에 대한 통찰 제공, 잠재적 실패를 제거하기 위한 제안, 실패를 초래하는 불리한 요인 분석, 불리한 요인을 극복하기 위한 방법과 같은 방식을 통해 이루어진다.

산출 평가는 프로젝트의 목적이나 목표가 달성되었는지 판단하고, 이를 달성하기 위해 사용된 변화 절차를 지속할 것인지, 수정할 것인지, 중단할 것인지를 결정하는 데 필요한 정보를 제공한다(Stufflebeam, 2003). 산출 평가의 주요 과제는 프로젝트 활동을 통해 달성된 목표를 측정하고 설명(해석)하는 것이다.

평가는 지표를 기반으로 프로젝트의 실행 과정과 프로젝트가 목표에 기여하는 방식을 중점적으로 다룬다. 평가는 프로젝트 주기의 마지막 단계이지만 프로젝트의 끝을 의미하지 않는다. 실제로 평가 결과를 통해 이해관계자들이 향후 의사결정 및 프로젝트 식별에 도움이 되는 교훈을 도출하기 때문에 새로운 계획 과정의 출발점으로 간주된다(ILO, 2010).

핵심 내용

1. 교육 프로젝트는 원하는 교육적 성과를 달성하기 위해 계획된 일련의 노력을 의미하며, 예산, 자원, 명확한 시작 시점과 정해진 기간, 그리고 잘 정의된 목표와 세부 목표를 포함한다.
2. 모든 프로젝트는 일련의 단계를 따라야 하며, 이는 문제가 파악되는 순간부터 해결에 이르기까지의 과정을 안내한다. 이러한 일련의 과정은 프로젝트 수명 주기로 알려져 있으며, 착수, 계획, 실행, 통제 과정을 포함한다.
3. 설계 단계의 첫 번째 단계는 프로젝트의 목표를 파악하는 것이다. 이때 사용되는 방법론을 상황 분석이라고 한다. 결과 중심 프로젝트를 준비하려면, ① 문제 분석, ② 목표 분석이 수행되어야 한다.
4. 논리 모델의 일반적인 구조는, ① 현재 상황의 주요 측면, ② 노력에 수반되는 활동(투입), ③ 해당 활동으로 부터 기대되는 예상 결과(산출물), ④ 그 결과 얻을 단기 · 중기 · 장기적 성과와 같다.
5. CIPP 평가 모델에는 두 가지 주요 차원이 포함된다. 수직적 차원은 평가과정의 세 단계인 설명하기, 획득하기, 제공하기를 포함하며, 수평적 차원은 상황(C), 투입(I), 과정(P), 산출(P)을 포함한다. CIPP 평가 모델은 답이 필요한 질문과 수집되어야 할 정보를 설명하고, 관련 정보를 획득하고, 의사결정권자에게 정보를 제공한다.

학습자료

- The USA National Science Foundation Evaluation Center (EvaluATE) focused on advanced technological education: http://www.evalu-ate.org/
- Elsevier's Studies in Educational Evaluation Journal: http://www.journals.elsevier.com/studies-in-educational-evaluation/ 참조
- Elsevier's Evaluation and Program Planning Journal: http://www.journals.elsevier.com/evaluation-and-program-planning/ 참조
- Springer's Educational Assessment, Evaluation and Accountability Journal: http://www.springer.com/education+%26+language/Journal/11092 참조

- Sage's Educational Evaluation and Policy Analysis Journal: http://epa.sagepub.com/ 참조
- Taylor & Francis/Routledge's Educational Research and Evaluation Journal: http://www.tandfonline.com/toc/nere20/current 참조
- The independent Practical Assessment, Research & Evaluation open, online Journal: http://pareonline.net/ 참조

참고문헌

ILO. (2010). *Project design manual, a step-by-step tool to support the development of cooperatives and other forms of self-help organizations*. Retrieved from http://www.ilo.org/public/english/employment/ent/coop/africa/download/coopafricaprojectdesignmanual.pdf

Prabhakar, G. P. (2009). Projects and their management: A literature review. *International Journal of Biometrics, 3*(8), 3-9.

Spector, J. M., & Yuen, A. H. K. (2016). *Educational technology program and project evaluation*. Routledge.

Stufflebeam, D. L. (1971). The relevance of the CIPP evaluation model for educational accountability. *Journal of Research and Development in Education, 5*(1), 19-25.

Stufflebeam, D. L. (2003). The CIPP model for evaluation. In T. Kellaghan & D. L. Stufflebeam (Eds.), *International handbook of educational evaluation* (pp. 31-62). Springer Netherlands. Retrieved from https://doi.org/10.1007/978-94-010-0309-4_4

제11장

설계 기반 연구

학습내용

- 설계 기반 연구의 특징
- 설계 기반 연구의 절차
- 설계 기반 연구와 전통적 실증 연구 방법

학습목표

- 설계 기반 연구의 특성을 명확히 설명할 수 있다.
- 설계 기반 연구를 사용하여 연구 절차를 설계할 수 있다.
- 설계 기반 연구와 전통적 실증 연구 방법의 차이점을 도출할 수 있다.

학습활동

01 교육공학 분야에서 설계 기반 연구를 수행해야 하는 시점과 설계 기반 연구를 수행하는 방법에 대해 생각해 본다. 특정 테크놀로지 기반 구현이라는 맥락에서 이러한 노력을 구체적으로 생각해 본다.

02 설계 기반 연구의 특성과 연구 절차를 학습한 후, 설계 기반 연구의 주요 단계를 연결하는 관계를 시각적으로 표현한 마인드맵을 그려 본다. 설계 기반 연구와 전통적 예측 연구 방법의 차이점에 대해 동료 학습자들과 논의해 본다. 교육공학 연구를 수행할 때 어떤 방법을 선택할 것이며, 그 이유는 무엇인지 생각해 본다.

1. 서론

교육연구는 크게 두 가지 유형으로 나눌 수 있다. 첫째, 기초 연구(basic research)로, 학문적 탐구를 중심으로 하는 연구 접근 방식이라고도 한다. 둘째, 응용 연구 또는 계약 연구(contract research)로 실제 현장의 문제 해결이나 정책 개발과 같은 실천적 연구 방식이다. 이 두 가지 연구 유형은 서로 목적이 상이하며, 이는 연구의 특성과 절차 전반에 영향을 준다.

교육연구의 기반은 과학적인 방법에 있다. 과학적 방법은 명확한 연구 문제를 설정하고 교수·학습 과정에 대한 정보를 체계적으로 탐색하기 위하여 변수를 조작한다. 이러한 연구 시나리오에서 연구자는 질문에 대한 답을 하기 위해 특별히 수집된 데이터를 분석한다. 과학적 방법에서 사용되는 두 가지 주요 데이터 유형은 정성적 데이터와 정량적 데이터이다.

질적 연구는 본질적으로 서술적인 데이터를 사용한다. 교육연구자가 정성적 데이터를 수집하는 데 사용하는 도구에는 관찰, 인터뷰, 문헌 분석, 참여자가 생성한 자료(저널, 일기, 이미지 또는 블로그) 분석 등이 있다. 양적 연구는 정량적 데이터를 기반으로 하며, 숫자가 현실을 설명한다는 가정에 기초한다. 통계는 변수 간의 관계를 찾기 위해 종종 적용된다. 양적 연구와 질적 연구 모두 전통적인 과학적 접근 방식과 일치하며, 이는 실행 및 학습결과와 관련된 변인과 요인 간의 관계를 밝히는 것을 목표로 한다.

최근 학습 및 교육연구에서 설계의 요소는 더욱 주목받고 있다. 전통적으로 다루어진 요소 중 하나는 특정 접근 방식이나 설계가 결과에 기여하거나 방해한 정도이다. 이전에는 이러한 측면이 형성평가를 통해 이루어졌다. 그러나 최근에는 설계 과정 자체의 품질에 대한 면밀한 검토가 이루어지고 있다. 설계 기반 연구와 설계 방법론은 교육공학 연구와 교육적 산출물 개발에서 점점 더 중요해지고 있다. 다음 절에서는 설계 기반 연구에 대해 자세히 소개한다.

2. 설계 기반 연구의 개념

설계 기반 연구(Design-Based Research: DBR)는 Brown(1992)과 Collins(1992)의 논문에서 설계 실험(design experiments)으로 제안되었으며, 현재 설계 기반 연구는 학습 과학 분야의 연구자들이 일반적으로 사용하는 연구 방법론의 한 유형이다. 설계 기반 연구는 혁신적인 아이디어의 기획과 실행에 대한 체제적인 접근 방식을 제공하며, 실무자와의 지속적인 협업을 통한 설계에 대한 반복적 접근법을 강조한다. 설계 기반 연구는 형성평가 연구를 넘어서는 접근 방식으로, 테크놀로지 기반 학습이 발전함에 따라 설계와 관련한 의사결정의 근거와 설계의 변화에 중점을 둔다(Spector & Yuen, 2016).

교육설계 연구를 통해 도출된 해결책은 교육제품(예: 다중 사용자 가상 세계 학습게임), 과정(예: 온라인 강좌에서 학습지원 전략), 프로그램(예: 교사가 보다 효과적인 질문 전략을 개발하도록 돕는 일련의 워크숍) 또는 정책(예: 연중 무휴 학제)이 될 수 있다. 연구자들은 중요한 현실 세계의 문제를 해결하는 동시에 유사한 문제에 직면한 다른 이들의 연구에 도움이 될 수 있는 새로운 지식을 발견하고자 한다(Spector & Yuen, 2016).

설계 기반 연구 방법 내에서 중재(intervention)는 반복적으로 설계되고 시행되는데, 이는 기존 이론의 생태학적 타당성을 검증하고 학습, 교수, 설계 과정 및 교육개혁을 개념화하기 위한 새로운 이론과 모델을 생성한다.

3. 설계 기반 연구의 주요 특징

설계 기반 연구는 실용적, 근거 기반, 중재적, 반복적, 협력적, 적응적, 이론 지향적이라는 특징을 보인다(Cobb et al., 2003).

- **실용적(pragmatic)**: 설계 기반 연구는 실제 문제를 해결하기 위해 유용한 지

식과 적용 가능한 해결책을 도출하는데 데 초점을 둔다.

- **근거 기반(grounded)**: 설계 기반 연구는 이론과 실증적 연구 결과를 활용하여 실무에 가이드를 제공할 수 있는 지혜를 생성한다.
- **중재적(interventionist)**: 설계 기반 연구는 특정 교육적 맥락에서 의도적인 변화를 일으키기 위해 수행된다.
- **반복적(iterative)**: 설계 기반 연구는 설계, 개발, 테스트 및 수정이라는 여러 순환 주기를 통해 진화한다.
- **협력적(collaborative)**: 설계 기반 연구는 연구자와 실무자를 포함한 내용 전문가, 소프트웨어 프로그래머, 퍼실리테이터 등 여러 전문 분야의 파트너십이 요구된다.
- **적응적(adaptive)**: 중재 디자인과 연구 설계는 진행 도중 떠오른 인사이트에 따라 수정되는 경우가 많다.
- **이론 지향적(theory-oriented)**: 설계 기반 연구는 설계를 이론에 기반을 두고, 설계와 개발 작업을 통해 폭넓은 과학적 이해에 기여한다.

4. 설계 기반 연구 절차

설계 기반 연구의 절차는 반복적일 뿐만 아니라 유연하다(Kelly et al., 2008). 대부분의 모델과 프레임워크에서 여러 활동 단계가 명확히 나타나지만, 모든 모델은 유연하다. [그림 11-1]은 설계 기반 연구를 수행하기 위한 일반적인 모델을 보여 주며, 여기에는 다음과 같은 특징이 포함되어 있다(McKenney & Reeves, 2012).

- **유연하고 반복적인 구조에서 세 가지 핵심 단계**: 분석, 설계, 평가
- **이론과 실무 모두를 중점적으로 다룸**: 통합된 연구와 설계 과정이자 이론적 · 실천적 결과물

- **실용적 영감(use-inspired)**: 실행 및 확산을 위한 계획, 실제와 상호작용, 맥락에 맞는 적응성

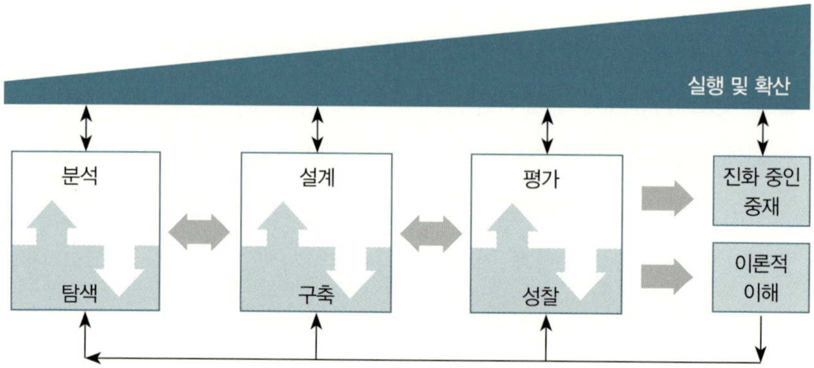

[그림 11-1] 설계 기반 연구를 수행하기 위한 일반적인 모델
출처: McKenney와 Reeves(2012)에서 수정.

1) 분석 및 탐색

설계 기반 연구의 첫 번째 단계는 문제 발견과 진단을 포함하는 분석 및 탐색이다. Bannan-Ritland(2003)가 언급했듯이, "설계 기반 연구의 첫 번째 단계는 문제 식별, 문헌 조사, 문제 정의와 같은 필수적인 연구 단계에 뿌리를 두고 있다"(p. 22). 따라서 설계 연구의 탐색적 성격에 따라 다루는 질문은 본질적으로 개방적이어야 한다. 이 단계에서는 연구자와 실무자와의 협의를 통해 문제가 정의되고, 연구 질문이 분석되고, 문헌 검토가 수행된다.

이 단계의 주요 결과물은 실용적이면서도 이론적이다. 실용적인 관점에서 이 단계에서는 문제와 그 원인에 대한 명확한 이해가 이루어지고 장기적인 목표가 구체화된다. 또한 기회와 제약적 조건을 탐색함으로써 부분 설계 요구사항이 결정되며, 상황적 통찰을 바탕으로 초기 설계 가설이 도출된다.

이론적 관점에서 이 단계는 특정 맥락에서 나타나는 문제 유형에 대한 서술적이고 분석적인 이해를 제공한다.

2) 설계 및 구축

두 번째 단계는 설계 및 구축 단계로, 문제에 대한 잠정적 해결책에 도달하기 위해 일관된 절차를 따르고 그 과정을 문서화하는 단계이다. 연구적 추론체계에 기반하여 실증적 단계를 따르는 다른 두 주요 단계와 달리, 설계와 구축의 미시적 단계는 개념 모델을 창조하는(검증이 아닌) 과정과 유사하다.

설계는 문제에 대한 잠재적인 해결책을 탐색하고, 중재 설계를 이끌어 갈 초안을 구체화하는 것을 말한다. 구축은 설계 아이디어를 도출하고 이를 실제 솔루션으로 구현하는 데 적용하는 과정을 의미한다. 이러한 과정은 일반적으로 원하는 솔루션에 대한 안(案)이 연속적으로 만들어지는 프로토타이핑 접근법을 통해 이루어진다.

이 단계의 결과물은 연구 제안서로, 제안된 해결 방안의 중재 방법, 실행, 평가에 대한 세부사항을 포함하며, 이는 연구의 자료 수집과 분석 단계의 대부분을 차지한다.

실천적 관점에서 중재는 현실적 맥락에서 구상되고 구현된다. 이론적 관점에서 설계를 뒷받침하는 이론적 틀과 설계 결정에 대한 정당성이 명확히 서술된다.

3) 평가 및 성찰

세 번째 단계는 평가 및 성찰이다. 평가는 설계 또는 구성된 중재(즉, 초기, 부분적, 또는 최종 형태의 설계)를 대상으로 실시하는 실증적 점검을 의미한다.

성찰은 이론적 토대를 마련하기 위해 연구와 개발에서 얻은 결과(이론 투입, 실증적 결과, 주관적 반응)를 적극적이고 심도 있게 고려하는 것을 포함한다. 성찰은 체계적이고 유기적인 접근 방식을 결합할 때 가장 큰 효과를 발휘한다.

실증적 연구 결과와 비판적 성찰의 결과는 설계 문서(설계 프레임워크)에 반영되고 실제 중재(또는 프로토타입)에 적용된다. McKenney와 Reeves(2012)는 〈표

〈표 11-1〉 설계 기반 연구의 3단계 요소와 결과

설계 기반 연구의 단계	요소	결과
1단계: 분석 및 탐색	문제 진술 • 연구자와 실무자 상담 • 연구 문제 분석 • 문헌 검토	• 문제 진술, 개요, 근거, 배경 • 연구 문제와 검토
2단계: 설계 및 구축	해결책 프레임워크 • 중재 설계를 안내하는 원리 초안 개발 • 제안된 중재에 대한 설명 • 설계 원리 중재 실행 • 참가자 • 자료 수집 • 자료 분석	• 설계 원리 • 설계된 중재 • 중재 프로그램
3단계: 평가 및 성찰	• 평가 • 비판적 성찰 • 산출물 개선 • 중재 개선 • 전문성 개발	• 완성도 높은 중재 • 이론적 이해

11-1〉과 같이 설계 기반 연구의 세 단계 요소와 결과를 묘사하였다.

4) 실제와 상호작용: 실행 및 확산

세 가지 핵심 절차(분석 및 탐색, 설계 및 구축, 평가 및 성찰)는 중재의 실행 및 확산을 통해 실제와 상호작용한다.

연구자와 실무자는 분석과 탐색의 초기 단계부터 공동으로 예측하고 계획한다. 예를 들어, 이상적인 목표를 현실적으로 가능한 평가로 완화하고, 실무자의 우려를 진지하게 받아들이며, 목표 설정 과정에서 내재적 동기와 자연스러운 기회를 파악한다.

이 과정에는 교사, 행정가, 교사 교육자, 평가 기관, 감독 기관, 정책 입안자, 교과서 출판사 등 교육실무와 관련된 다양한 전문가가 포함될 수 있다. 분석 및 탐색 단계에서 이러한 전문가들의 참여는 주로 문제를 명확히 정의하고 설계가 작동해야 하는 제약 조건을 이해하고 형성하는 데 초점을 맞추고 있다.

5) 두 가지 주요 산출물

설계 기반 연구의 일반 모델에는 두 가지 주요 산출물이 존재하는데, 완성도 높은 중재와 이론적 이해이다. 두 산출물은 모두 시간이 지남에 따라 점차 발전하며, 특정 맥락에 더 적합하거나 혹은 더 광범위하게 적용될 수 있다.

중재 자체는 당면한 문제를 해결함으로써 실무에 직접적으로 기여하고 이론적 이해에 간접적으로 기여한다(예: 특정 설계 프레임워크가 구체화됨). 이론적 이해는 (일반적으로 여러 번의) 연구 설계 미시(micro) 또는 중시(meso)를 통해 만들어진다.

실증적 연구 결과와 그로부터 도출된 가설들은 이론을 위한 중요한 기반을 제공하며, 이러한 아이디어가 전문가들 사이에서 공유되고 새로운 중재를 개발하는 데 사용될 수 있으므로 실무에도 간접적으로 기여할 수 있다.

5. 설계 기반 연구와 전통적인 실증 연구

Reeves(2006)는 전통적인 실증적 목표를 지향하는 연구와 개발 목표를 바탕으로 '설계 원리'를 도출하는 연구를 명확히 구분한다([그림 11-2] 참조).

전통적인 실증 연구는 관찰과 이론을 바탕으로 가설을 설정하고, 실험을 통해 이를 검증한다. 이후, 검증 결과를 바탕으로 이론을 정교화하며, 최종적으로 실무자들은 정교화된 이론을 적용한다. 전통적인 실증 연구의 순환 과정은 새로운 가설의 구체화로 이어진다.

설계 기반 연구는 연구자와 실무자가 협력하여 실제 문제를 분석하는 것을 기반으로 한다. 그런 다음 기존의 설계 원리와 신기술을 결합하여 해결책을 개발

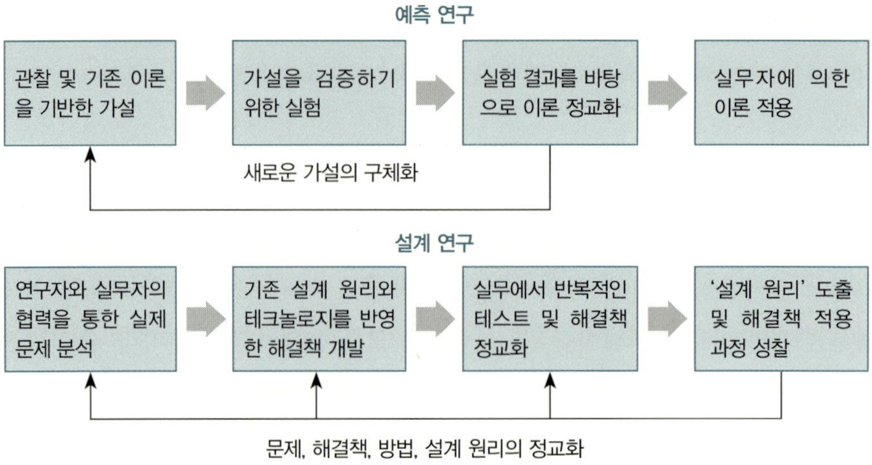

[그림 11-2] 설계 연구와 예측 연구의 차이점

출처: Reeves(2006)에서 수정.

하고 실무에서 반복적으로 해결책을 테스트하고 개선해 나간다. 마지막으로, 설계 원리와 해결책의 적용 과정을 성찰한다. 설계 기반 연구는 가설을 검증하기 위한 것이 아니라 문제, 해결책, 방법, 설계 원리를 정교화하기 위한 것이다.

6. 사례 연구

이 장에서는 교육공학 분야에서 수행된 다양한 교육설계 기반 연구를 설명하기 위해 다양한 연구 보고서를 사용한다.

첫 번째 사례는 Thomas와 동료들(2009)이 미국의 국립과학재단(NSF)과 기타 기관으로부터 상당한 연구비를 지원받아 수행한 연구이다. 그는 변혁적 놀이(transformational play) 이론을 정교화하는 동시에 발전된 형태의 상호작용 학습 게임 개발에 주력하였다. 이 연구는 퀘스트 아틀란티스(Quest Atlantis)라는 3D 다중 사용자 기반 가상 환경을 구현하는 과정에서 발생한 도전 과제와 성공 요인을 다룬 세 개의 질적 연구로 이루어져 있다. 퀘스트 아틀란티스는 Shsha

Barab의 변혁적 놀이 학습이론을 구체화하는 주요 수단으로 사용되며, 반복적인 디자인 기반 연구를 통해 이 이론을 정교화한다.

두 번째 사례는 당시 초임 조교수였던 Klopfer와 Squire(2008)가 마이크로소프트와 기타 기관으로부터 스타트업 자금을 지원받아 진행한 공동 프로젝트이다. 이 프로젝트는 PDA나 스마트폰과 같은 휴대용 장치로 접속할 수 있는 환경과학 학습용 게임을 개발하고 이를 개선하여 학생들의 학습성과를 향상하는 목적으로 다년간 수행되었다. 이 프로젝트는 다양한 학습용 게임을 개발하는 것 외에도 다른 게임 개발자들이 적용할 수 있는 'AR 교육용 게임'이라는 이론적 틀을 개발하고 구체화하는 것을 목표로 하였다. 또한 이 연구는 실제 고등학교 교실에서 수행된 다섯 가지 사례 연구를 바탕으로 반복적인 설계 주기에 초점을 두었다.

세 번째 사례는 Oh(2011)가 박사 과정생 한 명과 실무자 한 명과 함께 수행한 연구로, 대학원 조교 장학금 외에는 별도의 연구비 지원 없이 수행하였다. 이 연구는 두 가지 주요 목표를 지향하였는데, ① 온라인 석사 과정인 '이러닝 평가' 수업에서 협업 그룹 활동을 최적화하고, ② 온라인 과정에서 성인 학습자를 위한 온라인 협업 활동을 지원하는 설계 원리를 도출하고 정교화된 모델을 개발하는 것이었다. Oh는 혼합 연구 방법을 여러 학기에 걸쳐 온라인 강의에 적용하고, 성인 학습자 대상 협력 활동을 지원하기 위한 여러 개의 설계 원리를 도출하였다.

각 사례별로 연구에서 다룬 문제, 연구의 주요 초점, 개발된 중재, 이론적 기여, 사용된 연구 방법, 개입의 범위와 실질적인 기여사항은 〈표 11-2〉와 같다.

〈표 11-2〉 세 가지 사례 비교

	Thomas와 동료들(2009)	Klopfer와 Squire(2008)	Oh(2011)
문제	중학생들이 있는 과학 탐구 활동에 몰입하지 않음	고등학생과 대학생들은 스마트폰과 같은 휴대용 기기를 자주 사용하지만, 학습에는 활용하지 않음	대학원생들의 온라인 학습 과정에서 협업은 형식적이고 비효율적이었음
연구 주요 초점	미국 공립 초등학교에서 테크놀로지를 활용한 교육혁신 적용 사례 조사	환경 과학 교육을 위한 모바일 컴퓨팅의 혁신적 앱 개발	온라인 고등교육 학습환경에서 협업과 학습을 최적화
연구 방법	관찰 인터뷰 설문조사 문헌조사 세 가지 정성적 사례 연구	관찰 인터뷰 포커스 그룹 담화 분석 사례 연구	참여자 관찰 설문지 인터뷰 세 가지 순차적 사례 연구 내러티브
중재	퀘스트 아틀란티스: 3D 기반 멀티플레이어 가상 환경	PDA, 스마트폰과 같은 휴대용 기기에서 작동되는 일련의 게임	실제 과제를 기반으로 하는 온라인 '이러닝 평가' 과정
생성된 지식	변혁적 놀이 이론	'AR 교육용 게임'이라는 이론적 프레임워크	온라인 수업에서 협업 향상을 위한 다양한 설계 원리와 관련 전략
실행 및 확산	이 설계 연구는 10년 이상 진행되었으며, 2010년 기준 퀘스트 아틀란티스는 12개 이상의 국가에서 50,000명의 학생이 사용함	2001년에 시작된 이 설계 연구는 수많은 게임을 보유한 위스콘신대학교의 Game, Learning, and Society의 일부로 포함함	실제 과제를 중심으로 한 대학원 수준의 온라인 과정이 설계되었으며, 협업을 위해 충분한 지원이 제공되었고, 이는 2년 동안 지속되었음

핵심 내용

1. 설계 기반 연구는 혁신을 계획하고 실행하기 위한 체제적 접근 방식으로, 실무자의 지속적인 참여와 협력을 바탕으로 설계의 반복적인 개선을 강조한다.
2. 설계 기반 연구는 실용적, 근거 기반, 중재적, 반복적, 협력적, 적응적, 이론 지향적이라는 특징을 보인다.
3. 설계 기반 연구의 핵심 단계는 분석 및 탐색, 설계 및 구축, 평가 및 성찰이다.

참고문헌

Bannan-Ritland, B. (2003). The role of design in research: The integrative learning design framework. *Educational Researcher, 32*(1), 21-24.

Brown, A. L. (1992). Design experiments: Theoretical and methodological challenges in creating complex interventions in classroom settings. *The Journal of the Learning Sciences, 2*(2), 141-178.

Cobb, P., Confrey, J., diSessa, A., Lehrer, R., & Schauble, L. (2003). Design experiments in educational research. *Educational Researcher, 32*(1), 9-13.

Collins, A. M. (1992). Towards a design science of education. In E. Scanlon & T. O'Shea (Eds.), *New directions in educational technology* (pp. 15-22). Springer.

Kelly, A. E., Lesh, R. A., & Baek, J. Y. (Eds.). (2008). *Handbook of design research methods in education.* Routledge.

Klopfer, E., & Squire, K. (2008). Environmental detectives—The development of an augmented reality platform for environmental simulations. *Educational Technology Research and Development, 56*(2), 203-228.

McKenney, S., & Reeves, T. C. (2012). *Conducting educational design research.* Routledge.

Oh, E. (2011). *Collaborative group work in an online learning environment: A design research study.* (Doctoral dissertation, The University of Georgia). Retrieved from https://getd.libs.uga.edu/pdfs/oh_eunjung_201105_phd.pdf.

Reeves, T. C. (2006). Design research from a technology perspective. In J. van den Akker, K. Gravemeijer, S. McKenney, & N. Nieveen (Eds.), *Educational design research* (pp. 52-66). Routledge.

Spector, J. M., & Yuen, A. H. K. (2016). *Educational technology program and project evaluation.* Routledge.

Thomas, M. K., Barab, S. A., & Tuzun, H. (2009). Developing criticalimplementations of technology-rich innovations: A cross-case study of the implementation of Quest Atlantis. *Journal of Educational Computing Research, 41*(2), 125-153.

제12장

설계 방법론

학습내용

- 설계 방법론의 프레임워크
- 초기 요구 분석
- 대상 사용자 분석
- 이해관계자 분석
- 경쟁자 분석
- 시나리오 분석
- 기능 목록

학습목표

- 설계 방법론을 구별하고 설명할 수 있다.
- 설계 방법론의 프레임워크를 이해할 수 있다.
- 교육용 산출물에 설계 방법론을 사용할 수 있다.

학습활동

01 설계 방법론의 핵심 절차를 표현하는 마인드맵을 그려 본다.

02 교육용 산출물을 설계하는 방법과 교육 및 게임 제작에서 설계 방법론을 구현하는 데 따르는 어려움에 대해 생각해 본다.

1. 서론

설계 방법론은 인간적 · 비즈니스적 · 기술적 요소를 통합하는 문제 정의 및 해결을 위한 강력한 방법론이다.

설계자(디자이너)라면 누구나 바람직한 디자인을 도출하고 싶어 하지만, 수많은 제품 중에서 혁신적이고 실용적인 제품은 극히 드물다. 설계자에게는 수요를 파악하고, 발산적 사고를 하며, 산출물의 구조를 구성하는 데 도움이 되는 사고의 도구가 필요하다. 또한 설계 작업을 구조화하여 안정적인 결과물을 도출하고 요소의 누락 없이 작업의 효율성을 높이기 위한 설계 절차가 필요하다. 뿐만 아니라 품질을 확보하고 보장하는 것 외에도 여러 설계자 간 협업을 조율하기 위한 업무 명세서도 필요하다.

실제로 제품의 설계 특성에 따라 산업마다 고유한 방법론이 있다. 예를 들어, 가구 및 실내 장식 디자인과 그래픽 디자인 분야는 해당 산업계에서 보편적으로 사용하는 설계 방법이 있다. 인터넷 산업 또한 마찬가지다. 20년이 넘는 인터넷 발전 과정에서 다양한 기업은 각자의 요구에 맞는 고유한 설계 방법을 구축해 왔다.

이 장에서 다루는 설계 방법론은 다양한 성공적인 제품의 설계 경험을 요약한 것으로, 건축 설계, 산업 디자인, 소프트웨어 디자인, 게임 설계 등을 포함한 여러 설계 작업에서 추출된 경험과 기술을 결합한 것이다.

설계 방법론은 단순한 디자인 싱킹(design thinking)에 그치지 않고, 실현 가능한 설계 과정과 완전하고 포괄적인 작업 명세서를 포함하는 체계적인 접근 방식이다. 이는 설계자가 확산적 사고와 철저한 탐색을 통해 초기 요구사항에서 출발하도록 안내한다. 또한 대상 사용자, 이해관계자, 경쟁 제품, 사용 환경과 같은 다양한 설계 요소를 심층적으로 분석하고, 이를 기반으로 기능을 선별 및 최적화하여 최종 제품의 기능과 프로토타입을 산출한다.

설계 방법론은 사고 도구로서, 게임 설계자, 소프트웨어 설계자, UI 설계자, 경영자, 심지어 사무직 등 다양한 설계 관련 업무에 적용된다. 방법론을 심도 있게 학습한 후에는 실제 업무에서 사용자의 요구사항, 사용 환경, 불편 요소 등을 정확하게 파악하여 보다 좋은 제품이나 서비스를 창출할 수 있다.

2. 설계 방법론의 프레임워크

[그림 12-1]은 설계 방법론의 프레임워크를 나타낸다. 우선, 설계 방법론은 최초의 요구사항에 기반하며, 이는 해결해야 할 문제가 있다는 것을 전제로 한다. 설계자는 이 문제(또는 원래의 요구)와 관련된 대상 사용자들을 분석하고, 다양한 차원에서 대상 사용자의 특성을 식별하며, 이해관계자들(학습자, 교사, 지원 인력, 관리자 등을 포괄적으로 포함)과 이 문제와 관련된 그들의 관심사를 파악한다. 이러한 대상 사용자의 요구와 이해관계자들의 관심사를 분석한 후, 설계자들은 설계를 다양화하고, 선택하며, 개선할 수 있다.

다음으로, 설계자는 특정 산업과 잠재적 제품을 고려하여 초기 요구사항을 기반으로 '경쟁 제품 분석'과 '시나리오 분석'을 실시한다. 여기에는 기존에 존재하

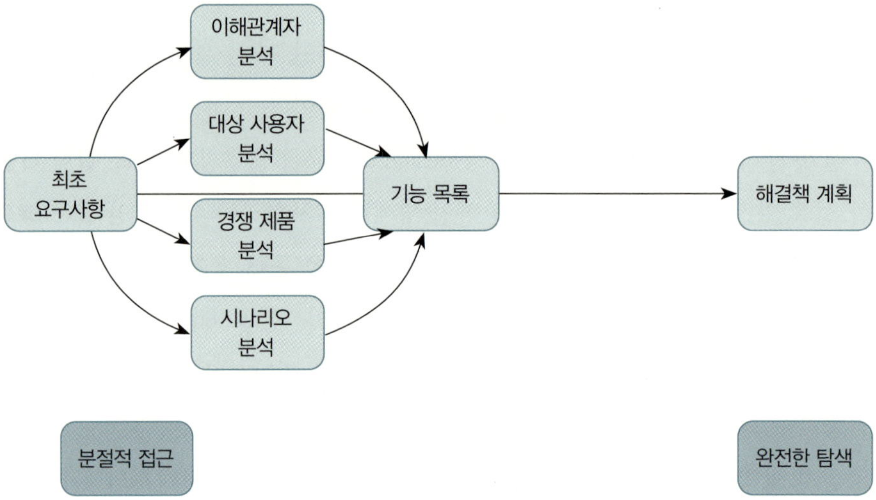

[그림 12-1] 설계 방법론의 프레임워크

는 해결책은 있는지, 해당 해결책의 취약점은 무엇인지, 개선할 수 있는 부분은 무엇인지에 대한 탐색이 포함된다. 이를 바탕으로 설계자는 해결책이 적용되지 않은 사용자의 일상적인 행동 시나리오를 구축하고, 사용자의 불편 요소를 파악하고, 다양한 제품 적용 시나리오를 구성한다. 이러한 구체적인 과정을 통해 디자인은 지속적으로 보완되며 완성도를 높여간다.

이러한 전반적인 분석을 바탕으로 설계자는 기능 목록(function list) 혹은 요구사항을 해결하기 위한 초기 해결책 계획 목록을 통합하며 작성한다. 마지막으로, 설계자는 '기능 목록'과 원래의 요구사항을 바탕으로 설계 목적을 다시 참고하여 가장 적절하고 실현 가능한 해결책을 선정하여 최종적인 디자인을 결정한다.

어떤 해결책이든 설계자는 "해결책(제품)이 사용자에게 어떤 가치를 창출하는가?" 또는 "이 제품의 가치는 무엇인가?"와 같은 질문을 스스로에게 항상 해야 한다. 설계 과정은 문제에 집중하고, 문제를 확장시켰다가 다시 문제에 집중하는 과정이다. 이상적인 상황에서는 이 설계 과정이 지속적이고 반복적으로 이루어지는 끝없는 문제 해결 과정이다. 이와 같은 관점에서 설계 연구는 일종의 특화된 형성평가 과정이라고 할 수 있다.

3. 초기 요구사항 분석

1) 초기 요구사항 분석의 이해

초기 요구사항(original requirements)은 프로젝트 시작 단계에서 수요자 측이 제시한 가공되지 않은 요구사항을 의미한다. 이는 원래의 요구사항과 제품 설계 요구사항에 대한 사실적인 설명이며, 일반적으로 수정을 필요로 하지 않는다.

초기 요구사항은 설계자가 제품 설계를 개발하는 데 방향을 설정하는 기반이 되며, 설계가 요구사항을 준수하는지 검증하는 기준이 된다. 설계자가 제품을 설계할 때, 각 항목별로 반드시 고객과 확인해야 하는 핵심 정보가 있다. 초기 요구사항은 설계 과정에서 소통 부족이나 정보 부족과 같은 일반적인 문제를 효과적으로 해결한다. 또한 초기 요구사항에는 제품에 대한 기대치와 설계의 경계를 명확히 규정하는 등 중요한 요소가 포함되어 있어 설계자에게는 필수적인 정보이다.

2) 초기 요구사항 분석의 일반적인 절차

초기 요구사항이란 프로젝트 초기 단계에서 수요자 측에서 제기한 처리되지 않은 요구사항을 의미한다.

- 1단계: 초기 요구사항 파악하기
- 2단계: 초기 요구사항 체계화하기
- 3단계: 초기 요구사항 정제하기
- 4단계: 초기 요구사항 확인하기

초기 요구사항은 일반적으로 일련의 자료 수집 과정을 거쳐 얻어진 가공되지 않은 요구사항을 의미한다. 이러한 자료는 연구 결과 또는 회의 기록일 수도 있고 혹은 수요자 측이 직접 언급한 진술일 수도 있다. 고객으로부터 자료를 확보한 후 설계자는 자료에서 정보를 일대일 대응 방식으로 추출하여 완전하고 체계적인 초기 요구사항 문서를 작성한다. 이후 이 문서를 고객에게 전달하여 서명 및 확인을 받는다. 고객이 이를 승인하면, 이 요구사항은 이후 제품 설계의 근간이 된다.

원래 요구사항은 구조화된 방식으로 제시되며, 설계자는 수요자 측에서 제공한 제품 설계 요구사항으로부터 각 구조적 요소의 정보를 추출해야 한다.

초기 요구사항 요소에는 발의자, 프로젝트명, 기간, 초기 요구사항에 대한 설명, 대상 사용자, 설계 목적, 시나리오, 제품 양식, 우선 적용 플랫폼, 필수 자료 목록, 발의자 서명 및 확인, 그리고 키워드가 포함되며, 이는 〈표 12-1〉에 제시되어 있다.

〈표 12-1〉 초기 요구사항 요소

발의자	
프로젝트명	
기간	
초기 요구사항에 대한 설명	사용자 인터뷰를 통한 주요 계획 및 요구사항 확보
	사용자 인터뷰를 통해 요구사항을 파악하고, 산출물 계획이 명확해야 함. 해당 산출물이 누구를 위한 것인지, 누가 비용을 지불하는지, 언제 필요한지 등을 명확히 해야 함
	주요 계획을 통해 요구사항을 파악하고, 산출물 계획은 주요 목적이 무엇인지, 이 요구사항이 어떤 조건에서 제시되었는지, 그리고 왜 이 요구사항이 제시되었는지 등을 파악해야 함
대상 사용자	
설계 목적	설계자는 초기 요구사항에 따라 설계 목적을 도출할 수 있음 (이는 주요 사용자가 해당 초기 요구사항을 제기한 이유임)
시나리오	
제품 양식	대안: 모바일 앱, VR 앱, 시스템에 연결, 웹, 독립 클라이언트 엔드, 구성 요소, 기타
우선 적용 플랫폼	대안: 101PAD, 휴대폰, PC 클라이언트 단말기, 웹 버전, VR 장비 등
필수 자료 목록	
발의자 서명 및 확인	
키워드	

3) 웹소프트 사례

웹소프트(Websoft) 회사의 회장은 최고 기술 책임자(Chief Technology Officer: CTO)와 회의를 열어 학습자용 태블릿PC의 시력 보호 기능에 대해 논의하였다. 그들은 이 제품에 포함되어야 할 기능 모듈과 설계에서 더욱 중점을 두어야 할 부분과 기타 핵심 사항들을 결정하였다.

회의 녹취록을 전달받은 후, 설계자는 이를 분석하여 회의 내용을 정리하고, 이를 〈표 12-2〉와 같이 작성하였다.

〈표 12-2〉 웹소프트 초기 요구사항

발의자	웹소프트 컴퍼니 회장, CTO
프로젝트명	학생용 태블릿PC 시력 보호 시스템
기간	3~5일
초기 요구사항에 대한 설명	현재 4개의 시력 보호 모듈(시력 보호, 지속 보호, 눈 운동, 주변 광 감지)을 분석하고 시력 보호 설계를 강조 **디자인 고려사항** 1. 사용자의 시력 보호 습관을 형성하도록 유도한다. 2. 사용자의 잘못된 눈 사용 습관을 교정한다. 3. 사용자가 장시간 눈을 사용한 후 눈의 피로를 풀 수 있도록 돕는다(예: 사용자가 눈 운동을 하거나 먼 곳을 바라보도록 유도). 4. 사용자가 제품을 통해 배려받는다는 느낌을 받을 수 있도록 한다. **설계 키워드** 경험, 개성, 보살핌, 일관성
대상 사용자	학생용 태블릿PC를 사용하는 학습자
설계 목적	1. 사용자의 시력 보호 2. 시력 보호에 대한 사용자의 의식 개선
시나리오	주변 조명 조건 고려 필요
제품 양식	완성된 시력 최적화 설계 계획 참조(다음 스크린숏 참조).
발의자 서명 및 확인	
키워드	시력 보호, 지속 보호, 눈 운동, 주변 광 감지

4. 대상 사용자 분석

1) 대상 사용자 분석의 이해

대상 사용자란 출판물, 광고 또는 기타 메시지의 의도된 청중 또는 독자층을 의미한다. 마케팅이나 광고에서는 사전에 정해진 목표 시장 내 특정 광고나 메시지 수신자로 식별된 소비자 그룹을 의미한다.

제품 설계에서 연령, 성별, 교육수준이 다른 사용자들은 동일한 제품과 그 작동 방식에 대해 서로 다른 생각을 가질 수 있다. 따라서 제품 설계 과정에서 사용자의 다양한 특성을 충분히 고려해야 한다. 사용자 분석을 통해 제품의 사용자 그룹과 그들의 요구사항을 명확히 파악할 수 있다. 사용자 특성 분석 결과는 제품 설계의 방향을 결정하고 요구사항의 우선순위를 설정하는 중요한 근거로 활용될 수 있다.

대상 사용자 분석에는 다음의 내용이 포함된다.

- 제품이 누구를 위해 설계되었는지 명확히 한다.
- 사용자의 요구 뒤에 숨겨진 동기를 파악한다.
- 제품 기능 설계의 우선순위를 결정하는 근거를 제공한다.

2) 대상 사용자 분석의 일반적인 절차

대상 사용자 분석 절차에는 다음 단계가 포함된다.

- **1단계**: 나열된 속성 태그를 기반으로 대상 사용자를 분석한다.
- **2단계**: 제품 설계에 영향을 줄 수 있는 속성 태그를 설명하고 해당 속성 태그가 구체적으로 어떻게 표현될 수 있는지 명확히 한다.
- **3단계**: 속성에 대한 설명에서 설계 영감을 도출한다.

대상 사용자의 속성은 제품 사용자의 전형적인 특성을 의미한다. 이러한 속성은 일반적으로 개인정보, 경제적 상황, 문화, 지역, 하드웨어, 소프트웨어, 특성 등을 포함한다. 특성의 속성은 사용자가 설계를 위해 생성할 수 있는 가치를 의미하며, 이는 심리적 특성과 행동적 특성을 포함한다.

사용자를 분석에는 방법에는 인터뷰, 실시간 추적, 사용자 관련 조사, 생활 경험 시뮬레이션, 전문 웹사이트의 사용자 분석 보고서 정독, 전문가가 관련 사람들을 대상으로 쓴 도서 참고 등 다양한 방법이 있다. 가장 일반적인 방법은 온라인 정보를 참조하는 것이다.

이러한 방법을 통해 사용자를 보다 실질적으로 이해할 수 있으며, 사용자의 속성 태그를 정확하게 추출하고 설계자가 대상 사용자의 특성을 추측하는 것을 방지할 수 있다. 또한 이를 통해 제품을 올바르게 설계하는 데 도움을 줄 수 있다.

사용자 분석이 완료된 후 사용자 속성은 〈표 12-3〉에 다음과 같이 명확하게 제시된다.

〈표 12-3〉 사용자 속성 분석

<table>
<tr><th>제품명</th><td colspan="3"></td></tr>
<tr><th>대상 사용자</th><td colspan="3"></td></tr>
<tr><th>대상 사용자에 대한 설명</th><td colspan="3"></td></tr>
<tr><th>속성 카테고리</th><th>속성 설명</th><th>속성 진술</th><th>설계 영감</th></tr>
<tr><td colspan="4">요구사항에서 가치 있는 속성 특성을 추출하고 추가 분석해 주세요.</td></tr>
<tr><th rowspan="2">특성 속성</th><td></td><td></td><td></td></tr>
<tr><td></td><td></td><td></td></tr>
<tr><td colspan="4">원래 요구사항에서 유용한 속성 특성을 추출하고 추가로 분석해 주세요.</td></tr>
<tr><th rowspan="2">문화 속성</th><td></td><td></td><td></td></tr>
<tr><td></td><td></td><td></td></tr>
<tr><th rowspan="2">지역 속성</th><td></td><td></td><td></td></tr>
<tr><td></td><td></td><td></td></tr>
</table>

3) 대상 사용자 분석의 예시

웹소프트 사례에 이어, 다음 단계는 시력 보호 시스템에 대한 대상 사용자 분석이며, 이 분석 결과는 〈표 12-4〉에 제시되어 있다. 이 제품의 대상 사용자는 중학생과 고등학생이며, 그들의 요구를 다양한 측면에서 분석하였다. 분석 요소에는 개인화된 요구사항, 선호 문화, 게임 인식, 허영심, 자기 통제력, 학업으로 인한 스트레스, 자기 주도 학습능력, 경쟁심리, 공유 성향, 반항적, 눈 사용 정도, 시력 보호 인식 등이 포함된다.

〈표 12-4〉 시력 보호 시스템을 위한 사용자 분석

이름	101 학생용 태블릿PC 시력 보호 시스템
대상 사용자에 대한 설명	101 학생용 태블릿PC를 사용할 중학생 및 고등학생
사용자 요구사항 개요	• 개인화된 요구사항: 개인화된 시력 보호 모드 • 선호 문화: 개성, 대중문화, 애니메이션, 청소년, 맞춤형 벨소리, 귀여운 알림 모드 • 게임 인식: 재미있는 것을 좋아하고, 재미있는 게임에 많은 시간을 투자할 가능성이 높음 — 사용 시간 알림 제공 • 허영심: 성공을 원하며 격려받기를 희망함. 누적 시력 보호 보상 시스템 제공 • 자기 통제력: 학생들은 자기 통제력이 일반적으로 떨어지기 때문에 행동에 대한 감독이 필요 — 일정 거리 유지 안내, 적정 거리 설정 및 자세 알림 등 • 학업으로 인한 스트레스: 학업 스트레스가 크며, 특히 졸업반 학생들은 매일 눈을 집중적으로 사용함. 눈 사용 가이드 및 피로 예방 팁 제공 • 자기 주도 학습능력: 초등학생은 학습지도가 필요하고, 고등학생은 문제가 발생했을 때 교사에게 물어보는 것을 꺼리는 경향 — 시력 보호 FAQ • 경쟁심리: 친구들끼리 비교 심리가 강함 — 시력 보호 시스템 PK 기능 제공 • 공유 성향: 자신의 강점을 공유하는 것을 좋아함 — 시력 보호 보고서 공유 • 반항적: 어느 정도의 반항적인 심리를 가지고 있으며, 격려, 적당한 알림 방법 • 눈 사용 정도: 눈 사용 정도가 많아 가성 근시가 발생 가능성이 높음. 일이 시력 보호 알림 및 가성 근시 교정 가이드 제공 • 시력 보호 인식: 시력 보호 인식이 약함. 과중한 학습 부담으로 인한 근시 외에도 부적절한 사용 습관(예: 어두운 곳에서, 누워서, 비정상적인 환경에서 눈을 사용하는 등)으로 인해 근시 발생 가능. 사용 환경 알림 및 자세 알림 기능 제공

5. 이해관계자 분석

1) 이해관계자 분석의 이해

이해관계자란 직원, 고객, 시민 등 특정 조직이나 사회에 소속된 관련이 높은 사람이다. 따라서 이들은 소속감을 가지고 성공에 관심을 가진다. Kaler(2002)는 이해관계자를 기업이 일반 대중에 대한 의무를 넘어, 그 이상의 도덕적 의무와 책임을 져야 하는 대상으로 정의하였다. 예를 들어, 스폰서, 고객, 사용자, 파트너, 정부기관, 기타 관련인, 조직 등이 이에 해당한다.

설계에 대한 이해관계자의 영향력 분석은 다음과 같다.

- 설계의 방향과 범위를 명확히 한다.
- 기능에 대한 요구사항이나 디자인에 대한 영감을 얻는다.
- 요구사항의 우선순위를 결정하고 충돌이 발생할 때 판단의 근거를 제공한다.

2) 이해관계자 분석의 일반적인 절차

이해관계자 분석은 이해관계자 목록 작성, 이해관계자 분석, 기능 요구사항 도출 이렇게 세 단계로 이루어진다.

(1) 이해관계자 목록 작성

이해관계자를 분석하려면 적절한 이해관계자를 식별하고 중요한 이해관계자가 누락되지 않도록 해야 한다. 이를 위해 분절적 접근법(fragmentation method)과 완전한 접근법(exhaustive method)이 중요한 도구로 활용된다. 다음 내용을 참조하여 이해관계자를 식별할 수 있다.

- 제품이 사용되는 주요 상황 또는 고객이 제품을 이용하는 과정에 관련된 이해관계자 식별
- 제품 수명 주기와 관계된 이해관계자 파악
- 키워드를 검색하여 이해관계자 식별

(2) 이해관계자 분석

제품과 관련된 이해관계자는 다수 존재한다. 이해관계자들을 체계적이고 논

리적으로 분석하기 위해 이해관계자를 식별하고 분류한 뒤, 프로젝트에서 수행하는 역할을 파악한다.

이해관계자는 기여자, 고객, 사용자, 정부기관, 파트너, 기타 이해관계자(경우에 따라 소프트웨어 및 하드웨어도 고려해야 함)와 같이 몇 가지 주요 차원으로 분류된다. 이후, 프로그램에 대한 이해관계자의 요구사항, 기대, 기여도, 기능을 파악하여 그들의 중요도를 결정하고 이해관계자의 힘, 영향력, 태도, 시급성을 기준으로 우선순위를 정한다. 마지막으로, 이해관계자의 관심사와 요구사항을 분석한다.

(3) 기능 요구사항 도출

이해관계자의 프로젝트에 대한 관심사, 부정적 영향, 기대 및 요구사항, 목표 및 동기를 분석하여 이해관계자의 고충(pain point)과 기회 요인(quick point)을 도출하고, 설계에 대한 영감을 얻어 제품 설계를 위한 기초를 마련할 수 있다.

설계 영감은 제품 사용 시나리오, 제품 기능 또는 특성 등이 될 수 있다. 이 단계에서는 실현 가능한 다양한 해결책을 도출하는데 집중한다. 이해관계자 분석 후 일부 요소는 〈표 12-5〉와 같이 정리된다.

〈표 12-5〉 이해관계자 분석 워크시트

이해관계자 분류	이해관계자 이름	이해관계자의 제품에 대한 기대치 및 요구사항	목적 및 동기	설계 영감

3) 이해관계자 분석의 예시

이해관계자의 프로젝트 관심사, 부정적 영향, 기대 및 요구사항, 목표 및 동기를 분석하여 이해관계자의 고충과 핵심 포인트를 도출하고, 영감을 얻어 제품 설계의 기초를 마련할 수 있다. 〈표 12-6〉은 배달 플랫폼의 주요 이해관계자 분석을 통해 얻은 설계 영감의 예시이다.

〈표 12-6〉 이해관계자 분석의 예시

이해관계자 분류	이해관계자 이름	제품에 대한 이해관계자의 기대 및 요구사항	목적 및 동기	설계 영감
사용자	판매자 A	• 주문 정보 확인	신속성	주문 정보 적시에 알림 받기
		• 상품 정보를 편리하게 기록하고 관리하기	편리성	상점 정보 기록하기
		• 적시에 결제정보를 받고 영수증 내역을 기록하기	편리성	텍스트와 이미지 지원하기
		• 다양한 매장 및 제품 리스트 제공 받기	다양한 선택권	매장 정보 관리하기
		• 원하는 제품을 편리하게 선택할 수 있기	편리성	정보 생성하고, 통합하며, 추가/삭제하고, 대량으로 가져오기
		• 간소화된 주문 과정	편의성	결제 정보 알림 받기
		• 주문에 대한 신속한 반응 및 제품 배송	신속성	청구서 및 보고서 받기
	구매자 B	• 정확한 매장 및 주문 정보 확인	보장 효율성	상점을 분류 및 검색할 수 있기
		• 주문 정보를 얻을 수 있기	신속성	제품을 분류 및 검색할 수 있기
		• 상품 정보를 편리하게 기록하고 관리하기	편의성	스마트 추천 받기
		• 적시에 결제 정보를 받고 영수증 내역을 기록하기	편의성	주문 절차 안내 받기
		• 다양한 매장 및 제품 제공 받기	다양한 선택권	기존 정보가 자동으로 입력되도록 하기
		• 원하는 제품을 편리하게 선택할 수 있기	편의성	주문 피드백 받기
	배달원 C	• 간소화된 절차	편의성	완전한 주소 정보와 업데이트된 데이터 정보 받기

6. 경쟁자 분석

1) 경쟁자 분석의 이해

경쟁자는 동일한 고객의 요구를 충족시키는 유사 제품이나 서비스를 제공하는 기업으로 정의된다(Porter, 1980; Kotler, 2000).

경쟁 제품 분석은 본질적으로 '비교 연구(comparative study)'이며, 이는 인류학에서 유래하였다. 비교 연구는 질적 연구 방법으로 사용자 행동을 연구하는 데 활용된다. 첫째, 유사한 현상이나 개념을 찾아내고, 둘째, 유사 현상이나 개념을 그룹화하고 표로 정리하여 비교한다. 셋째, 비교 결과를 기반으로 추가 분석을 수행한다. 경쟁 제품 분석의 주요 목적은 제품 설계에서 기능성, 사용성, 핵심 기술 등에 대한 참고 자료를 제공하는 것이다. 이를 통해 설계자는 주요 사용자의 핵심 요구사항을 탐색하고 경쟁 제품이 해당 요구사항을 어떻게 충족하는지 알아볼 수 있도록 한다.

경쟁 제품은 다음 세 가지 유형으로 분류된다.

- **동일한 기능을 가진 경쟁 제품**: 대상 제품과 동일한 기능을 수행할 수 있고, 초기 요구사항과 높은 일치도를 보이며 동일한 플랫폼(웹, 데스크톱, 모바일 단말기)에서 운영되는 제품
- **핵심 기능이 유사한 경쟁 제품**: 대상 제품과 동일하거나 유사한 기능을 수행할 수 있고, 초기 요구사항과 높은 일치도를 보이며 동일한 플랫폼(웹, 데스크톱, 모바일 단말기)에서 운영되는 제품
- **본질적으로 동일한 기능을 가진 경쟁 제품**: 채널이나 형태는 다르지만 동일한 기능을 수행할 수 있는 경쟁 제품. 이는 일반적으로 참고할 가치가 있는 재화나 서비스

2) 경쟁 제품 분석의 일반적인 절차

경쟁 제품 분석은 다음과 같은 절차가 포함되며, [그림 12-2]와 같다.

- **경쟁 제품 수집**: 가능한 모든 채널을 통하여 최대한 많은 경쟁 제품을 수집한다.
- **경쟁 제품 선별**: 경쟁 제품 중에서 참고할 만한 가치가 있는 핵심 경쟁 제품을 분류하고 선정한다.
- **경쟁 제품 분해 및 기능 통합**: 핵심 경쟁 제품을 분석하여 디자인 기능 뒤에 숨겨진 동기를 이해한다. 우수한 설계 요소를 파악하고 이를 자사 제품에 통합한다.

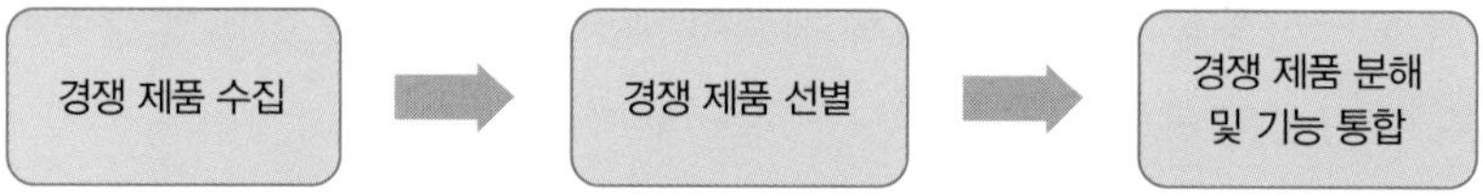

[그림 12-2] 경쟁 제품 분석 절차

(1) 경쟁 제품 수집

경쟁 제품 수집은 다양한 방법을 통해 참고할 수 있는 제품을 최대한 확보하는 과정을 의미한다. 경쟁 제품 분석은 자사 제품 설계에 유용하다. 사용자의 핵심 요구사항에 충실하다는 전제하에, 이러한 핵심 요구사항을 충족시킬 수 있는 더 많은 요소를 찾아야 한다.

채팅 앱을 예로 들어보면, 채팅 앱의 핵심은 사람들 간의 의사소통 요구를 만족시키는 것이다. QQ, 위챗, 전화, 문자(SMS), 이메일뿐만 아니라 수화까지도 사용자의 의사소통 요구를 충족할 수 있다. 따라서 이러한 제품들은 우리의 경쟁 제품 목록에 포함시킬 수 있다.

경쟁 제품 수집 방법은 다음과 같다.

- 앱 마켓, 전문 웹사이트, 각종 조사 보고서를 통해 적합한 경쟁 제품을 찾아보기
- 구글(Google), 바이두(Baidu), 야후(Yahoo) 등의 검색 엔진을 활용하여 적합한 경쟁 제품 찾기
- 대상 사용자를 인터뷰하여 적합한 경쟁 제품 찾기
- 소프트웨어, 자료, 서비스 등 핵심 기능을 구현할 수 있는 다른 방법이 있는지 검토하기
- 영화 티켓 구매에서 모든 티켓 구매로 확장하는 등 특정 기능을 확대하여 경쟁력 있는 제품을 찾기
- 다른 산업에서 어떻게 성과를 내는지 분석하기(예: 교육분야를 위한 계산기를 개발할 때 금융 분야 성공사례를 참고함)
- 세분화 및 운영 관련 방법을 통해 경쟁력 있는 제품 찾기
- 주요 이해관계자 분석을 기반으로 키워드를 추출한 다음 경쟁 제품 수집하기

(2) 경쟁 제품 선별

실제 작업에서는 선정된 경쟁 상품을 제품 기능, 일치 정도, 구현 방식에 따라 세 가지 범주로 나뉜다. 원칙적으로 모든 경쟁 상품은 세 가지 영역 중 하나로 분류될 수 있다.

- **동일한 기능을 가진 경쟁 제품**: 목표 제품과 동일한 기능을 제공하며, 우리가 설계한 소프트웨어와 같은 플랫폼(웹, 컴퓨터, 모바일 단말기)에서 운영된다.
- **유사한 기능을 가진 경쟁 제품**: 목표 제품과 비슷한 기능을 가지며, 일부 기능만 요구사항에 부합하지만, 우리가 설계한 소프트웨어와 다른 플랫폼(웹, 컴퓨터, 모바일 단말기)에서 운영된다.
- **본질적으로 동일한 기능을 가진 경쟁 제품**: 목표 제품과 다른 구현 방식이나 형태를 가지고 있지만 동일한 기능을 수행할 수 있다. 이러한 제품은 일반적으로 상품이나 서비스 형태로 존재하며, 참고할 만한 가치가 있다.

(3) 경쟁 제품 분해

경쟁 제품 분해란 경쟁 제품을 세부적으로 해체하는 것이다. 간단히 말해, 경쟁 제품을 직접 경험하면서 기능을 확인하고, 전체 과정을 기록하며, 템플릿을 통해 해당 내용을 정리하는 것이다. 경쟁 제품 분해는, ① 분해할 경쟁 제품 선택, ② 경쟁 제품 분해, ③ 분해 방법 라벨링 및 기능에 대한 노트 추가 등 세 단계로 구분된다.

(4) 경쟁 제품 기능 통합

경쟁 제품 기능 통합이란 분해된 경쟁 제품의 모든 기능을 수집 및 통합한 후 중요도를 분석하여 표시하는 것을 말한다.

모든 경쟁 제품을 분해한 후 '경쟁 제품 분해 목록'에 따라 각 경쟁 제품의 기능을 통합한다. 일반적으로 각 경쟁 제품에는 기능 모듈, 1차 기능, 2차 기능이라는 세 가지 수준이 있으며, 최종적으로 '경쟁 제품 기능 통합 목록'을 작성한다.

경쟁사 분석 후 경쟁 제품 선별은 〈표 12-7〉에, 경쟁 제품 기능 분해는 〈표 12-8〉에 정리된다.

3) 경쟁 제품 분석의 예시

시력 보호 시스템을 예로 들면, 다음과 같이 경쟁 제품 분석 과정이 진행된

〈표 12-7〉 경쟁 제품 선별

경쟁 제품 선별 요약 시트

경쟁 제품 분류	분류 설명	경쟁 제품명	경쟁 제품 개요	선택 이유	설계 영감
동일한 기능을 가진 제품					
핵심 기능이 유사한 제품					
본질적으로 동일한 기능을 가진 제품					

〈표 12-8〉 경쟁 제품 기능 분해

경쟁 제품	기능			비고
	1수준 기능	2수준 기능	3수준 기능	

다. [부록 12-1]은 경쟁 제품 선정, [부록 12-2]는 경쟁 제품 기능 분해, [부록 12-3]은 시력 보호 시스템의 경쟁 제품 기능 통합이다.

7. 시나리오 분석

1) 시나리오 분석의 이해

시나리오는 사용자가 제품을 사용하거나 접할 때 발생할 수 있는 상황으로, 사용 과정과 느낌을 포함한다.

시나리오 분석은 가능한 미래 상황을 분석하는 과정으로 다양한 대안을 고려하여 시뮬레이션 하는 방법이다. 이는 종종 대체 세계(alternative worlds)라고도 불린다. 따라서 예측이 주요 방법인 시나리오 분석은 단 하나의 정확한 미래 모습을 예측하는 것이 아니라 몇 가지 가능한 상황을 의도적으로 제시한다.

2) 시나리오 분석의 일반적인 절차

일반적으로 시나리오 분석의 흐름은 다음과 같다.

첫째, 요소를 나열하는 단계로 포괄적 사고방식을 활용하여 제품과 관련된 모든 요소를 가급적 많이 나열한다. 시나리오 요소에는 시간, 장소, 참여자, 원인, 절차, 도구, 적용 조건 등이 포함될 수 있다.

둘째, 나열된 시나리오 요소들을 하나씩 조합하여 일반적인 시나리오 상황을 구성한다.

셋째, 시나리오에 대해 설명한다. 즉, 사용자의 행동 과정을 명확하고 상세하며 신중하게 기술하는 단계이다. 시나리오 제목과 시나리오 설명 과정이 끝나면 사용자의 불편한 점과 긍정적인 경험 요소를 도출하고 정리해야 한다.

마지막으로, 발견된 사용자의 불편한 점이나 좋은 점을 기반으로 적절한 기능이나 해결책을 제시한다. 전체 흐름은 [그림 12-3]과 같이 요소 목록 작성, 시나리오 제목 설정, 시나리오 설명 작성, 불편한 점/만족스러운 점 도출, 해결책 도출의 다섯가지 절차로 요약할 수 있다.

[그림 12-3] 시나리오 분석 절차

시나리오 분석 후 일부 요소는 〈표 12-9〉와 〈표 12-10〉에 정리된다.

〈표 12-9〉 시나리오 분석 워크시트

요소 목록

	첫 번째 수준 요소	두 번째 수준 요소
특성		
시간		
장소		
원인		
절차		
도구		
조건		
기타		

〈표 12-10〉 시나리오 분석 워크시트

시나리오 제목	자세한 시나리오 설명	기능 추출

3) 시나리오 분석의 예시

시력 보호 시스템에 대한 시나리오 분석은 [부록 12-4], 시나리오 설명 및 기능 추출은 [부록 12-5]에 나와 있다.

8. 기능 목록

1) 기능 목록의 이해

기능 목록은 특정 요구사항을 충족하도록 설계된 기능을 통합한 목록으로, 여기에는 기능 간 연관성, 중요도, 추가적 사항 등을 포함한다. 이는 기능 간의 관계를 표시한 마인드맵이나 표를 포함한 문서일 수 있다.

'설계 방법론'에서는 제품의 핵심 가치와 제품의 기본 구조를 바탕으로 경쟁 제품 기능 통합 결과를 프레임워크 및 청사진으로 삼고, 기존 요구, 이해관계자 분석, 대상 사용자 분석, 시나리오 분석 등 노드에서 도출된 기능들을 종합하여 최종적으로 제품 기능 목록을 구성해야 한다.

2) 기능 목록의 일반적인 절차

일반적으로 기능 목록의 산출에는 다음과 같은 절차가 포함된다.

① 초기 요구사항을 재검토하고 초기 기능 목록을 정리
② 선택 가능한 대안을 확장하고, 기능 목록에 대한 자체 점검 수행
③ 핵심 기능을 명확히 하고 기능을 분류 및 정리
④ 기능 목록을 검토하여 우선순위에 대한 순위 설정
⑤ 기능 설명을 보완하고 기능 목록 점검

이러한 절차는 기능 통합과 기능 목록 제작으로 나눌 수 있다.

- **기능 통합**: 선택 가능한 대안을 최대한 확대하기 위해 수행되며, 설계자는 기능의 유형, 기능의 출처, 기능의 배치 구조 등을 고려해야 한다.
- **기능 목록 작성**: 최종 솔루션을 결정하는 과정으로, 설계자는 어떤 기능을 유지할 것인지, 어떤 기능이 중요한지, 기능이 명확하게 기술되었는지 등을 검토해야 한다.

최종 기능 목록의 경우 다음 절차에 따라 〈표 12-11〉의 기능 목록 워크시트를 완성할 수 있다.

- **1단계 기능 다듬기**: 기능 분류는 기능 모듈을 명확히 구분하고 불필요한 기능을 제거하거나 수정하는 등 제품의 모든 기능을 정리하는 과정이다.
- **2단계 중요도 수준 표시하기**: 제품 기능의 중요도는 필수, 권장, 있으면 좋은 기능, 권장하지 않는 기능 등 네 가지 범주로 나눌 수 있다. 초기 요구사항 검토 및 이해관계자, 경쟁 제품, 시나리오 분석을 기반으로 제품의 설계 만족도를 평가한다. 왓츠앱(WhatsApp)의 첫 번째 버전을 개발한다고 가정하면, 필수 기능으로는 등록(전화번호 연동), 대화 기능, 통화 기능이 포함되고 권장 기능으로는 프로필 사진, 아이클라우드(iCloud) 백업, 방송, 그룹 채팅, 메시지 수신 확인 기능이 포함된다.
- **3단계 비고 입력하기**: 기능 및 솔루션에 대한 의견을 입력하는 단계로, 디자

이너가 특별히 명시해야 할 사항이나 추가적인 고려사항을 포함한다.

〈표 12-11〉 기능 목록 워크시트

기능 목록

모듈	첫 번째 수준 기능	두 번째 수준 기능	중요도	비고

3) 기능 목록의 예시

시력 보호 시스템의 기능 목록은 [부록 12-6]에 제시되어 있다.

9. 설계 방법의 예시

설계 방법론에 대한 접근 방식은 용어와 실행 단계에 따라 다양하다. 영국디자인협회(British Design Council)는 '더블 다이아몬드(double diamond)'라고 불리는 4단계 과정을 제안했으며, 이는 발견(discover), 정의(define), 개발(develop), 전달(deliver)로 구성된다(Design Council, 2005). 한편, 미국의 컨설팅 및 디자인 회사인 IDEO(Brown, 2008)는 영감(inspiration), 아이디어(ideation), 구현(implementation)이라는 3단계 접근법을 제안하였다.

1) 더블 다이아몬드

더블 다이아몬드 모델은 2005년 영국디자인협회(Design Council UK, 2005)

에 의해 처음 소개된 '이중 확장—수렴(double diverge-converge)' 패턴을 기반으로 한 디자인 과정 모델이다. 협회는 설계 절차를 4단계로 나누었다. '발견(discover)'과 '정의(define)'는 올바른 문제를 찾기 위한 발산 및 수렴 단계이며, '개발(develop)'과 '전달(deliver)'은 올바른 해결책을 찾기 위한 발산 및 수렴 단계이다.

2) 교육자를 위한 디자인 싱킹(IDEO)

IDEO는 1991년 캘리포니아 팔로알토에서 설립된 국제적인 디자인 및 컨설팅 회사이다. 이 회사는 디자인 싱킹 방법론을 사용하여 제품, 서비스, 환경, 디지털 경험 등을 설계하며, 최근에는 경영 컨설팅과 조직 설계 분야에서도 점점 더 활발하게 관여하고 있다.

디자인 과정은 디자인 싱킹을 실행에 옮기는 과정으로, 아이디어를 생성하고 발전시키기 위한 구조화된 접근 방식이다. 이 과정은 디자인 문제를 식별하는 단계부터 해결책을 찾고 구축하는 단계까지 개발을 탐색하는 다섯 단계로 구성되며, 이는 발견(discovery), 해석(interpretation), 아이디어 도출(ideation), 실험(experimentation), 진화(evolution)이다.

디자인 싱킹은 인간 중심(human-centered) 접근 방식으로, 직관적 사고, 관찰을 통한 해석, 그리고 디자인 대상에게 감성적으로 의미있는 아이디어 개발에 의존하는데, 교육자로서 이러한 능력은 이미 익숙한 기술이다.

핵심 내용

1. 설계 방법론은 혁신을 위한 강력한 방법론으로, 문제 정의 및 해결, 설계에 인간적·비즈니스적 · 기술적 요소를 통합한다.
2. 설계 방법론 프레임워크: 먼저, 설계 방법론은 기존의 요구사항 또는 문제를 기반으로 한다. 이후, 설계자는 원래의 요구를 기반으로 '경쟁 제품 분석' '시나리오 분석' '대상 사용자 분석' '이해관계자 분석'을 수행한다. 그다음, 설계자는 기능 목록을 통합한다. 마지막으로, 가장 적합하고 실현 가능한 해결책을 선택하여 요구사항을 해결한다.

참고문헌

Brown, T. (2008). Design thinking. *Harvard Business Review, 86*(6), 84-92.

Design Council. (2005). A study of the design process. Retrieved from http://webarchive.nationalarchives.gov.uk/20080821115409/http://www.designcouncil.org.uk/Documents/About%20design/Eleven%20Lessons/PDF%20Eleven%20Lessons_complete_study.pdf

Design Council UK. (2005). The design process: What is the Double Diamond. Retrieved from http://www.designcouncil.org.uk/news-opinion/design-process-what-double-diamon

Kaler, J. (2002). Morality and strategy in stakeholder identification. *Journal of Business Ethics, 39*, 91-100.

Kotler, P. (2000). *Marketing management*. Prentice-Hall.

Porter, M. E. (1980). *Competitive strategy: techniques for analyzing industries and competitors*. The Free Press.

부록

[부록 12-1] 시력 보호 시스템 선정표

선정된 경쟁 제품 요약 시트

경쟁 제품 분류	분류 설명	경쟁 제품명	경쟁 제품 소개	선정 이유
동일한 기능을 가진 제품	1. 동일한 플랫폼(태블릿PC) 2. 동일한 고객층 대상 3. 기존 요구사항과 일치하는 제품 목표 충족	Haojixing N787	본 제품은 스마트 학습을 위한 세련된 태블릿PC다. 7인치 HD 터치 스크린이 장착되어 있으며 황금비율을 준수하여 제작되었다. 디자인은 시력 보호를 철저히 고려하였으며, 100% 독창적인 상호작용 인터페이스를 제공한다. 최고의 교사 상담 서비스, 온라인 답변 시스템, 대량의 도서 및 응용 프로그램 리소스를 갖추고 있다. 중국어, 수학, 영어 과목에 동시 읽기 기능을 지원한다. 학습과 엔터테인먼트 서비스를 동시에 제공하는 제품이다.	동일한 기능을 가진 경쟁 제품으로서 학생들의 시력 보호에 대한 요구를 충족시킬 수 있다. 설계 참고사항: 광 센서(자동 밝기 조절), 거리 센서(거리가 20cm 미만일 경우 자동으로 어두운 화면), 피로 알림 기능(아동의 휴식을 효과적으로 관리하고, 1시간 연속 사용 시 알림 팝업)
동일한 핵심 기능을 가진 제품	일부 기능이 요구사항과 일치하는 제품: 청소년 시력 보호를 위한 타사 앱 기존 수요를 바탕으로 다른 플랫폼(태블릿PC)에 제공되는 경쟁 제품	Baby Protector APP_V4.3	본 제품은 시력 보호, 위치 추적, 부모 전용 채팅방과 같은 기능을 갖춘 앱으로, 아동이 스마트폰을 과도하게 사용하여 신체에 미치는 부정적인 영향을 방지한다.	주문형 특수 기능 참고사항: 시력 보호, 부모 비공개 채팅방, 자녀의 실제 연속 휴대폰 사용 시간 실시간 수집, 사용 시간 30분 초과 시 자동 알림 기능, 장시간 사용 후 시력 보호 알림 기능 제공
		Eyesight Protector APP_V4.0	블루라이트는 가시광선 중 가장 강한 에너지를 가지며, 장시간 노출될 경우 황반 변성을 유발할 수 있다. 이 앱은 블루라이트 강도를 줄여 시력을 효과적으로 보호할 수 있도록 설계되었다.	참조할 온디맨드 특수 기능: 블루라이트 자동 차단, 데스크톱에서 밝기 조절 가능, 다양한 색온도 선택 지원, 사용자가 가장 편안한 밝기로 조정 가능
		Eyesight Protection Partner APP_V1.6	이 앱은 스마트폰 사용자, 특히 청소년을 위해 설계된 시력 보호 및 사용 시간 알림 앱이다. 하루 동안 누적된 시력 사용 시간, 개별 사용 시간, 어두운 환경 및 흔들리는 상태에서의 사용 여부를 기록하여 시력 보호를 돕는다. 또한 각 앱별 사용 시간을 기록하고 데이터 분석을 제공한다. 청소년 사용자의 경우, 부모의 전화번호를 설정할 수 있다. 부모와 자녀가 함께 시력 사용 시간을 관리할 수 있도록 알림 정보가 부모의 휴대폰으로 SMS로 전송된다.	참조할 온디맨드 특수 기능: 시력 사용 데이터 기록, 부모 원격 모니터링 기능, 흔들리는 환경에서의 시력 사용 감지 기능

(계속)

선정된 경쟁 제품 요약 시트

경쟁 제품 분류	분류 설명	경쟁 제품명	경쟁 제품 소개	선정 이유
		Yanmeng APP_ V2.0.0.80	이 앱은 시력 보호와 아동 보호를 목적으로 개발된 모바일 앱이다. 장시간 스마트폰 사용으로 인한 시력 손상을 방지하며, 가족과 함께하는 시간을 늘릴 것을 권장한다. 부모가 자녀의 시력 저하에 대한 걱정을 덜 수 있도록 지원하며, 방사선 차단 시력 보호, 유해한 강한 빛 차단, 망막 손상 예방 기능을 제공한다.	참고할 온디맨드 특수 기능: 피로 알림, 늦은 밤 자동 보호 모드 활성화
		Hello, Eye APP_V1.02	이 앱은 시력 보호를 위해 특별히 설계되었다. 시력 보호를 위한 다양한 방법을 제공하며 장시간 시력 사용 후의 피로를 효과적으로 완화할 수 있다. 사용자가 직면한 특정 문제를 바탕으로, 다양한 이론서를 참고하여 사용자별 맞춤형 조언을 제공하고, 눈 피로를 완화하기 위한 적절한 개선 방안을 추천한다.	참고할 온디맨드 특수 기능: 정해진 시간에 알림, 맞춤형 시력 보호 조언 제공, 적합한 시력 보호 방법 추천, 매일 다른 시력 보호 추천 제공, 빠른 알림 기능, 간단하고 세심한 인터페이스
		Manual Distance Measuring APP_V2.2.1	거리 측정 및 빠른 거리 추정을 위한 강력한 측정 도구이다. 물체의 길이와 너비를 알고 있으면, 물체와 휴대폰 사이의 거리를 측정할 수 있다. 또한 물체와 휴대폰 사이의 거리를 이미 알고 있는 경우 해당 물체의 높이, 길이, 너비를 측정할 수도 있다.	이 앱은 사용자들 사이에서 높은 다운로드 횟수와 인기를 기록하고 있다. 참고 사항: 이 앱은 물체와의 거리를 빠르게 추정할 수 있으며 다양한 거리 측정 방법을 제공
		EYE TRAINER APP_V1.4.2	일상생활에서 사용되는 실용적인 소프트웨어이다. 사용자에게 효과적인 눈 운동을 제공하여 눈을 이완시키고 근시를 예방하는 데 도움을 준다. 플래시를 활용한 시력 훈련 기능이 포함되어 있어, 짧은 시간 안에 눈을 효과적으로 휴식시킬 수 있다.	해외에서 높은 평가를 받은 소프트웨어이다. 참고 사항: 매일 6분 훈련 가능. 눈 마사지 기능 포함. 눈 요가 및 기타 시력 보호 운동 지원
본질적으로 동일한 기능을 가진 제품	이러한 제품은 본질적으로 동일한 기능을 수행하며, 시력 보호, 근시 예방, 시력 교정을 위해 설계되었다.	주차 센서	주차 센서는 음향 또는 시각적 신호를 통해 운전자에게 주변 장애물을 알려 주는 장치로, 사각지대 및 흐릿한 시야를 제거하여 보다 안전한 운전을 가능하게 한다.	이 제품은 광범위하게 적용되며, 참고할 가치가 높다. 거리를 감지하여 알람을 울릴 수 있다. 거리가 가까울수록 경보음의 간격이 좁아진다.

(계속)

선정된 경쟁 제품 요약 시트

경쟁 제품 분류	분류 설명	경쟁 제품명	경쟁 제품 소개	선정 이유
		눈 운동	눈 운동은 예방 프로그램이다. 눈 운동은 사람들의 눈 건강에 대한 인식을 향상시키고 눈과 머리 주변의 혈액 순환을 조절하며 눈의 피로를 개선하는데 도움을 준다. 눈 운동은 연구 결과에 따르면, 추나요법, 경락 및 부수 이론, 스포츠 의학을 결합한 마사지이다. 눈 주위의 경혈을 마사지하여 눈의 혈액 순환을 촉진하고 신경 위축을 개선한다. 하루에 세 번 실시하면 치료 효과가 극대화 된다.	이것은 전통적인 시력 보호 방법이며 학교 학생들은 이에 익숙하다. 하지만 그렇다고 해서 학생들이 운동을 잘 할 수 있는 것은 아니다. 이 제품은 학생들이 올바른 운동 활동을 익히는 데 도움이 될 수 있다.
		부모 모니터링	부모는 구두적·신체적 훈육을 통해 자녀의 시력 사용 습관을 모니터링할 수 있다.	자제력이 낮은 사람들, 특히 초등학생과 중학생들의 일상생활에서 흔히 볼 수 있다.
		원거리 그림	심리학의 특수 지각 원리를 기반으로, 2차원 공간에 원근감을 표현하는 입체 사진을 그리는 방식이다. 이 기법을 활용하면, 장시간 시력 사용으로 인한 피로를 완화할 수 있다. 끊임없이 변화하는 사진은 수정체의 초점 거리를 계속해서 조절하도록 유도하여, 근육을 이완시키고 시력을 보호할 수 있다.	간단한 방법으로 눈의 피로와 안압을 완화할 수 있으며, 별도의 실행이 어렵지 않다.

[부록 12-2] 시력 보호 시스템 경쟁 제품 기능 분해

경쟁 제품	기능			비고
	1단계 기능	2단계 기능	3단계 기능	
경쟁 제품 A: OZING N787	디스플레이 위치			시력 보호를 위한 빛 감지
			자동 밝기 조정	광 센서: 주변이 밝으면 화면 디스플레이가 밝아져 화면의 내용 가독성 개선. 주변이 어두워지면 화면이 어두워져 시력을 보호함
		시력 보호 스위치		얼굴 또는 물체가 패널 오른쪽 상단의 빛 감지 영역에 약 20cm 이내에 위치하면 화면이 자동으로 꺼짐. 얼굴 또는 물체가 멀어지면 화면이 자동으로 켜짐
			빛 감지 화면 소멸 지연	10, 0, 60s
		피로 경고 스위치		1시간 연속 사용 시 경고창이 나타남.
	보조 기능			거리 센서 기능을 활성화하여 눈과 화면까지 거리를 효과적으로 모니터링함
		환경 거리 확인		범위 센서 활성화
	타미머 종료 기능			장시간 시력 사용 관리 계획 적용을 검토
		시간		다중 시간대 추가 가능
		빈도		
	시력 보호 알림			시야 범위 포함
		시야 범위		전체 화면 디스플레이
			원격 화면 복귀	

(계속)

경쟁 제품	기능			비고
	1단계 기능	2단계 기능	3단계 기능	
경쟁 제품 B: 슈퍼 팔로워	구성원 추가			가족 구성원 추가 기능을 통해 자녀의 시력 사용 문제를 모니터링하고, 자녀의 시력 사용 상태를 실시간으로 보고하는 기능 제공
		휴대폰 번호 추가		
		스캔 추가		
		내 QR 코드		
	지속적인 서비스 기간			0~90분 분 단위로 0~90분 사용
		통계 사용		
	눈 상태			바람직함, 약간의 피로, 극심한 피로
	시력 보존 계획			아기를 위한 보호 계획 제공
	즉각적인 보호	시력 보호 배경		눈 휴식 시간 만들기
			뒤로 가기 기능	화면 아무 곳이나 터치하여 돌아가기
	개인 센터	프로필 사진		사진 갤러리 및 카메라
		별명		
		골드 코인 쇼핑몰		코인으로 선물 교환하기, 쇼핑몰 기능은 아직 열려 있지 않음
		내 작업		적절한 시력 사용 미을 완료하여 골드 코인과 경험치 획득

(계속)

경쟁 제품	기능			비고
	1단계 기능	2단계 기능	3단계 기능	
		내 QR 코드		
		계정 번호	수정	
			계정 종료하기	
		공유		SNS 플랫폼에 공유
	가족 채팅방	메시지 보내기	문자 보내기	
			음성 보내기	
	설정	정보 프롬프트	음성	
			흔들기	
		별점 평가		
		기타	빠른 둘러보기	아기용 슈퍼 팔로워 설치, 스캔하여 아기/부모 추가, 위치 추적 통해 상대방 위치 확인
			정보	

[부록 12-3] 시력 보호 시스템 경쟁 제품 기능 통합

모듈	1단계 기능	2단계 기능	비고
시력 거리 보호	시력 보호 스위치		얼굴 또는 물체가 패널 오른쪽 상단의 빛 감지 영역에 약 20cm 이내에 위치하면 화면이 자동으로 꺼짐. 얼굴 또는 물체가 멀어지면 화면이 자동으로 켜짐
		빛 감지 화면 종료 지연 설정	10, 30, 60초
	보조 기능		거리 센서 기능을 활성화하여 눈과 화면 사이 거리를 효과적으로 모니터링
		환경 거리 확인	거리 센서 활성화
	정시 시작 및 종료		장시간 시력 사용 관리 계획에 포함할지 여부 참고하여 결정
		시간	다중 시간대 추가
		빈도	
	시력 보호 알림		시야 거리 알림 및 피로도 알림(장시간 시력 사용 시 알림) 포함
		가시성 범위	전체 화면 디스플레이
	보정		감지된 측정 결과가 정확하지 않은 경우 보정을 수행. 초기 측정 방향으로 복구
		기준 길이 변경	
		기준 거리 변경	
사용 시간 보호	기기 연속 사용 기간 제한		0~90분 분을 단위로 하여 0~99분 사용
		사용 시간 통계	바람직함, 약간의 피로, 극심한 피로
	즉각 보호		아기를 위한 보호 계획 제공
		휴식 및 시력 보호 배경	눈의 휴식 시간 만들기
	상태 알림을 사용하는 눈		연속 사용 시간에 따라 시력 사용 상태를 판단하고 알림 제공

(계속)

모듈	1단계 기능	2단계 기능	비고
	피로 알림 시간 단축		피로가 얼마나 남았는지 설명. 피로도 값이 증가하면 오른쪽 그림과 같이 표현 수치가 행복에서 불편으로 변경
	오늘의 오픈 기간		
		기간을 사용한 앱	
	오늘의 사용 기간		
		지속적인 시력 사용 시간	
		누적 시력 사용 시간	
	피로 시계		
		오늘의 화면 켜짐 시간	사용 시간 통계와 동일
환경 조명 모니터링	바탕화면 바로가기 설정		앱을 실행하지 않고도 바탕화면에서 단축기 이용해 시력 보호 모드 활성화 가능
		시력 보호 테마 색상 맞춤 설정	사용자는 시력 사용 환경에 따라 기기의 테마 색상을 사용자 지정 가능: 유해광 필터링 활성/비활성, 따뜻한 녹색 화면 테마, 갈색 어두운 화면 테마, 검정색 어두운 화면 테마 등
		밝기 조정	다양한 테마 색상을 선택하고 해당 테마 색상의 밝기를 조정함
	지능형 필터링		열기/닫기
		강한 빛 차단하는 필터링	
	어두운 환경 알림		검은 환경 알림 활성화/비활성화; 주변 환경이 너무 어둡다고 감지되면 시스템에서 알람을 보냄
	자녀 정보 알림 설정		수신 휴대폰을 제공하는 데 필요
	흔들리는 환경 감지 알림		활성화/비활성화

(계속)

모듈	1단계 기능	2단계 기능	비고
환경 조명 모니터링	설정		
		동의 시청 관리	활성화/비활성화
			부모는 자녀의 시청 보고서를 수신할 휴대폰 지정
		화면 응시 시간 알림	연속적으로 화면을 응시하면 알림 제공. 권장 시간은 40분이며, 설정 범위는 20~60분
		일일 총 화면 응시 시간 알림	하루 누적 화면 응시 시간이 일정 시간에 도달하면 알림 제공. 권장 시간은 3시간이며, 설정 범위는 1~6시간
		어두운 환경 알림	주변 조도가 낮으면 시스템이 경고 알람 제공
		진동 환경 알림	일정 기간 기기의 흔들림이 감지되면 시스템이 경고 알람 제공
눈 운동	시각적 피로 테스트		피로 테스트에 따른 적절한 개선 방법 제안
		권장 시력 보호 운동	정해진 시간 내 수행할 수 있는 시력 보호 운동 과제 추천
	시력 보호 요령		시력 보호 지식의 일상화
	시각적 피로 소개		시각적 피로 및 보호 지식의 대중화
	전문가 조언		눈 피로를 완화하는 방법 소개 눈 상태에 따라 보호 방법 추천: 운동, 경혈 마사지, 시력 보호 식단 포함
		스포츠 및 운동	
		경혈 시력 보호 기술	
		식이 요법 권장사항	

[부록 12-4] 시력 보호 시스템의 시나리오 제목

시나리오 제목 목록

일련 번호	시나리오 제목
1	학생 B가 태블릿PC를 사용할 때 자꾸 가까이 다가가고, 부모 C는 자녀가 올바르지 않은 자세로 태블릿PC를 사용할 때 알림 기능이 제공되기를 원함
2	책을 읽을 때, 근시가 있는 학습자 A는 올바르지 않은 거리 유지에 대해 우려함
3	학생 B가 학습 중 짧은 시야 거리 문제를 걱정하며, 교과서를 이용해 편안한 시야 거리를 조정함
4	[경쟁 제품 시나리오] 학생 B가 시야 거리를 사용자 지정했지만, 설정한 거리가 적절한지 확신이 없음
5	[경쟁 제품 시나리오] 학습자 B가 동료 학습자들과 거리 테스트를 하는데, 테스트가 끝나기 전에 화면이 종료됨
6	[경쟁 제품 시나리오] 학습자 B는 시야 거리를 여러 번 변경했지만 불편함을 느껴 기본 설정값으로 복구하고 싶어함
7	학생 B는 눈이 피로해질 때까지 공부한 후 휴식을 취함
8	오후에 학교로 가는 길에 학생 B가 휴대전화로 새로운 정보를 확인하려 하지만, 햇빛 아래 화면이 잘 보이지 않음
9	학생 B가 한밤중에 갑자기 깨어 아이패드(iPad)를 열어 시간을 확인함
10	[경쟁 제품 시나리오] 학습자 B는 시야 거리 테스트를 수행하려 하지만 1,700 이상의 시야 거리 개념을 이해하지 못함

[부록 12-5] 시력 보호 시스템에 대한 시나리오 설명 및 기능 추출

일련 번호	상세 시나리오 설명	기능 추출
1	1. 부모 C는 바쁜 업무로 인해 자녀를 돌볼 시간이 없음 2. 부모 C는 자녀(학생 B)에게 태블릿PC를 사 줬지만, 학생 B는 태블릿PC를 사용할 때 자꾸 화면에 너무 가까이 다가감 3. 부모 C는 이를 발견하고, 자녀가 올바르지 않은 자세로 태블릿PC를 사용할 경우 알림 기능이 제공되기를 희망함(고충)	시야 거리 알림
2	1. 근시가 있는 학생 A는 시력 저하를 방지하기 위해 독서할 때 시력 보호에 신경 쓰기 시작함 2. 학생 A는 책과 눈 사이의 거리가 **35~50cm**여야 한다는 사실을 알고, 스스로 시야 거리를 추정함. 3. 하지만 자신의 시야 거리가 정확한지 확신이 없고, 일정 시간이 지나면 점점 더 가까이 다가가게 되어 불안함(고충)	시야 거리 감지, 시야 거리 알림

(계속)

일련 번호	상세 시나리오 설명	기능 추출
3	1. 학생 B는 짧은 시야 거리로 인해 눈이 손상될 것을 걱정함 2. B는 스스로 편안하고 선명한 시야 거리를 설정하고, 이를 조정하여 이전보다 더 편안함을 느낌	맞춤형 시야 거리 설정
4	1. 학생 B는 101 Schoolmate Party 앱을 사용할 때 여러 번 화면을 이동시키고, 스스로 시야 거리를 조정하여 적절한 범위를 찾으려 함 2. 하지만 시스템이 해당 거리가 과학적으로 적절한 범위인지 알림을 제공하지 않아, 학생 B는 자신이 설정한 시야 거리가 합리적인지 확신할 수 없어 혼란스러워함(고충)	시야 거리 적정성 피드백
5	1. 근시가 있는 학생 A는 101 Schoolmate Party 앱에서 시야 거리를 측정할 때, 거리를 조정하며 화면이 선명하게 보이는지 테스트함. 2. 하지만 테스트가 끝나기 전에 화면이 자동으로 꺼져 버려, 다시 화면 잠금을 해제해야 하는 번거로움을 겪음(고충)	화면 자동 잠김 방지
6	1. 학생 B는 101 Schoolmate Party 앱을 사용할 때 여러 번 시야 거리를 변경하며, 자신에게 적절한 시야 거리를 찾으려 함 2. 하지만 여러 번 조정했음에도 불구하고 적절한 시야 거리를 찾지 못했고, 기본 설정으로 복원하고 싶어함 3. 하지만 시스템에서 기본값으로 복원할 수 있는 옵션을 제공하지 않아, B는 혼란스럽고 이상적인 시야 거리가 무엇인지 알 수 없음(고충)	기본 시야 거리 알림 설정 복구
7	1. 학생 B는 집에서 밤에 수업을 복습하다가 나중에 눈이 아프기 시작했고, 이후 시간이 흐름. 3. 결국 B는 멈추고 잠시 휴식을 취해야 할 필요성을 느끼며, 누군가가 자신의 독서 시간에 대해 상기시켜 줄 수 있으면 좋겠다고 생각(고충).	사용 기간 알림
8	1. 학생 B는 오후에 학교로 가던 중, 주머니 속 휴대전화에 새로운 메시지 알림이 떠서 확인하려고 꺼냄 2. 화창한 날, 그러나 햇빛이 너무 강하여 화면이 거의 보이지 않았고, 계속 화면을 보려다 눈이 아파짐(고충). 3. 결국, B는 직접적인 햇빛이 없는 곳으로 가서야 화면을 제대로 볼 수 있었음	환경 광 감지: 높은 조도 보호
9	1. 학생 B는 한밤중에 갑자기 깨어났고, 밖은 아직 어두웠음. 시간을 확인하고 싶어 아이패드를 켬 2. 화면이 켜지자, B는 너무 밝아 눈을 제대로 뜰 수 없었음(고충).	환경 광 감지: 낮은 조도 보호
10	1. 학생 B는 101 Schoolmate Party 앱에서 시야 거리를 측정했으며, 시스템에서 1,700 이상의 시야 거릿값을 제공함 2. 하지만 수학 점수가 낮은 학생 B는 1,700이라는 개념을 이해하지 못해 혼란스러워함	30~40cm 가시 거리: 길이의 구체화된 개념(예: 30~40cm 자의 간격, 상체와 책상 사이에 주먹 하나 정도 거리 유지)

[부록 12-6] 시력 보호 시스템의 기능 목록(상부)

모듈	1단계 기능	2단계 기능	중요도	기능 설명 및 비고
가시 거리 보호			필수	눈과 화면 사이의 거리를 조절하여 화면에 너무 가까이 다가가지 않도록 방지
	거리 알람		필수	거리가 가까워지면 시스템이 팝업 알림, 맞춤형 알람, 귀여운 애니메이션 알림 제공
		합리적인 거리 자동 숨기기	필수	사용자가 팝업 상태에서 적절한 거리로 조정하면 시스템이 자동으로 알람 사라짐. 동시에 "적정 거리이니 유지해 주세요."라는 알림 메시지 표시
		더 이상 알림 필요 없음	권장	하루 세 번 알림을 받은 후에는 사용자가 "오늘은 더 이상 알림 표시 안 함"을 선택 가능
		가시거리 보호 스위치	권장	시야 거리 보호 기능을 활성화/비활성화 가능
		알림 지연 설정	선택	알람 지속 시간: 1~60초(선택사항)
		알림 빈도 설정	선택	예를 들어, (1, 2, 미정의) 1분 이내의 반복 알림을 설정할 수 있음
		알림 방법 설정	선택	표시등이 깜박이고 음성 알림 제공
		보호 거리 설정	권장	사용자의 눈과 화면 사이의 거리가 화면에 표시되어, 권장 거리 및 사용자 지정 거리 설정 등 사용자에게 참고 자료로 사용 1. 데이터에 따르면, 눈과 화면 사이의 거리는 최소 30cm를 유지하는 것을 권장['아동 눈과 시력 보호 기술 기준'에 따르면, 눈과 다양한 전자 제품 화면 사이의 거리는 일반적으로 화면 대각선의 5~7배가 되어야 하며(비디오 코스웨어와 같은 전체 화면 기능을 사용할 때는 멀리 떨어져서 사용하는 것이 권장됨), 화면은 눈높이보다 약간 낮아야 한다.] [시야 거리: 구체적인 거리를 추가(예: 30~40cm와 같은 거리, 상체와 테이블 사이에 주먹 하나 거리를 유지하는 것 등)] 2. 너무 가까운 거리를 사용자가 설정한 경우 무효화하고 조정 제안. 시야 거리 탐지를 통해 적정 거리 확인. 기존 시야거리 기록을 제공하여 이전 설정을 적용 가능

(계속)

모듈	1단계 기능	2단계 기능	중요도	기능 설명 및 비고
			권장	사용자가 거리 설정 가능
			권장	사용자가 설정한 거리가 너무 가까울 경우 유효하지 않은 값으로 간주(구체적인 거리 기준은 추후 결정)
			선택	예를 들어, 30~40cm와 같은 합리적인 권장거리 제공. 사용자가 기준 값을 참조하여 조정 가능 거리는 cm 단위로 구현
			권장	패드와 눈 사이의 수직 거리 측정
			권장	감지된 가시거리를 저장하고 사용자 지정 거리로 적용
		화면 자동 꺼짐 방지	권장	거리 감지 중에는 화면이 꺼지지 않도록 유지
			선택	이전에 사용한 시야 거리 적용
			선택	사용자가 예전에 저장한 불필요한 거리 삭제
지속 보호			필수	태블릿PC 연속 사용 시간 감시. 사용자의 장시간 사용을 방지하고 휴식 유도
	시간 알림		필수	연속 사용시 일정 시간이 지나면 알림 표시. 장시간 시력 사용 후 눈을 쉬게 해 보라고 일어서서 먼 곳을 바라보라는 알림. 현재는 1시간으로 설정
		휴식	권장	즉시 화면을 끄고 연속 사용 시간을 초기화한 후 재시작
		무시	권장	지속 시간 알림을 해제하고, 연속 사용 시간 초기화 후 재시작
		눈 운동	선택	눈 운동을 실행하고 '눈 운동' 모듈 참조
		나중에 알림	선택	알람 시계와 같은 나중 알림 기능

(계속)

모듈	1단계 기능	2단계 기능	중요도	기능 설명 및 비고
	시간 보호 설정		권장	이 버전에서는 사용자를 위한 설정 옵션이 제공되지 않으며, 다음 내용은 결과의 일부(사용자를 위한 옵션 제공 여부는 추후 검토 필요)
		지속 시간 보호 스위치	권장	사용시간 보호 기능을 활성화/비활성화
		지속 시간 간격 설정	권장	기본값은 1시간이며, 15분, 30분, 45분, 1시간, 2시간 옵션 등 사용자 지정 가능. 원칙적으로 너무 긴 간격은 비효율적이므로 제한 필요
		효과적인 화면 끄기 시간 설정	선택	화면이 꺼진 후 자동으로 켜지는데, 기본값은 5분이며 1분, 2분, 3분, 4분, 5분, 10분의 옵션으로 지정할 수 있으며, 너무 짧지 않게 설정해야 함
		다음 알림 시간 간격 설정	선택	마지막 휴식 시간이 끝난 후에 알림을 주며, 기본값은 15분으로 설정되어 있고 사용자 맞춤이 가능: 예: 5분, 10분, 15분 및 30분 옵션, 원칙적으로 다음 알림은 일반 간격을 초과할 수 없음
		알람 방식 설정	선택	알림 방법 개별 선택: 음소거, 벨(선택 사항), 진동
		알람 경고 강화	선택	사용자가 여러 번 알림을 무시하면 경고 수준이 강화됨 음악 재생, 강조된 메시지 표시, 추가 사용 제한 등의 방식으로 경고 제공, 무시 횟수는 사용자가 직접 설정 가능
눈의 피로를 풀어 주는 운동	원거리 응시 이미지		권장	사용자가 초점 거리를 조정하여 눈의 피로를 완화하도록 원거리 응시 이미지를 제공
	간단한 눈 운동		권장	단시간 내 수행 가능한 시력 보호 운동 제공 예: 원거리–근거리 초점 전환, 흑백 전환 운동, 안구 회전 운동 등
		눈 운동 자동 재생	권장	

(계속)

모듈	1단계 기능	2단계 기능	중요도	기능 설명 및 비고
		일시 중지/계속 진행	선택	
		종료/재시작	선택	
		다른 운동 선택	선택	사용자가 별도 조작 없이 자동으로 눈 운동을 실행할 수 있는 기능
		눈 운동에 주의가 필요한 사항	권장	효과적인 올바른 눈 운동 방법을 안내 매일 손을 씻은 후 최소 1.5시간마다 수행 권장
		눈 운동 알림	선택	두 가지 다른 알람 설정 가능, 설정일부터 매일 자동 알림 제공
	눈 운동		권장	사용자가 눈을 보호하기 위해 눈 운동을 연습하도록 안내(현재 경쟁 제품에는 눈 운동 기능이 없음, 눈 운동 설계 사례에 따른 기능 모듈 요약)
		눈 운동 가이드	권장	눈 운동 동작을 매뉴얼 형태로 제공
		눈 운동 따라 하기	권장	화면을 어둡게 하고 음악을 재생하여 사용자가 눈 운동을 편안하게 수행할 수 있도록 지원, 부팅 화면에서 재생 버튼을 눌러 운동 시작 가능, 운동이 끝난 후 화면이 꺼진 상태에서도 자동으로 음악이 정지되며 사용자는 재생버튼 클릭하여 이어서 운동 가능
		눈 운동 설정	선택	현재 버전은 사용자에게 설정을 변경할 수 있는 옵션(자동 화면 끄기, 자동 화면 켜기, 자동 종료 스위치 등)을 제공하지 않음(사용자 설정 옵션 제공 여부를 재고해야 함)
	포인트 눈 관리 팁		권장	건조함과 가려움을 완화하고 아픈 경혈(acupuncture points)을 진정시킴
	눈 관리 팁	권장 눈 관리 식단	선택	
		시력 교정 가이드	선택	가성 근시 및 근시 환자를 위한 가이드

(계속)

모듈	1단계 기능	2단계 기능	중요도	기능 설명 및 비고
		안과 질환 가이드	선택	녹내장, 백내장 및 기타 안과 질환의 예방 및 완화 대책
주변 광 보호			필수	주변 조명을 모니터링하고, 밝기, 대비, 시력 보호 등 사용자가 읽기 가장 적합한 장비 조명을 자동으로 매칭
	자동 밝기 제어		필수	햇빛 아래에서 밝기를 높이고 어두운 밤에는 밝기를 낮추는 등 주변 조명 조건에 따라 밝기를 자동으로 최적화
	수동 밝기 제어	합리적 권장 사항	권장	현재 주변 조명 조건에 따라 사용자가 밝기 범위를 조정하고 적정 범위를 벗어날 경우 알려 주는 것을 권장함
	주변 광 보호 설정		권장	현재 버전에서는 자동 밝기 조절 기능만 선택 가능하며 그 외 설정 옵션은 제공되지 않음(옵션 추가 여부에 대해 재검토 필요)
		모드 선택	권장	자동으로 밝기를 조정하거나 수동으로 밝기를 조정하도록 선택
		블루라이트 스위치 자동 필터링	선택	LED 블루라이트를 자동으로 필터링하여 망막 손상을 완화하는 기능 제공
		자동 웜 컬러 스위치	선택	어두운 환경에서 자동으로 조정
		합리성 스위치	선택	사용자는 시스템이 제안하지 않도록 설정 가능
		새로 고침 빈도	선택	60Hz, 75Hz 등을 선택할 수 있다.
		맞춤 색상 테마 선택	선택	사용자는 따뜻한 녹색 화면 테마 색상, 갈색의 어두운 화면 테마 색상, 검은색 야간 화면 테마 색상과 같이 눈 환경의 필요에 따라 장치의 전체 환경 설정 가능
기타 시력 보호	울퉁불퉁한 환경 보호		선택	이동 중 흔들리는 환경에서 눈에 주의를 기울이도록 알림 제공
	잘못된 자세 경고		권장	사용자의 앉은 자세를 모니터링하여 눕거나 바르지 않은 자세를 감지하면 알림 제공

(계속)

모듈	1단계 기능	2단계 기능	중요도	기능 설명 및 비고
눈 감독			선택	용자가 지속적으로 눈 건강을 신경 쓰도록 '장려 감독팀(My Supervisory Team)' 기능을 통해 부모님과 친구 추가 가능
	부모 감독		선택	부모 계정에만 표시
		비정상적인 행동 실시간 보고	선택	학생이 눈 건강에 좋지 않은 행동을 하면 부모에게 실시간 보고 부모가 원격으로 태블릿PC의 특정 기능을 제한하거나 강제 화면 종료 가능
		행동 기록	선택	하루 동안의 비정상적인 시력 사용 습관을 분석하여 보고서 제공
		자녀 일일 눈 보고서	선택	기기 사용 시간 및 빈도 분석, 가장 많이 사용한 앱 순위 제공
		부모 감독 설정	삭제	부모는 이 기능을 사용할 수 있으며, 비밀번호를 설정해야 함. 부모는 계정이나 전화를 통해 눈 상태 보고서와 시력 사용 오류 알림 메시지 수신 가능
	동료 감독		선택	학생들이 서로 모니터링 그룹을 형성하여 눈 건강을 관리, 부모 모니터링 기능과 유사하지만, 상호 동의가 필요
눈 관리 검사			선택	'하루 평균 화면을 보는 시간, 독서 자세, 자주 밤을 새우는지, 눈을 자주 비비는지' 등의 증상을 확인하여 시스템이 적절한 개선 방법을 찾도록 측정
	시각적 피로 검사	보고서 보기	선택	
		재검사	선택	
		검사 결과 공유	선택	마이크로블로그, 위챗, 친구, 스페이스 및 기타 SNS 플랫폼 공유
		눈 건강 관리 작업	선택	개별 검사 결과에 따라 권장되는 눈 관리 작업: 운동, 마사지, 식단
	시력 검사		선택	화면의 방향에 따라 팔을 곧게 펴고(화면이 70~80cm인 상태에서) E 손가락으로 화면을 밀어서 검사를 완료하고 왼쪽 및 오른쪽 눈을 검사함

(계속)

모듈	1단계 기능	2단계 기능	중요도	기능 설명 및 비고
		보고서 보기	선택	
		재검사	선택	
		검사 보고서 공유	선택	마이크로블로그, 위챗, 친구 서클, 스페이스 및 기타 SNS 플랫폼 공유
	색맹 검사		선택	시험의 컬러 사진을 확인하고 정답을 선택한다.
		보고서 보기	선택	
		재검사	선택	
		검사 보고서 공유	선택	마이크로블로그, 위챗, 친구 서클, 스페이스 및 기타 SNS 플랫폼 공유
	내 눈 관리 작업	재미있는 눈 관리 답변	채택되지 않음	상식, 과학적 지식과 같은 내용을 포함하며, 정답을 맞히면 보상을 받을 수 있도록 설정
		재미있는 시선 이동	채택되지 않음	안구 운동 게임, 지압 마사지 등
		눈 습관은 기록을 발전시킴	채택되지 않음	21일 법칙에 따라 사용자가 올바른 눈 건강 습관을 형성하도록 지원. 올바른 행동과 습관을 촉진하기 위해 성과 시스템 도입. 완료된 눈 운동 횟수, 적정 시야 거리 유지한 누적 시간 등이 반영될 수 있음. 사용자는 성과를 SNS에 공유할 수 있음.
	모니터링 팀		채택되지 않음	부모, 친구 등 모니터링 요원 추가 가능
		구성원 추가	채택되지 않음	사용자는 부모, 학생의 전화번호 또는 QR 코드를 추가하여 알림 및 보고서를 통한 상호 감독 기능을 활용 가능
		내 회원 관리	채택되지 않음	부모 역할: 부모만이 통제 가능 친구 역할 : 서로 모니터링 하고 보고서 교차 송부 가능

제4부

교육공학의 새로운 쟁점

Emerging Issues of Educational Technology

Educational Technology

A Primer for the 21st Century

제13장

교육공학의 새로운 쟁점

학습내용

- 교육분야의 신기술
- 신기술과 관련된 주요 쟁점
- 교육공학이 직면한 도전 과제

학습목표

- 교육공학 분야 필수 테크놀로지를 식별할 수 있다.
- 테크놀로지를 사용할 때 발생하는 주요 쟁점을 파악할 수 있다.
- 교육공학 분야가 직면한 일곱 가지 도전 과제를 이해하고 이를 해결하기 위한 방안을 제안할 수 있다.

학습활동

01 교육을 위한 신기술에 대해 논의해 보고, 미래의 학습과 교육이 어떻게 변화할 것이라고 생각하는 지에 대해 공유해 본다.

02 교육에서 테크놀로지를 사용할 때 발생하는 문제에 대해 논의해 보고, 논의한 모든 내용을 정리해 본다.

03 신기술을 수업단위(수업 또는 전체 강좌)에 통합한 구체적인 사례를 찾아본다. 해당 테크놀로지를 사용하는 근거와 학습에 미치는 영향에 대해 이야기해 본다. 실제 학습환경에서 신기술을 효과적으로 사용할 때 발생할 수 있는 문제에 대해 논의해 본다.

1. 서론

교육공학은 변화하고 있고, 그 변화의 속도는 점점 더 빨라지고 있다. 21세기 다양한 학습환경에서 신기술을 효과적으로 활용하는 것은 주요 과제이다. 이 장에서는 학습분석학, AI, 적응형 테크놀로지, 웨어러블 디바이스 등 네 가지 테크놀로지에 대해 다룬다. 이 네 가지 영역에 속한 테크놀로지는 끊임없이 변화하고 있으며 당분간 지속적인 발전과 진화를 거듭할 것으로 예상된다. 테크놀로지는 일반적으로 체계적이고 학문적으로 정립된 지식의 응용을 의미하기에, 특정 기기일 필요는 없다는 점에 유의해야 한다. 이 장에서는 앞에서 언급된 신기술이 학습과 교수과정에 미치는 영향에 대해 다룰 예정이다.

2. 신기술

테크놀로지는 교육을 변화시켜 왔고 앞으로도 계속 변화시킬 것이다. 예를 들어, 소셜 네트워킹과 디지털 회의는 학습자와 교사, 학습자와 학습자 간의 관계를 개선하고 협력 학습을 촉진하는 데 기여하였다. 디지털 게임 테크놀로지와 상호작용형 시뮬레이션도 일부 학습상황을 더 효과적이고 몰입감 있게 만드는 데 도움이 되었다. 이 장에서는 학습분석학, AI, 웨어러블 디바이스, 적응형 학습과 같이 학습 및 교수활동을 향상시킬 가능성을 입증한 네 가지 테크놀로지에 초점을 맞춘다.

1) 학습분석학

일부 분야에서는 최근에 등장한 빅데이터와 애널리틱스가 경제를 변화시키고 조직의 생산성을 높이는 잠재력을 지닌 것으로 평가하고 있다(Manyika et al., 2011). 학습분석학은 학습자와 학습환경에 대한 데이터를 측정, 수집, 분석 및 보고하여 학습과 학습이 이루어지는 환경을 이해하고 최적화하는 것이다. 그러나 안타깝게도 초·중·고등교육시스템에서는 교수·학습을 개선하기 위해 제한적으로만 데이터를 활용하고 있다. 교육분야가 다른 산업 분야에 비해 데이터 분석과 활용에서 뒤처져 있음에도 불구하고, 학습분석학은 학습지원이나 중도 탈락과 같은 당면한 문제에 대한 해결책으로 관심이 폭발적으로 증가하였다(Siemens, 2013). 예를 들어, 학습 대시보드(learning dashboard) https://www.khanacademy.org/about/blog/post/58354379257/introducing-the-learning-dashboard 참조)는 데이터 시각화 도구를 통해 학습 데이터를 종합적으로 제공할 수 있으며, 현재 학습분석학에서 사용되는 많은 소프트웨어에서 활용되고 있다.

2) 인공지능(AI)

AI[기계 지능(Machine Intelligence) 또는 MI라고도 함]는 기계에서 나타나는 지능적 문제 해결 행동으로, 인간과 다른 동물이 보여 주는 자연 지능과 대비된다. 컴퓨터 과학에서 AI 연구는 지능형 에이전트(intelligent agents)에 대한 연구에 집중하는데, 지능형 에이전트는 상황이나 환경을 인식하고, 목표를 달성하는 데 성공 가능성을 극대화하는 행동을 취할 수 있는 장치이다. 목표는 사람이 결정할 수도 있고, 고차원 AI 에이전트의 경우 시스템에 의해 생성될 수 있다. AI 연구의 전통적인 문제 분야에는 문제 해결, 복잡한 추론, 지식 추출 및 표현, 계획, 새로운 규칙과 개념 학습, 자연어 처리, 그리고 객체를 이동하고 조작하는 능력이 포함된다(Russell & Norvig, 2003).

AI는 컴퓨터 과학의 한 분야로, 지능적 행동의 본질을 이해하려고 시도하며, 사람이 어떤 상황에서 어떻게 행동할지를 바탕으로 작동하는 장치를 설계하고 만들어 내는 것을 목표로 한다. AI 연구 및 개발 분야에는 로봇공학, 음성 언어 인식, 이미지 인식, 자연어 처리, 그리고 의사결정 및 문제 해결을 지원하는 전문가 시스템이 포함된다. AI는 인간 의식과 사고의 정보 처리 방식을 시뮬레이션할 수 있다. AI는 인간의 지능이 아니지만, 사람처럼 사고할 수 있으며, 사람의 지능을 능가할 수 있다.

3) 웨어러블 디바이스

웨어러블 테크놀로지는 사용자가 착용할 수 있는 컴퓨터 기반 장치를 말하며, 액세서리 형태로 보석, 안경, 또는 신발이나 재킷과 같은 실제 의류 형태로 제공될 수 있다. 웨어러블 테크놀로지의 장점은 수면, 움직임, 위치 및 소셜 미디어 상호작용 등을 추적하는 도구와 쉽게 통합할 수 있다는 것이다. 오큘러스 리프트(Oculus Rift)와 기타 VR 헤드셋과 같은 웨어러블 디바이스는 VR을 지원할 수 있다. 또한 사용자의 일상생활과 움직임에 완벽하게 통합된 새로운 종류의 기기들이 등장하고 있다. 애플(Apple), 가민(Garmin), 삼성(Samsung), 소니(Sony), 페블(Pebble)의 새로운 스마트워치는 이미 사용자가 작은 인터페이스를 통해 이메일을 확인하고 다른 생산적인 작업을 수행할 수 있도록 지원한다. 정량화된 자기 추적 덕분에 오늘날의 웨어러블 디바이스는 사람이 어디로 가고, 무엇을 하고, 얼마나 많은 시간을 할애하는지 추적할 뿐만 아니라 개인의 목표가 무엇이고 언제 어디서 그 목표를 달성할 수 있는지도 추적한다. 인기 있는 웨어러블 디바이스로는 움직임, 운동 및 기타 건강 관련 활동을 추적하는 화웨이 톡밴드 2(Huawei Talk Band), 샤오니 미밴드(Xiaomi Mi Band) 등이 있다. 이러한 기기들은 K-12 교육에서 체육, 영양, 건강 수업에 큰 영향을 미칠 수 있다.

4) 적응형 학습

적응형 학습 테크놀로지는 개인의 필요에 따라 조정되는 소프트웨어 및 온라인 장치와 환경을 의미한다(Di et al., 2016). 적응형 및 지능형 학습시스템에 대한 연구는 일반적으로 SCHOLAR ITS(http://scholar.hw.ac.uk/)에서 시작되었다고 여겨지며, 이 시스템은 남미의 지리학 주제에 대해 적응형 학습을 제공하였다

(Carbonell, 1970). 적응형 학습은 정교한 데이터 기반의 접근법으로 일부의 경우 학습자의 상호작용과 성과 수준에 맞추어 학습경로가 비선형적으로 조정되며, 결과적으로 학습자가 특정 시점에 진전을 이루기 위해 필요한 콘텐츠와 리소스를 예측하여 제공한다. 이러한 의미에서 현대의 교육도구는 이제 학습자가 학습하는 방식에 맞추어 학습할 수 있는 환경을 제공한다. 적응형 기기는 학습자들의 사전 지식과 관심사를 포함한 풍부한 프로파일을 개발하는 머신러닝 테크놀로지를 통해 구현된다. 적응형 기기는 각 학습자의 진도와 관심사에 맞추어 실시간으로 콘텐츠를 조정하고 특정 학습자에게 적합한 맞춤형 연습 문제를 제공할 수 있다. 많은 교육자는 이러한 적응형 플랫폼을 대규모로 개인별 맞춤형 교육을 제공할 수 있는 튜터로 구상하고 있다. 현재 사용자의 학습유형, 인지능력, 정서 상태, 학습맥락에 맞게 사용자에게 적응하는 여러 시스템과 플랫폼이 개발되어 왔다 (Wang & Wu, 2011; Yang, Hwang, & Yang, 2013). 또한 학습유형을 반영한 적응형 학습시스템은 학습전략을 학습자의 학습유형에 맞추면 학습자의 성과를 향상시킬 수 있다는 개념에 기반하고있으며, 그 예로 MANIC(Stern & Woolf, 2000)이 있다. MANIC은 강의 중심 자료를 제공하는 웹 기반 교육시스템이다. MANIC은 개별 학습자에게 적합한 다양한 방식을 제공함으로써 적응형 학습을 구현한다.

○ ○ ○ 더 읽어 보기

혁신의 확산(Rogers, 2003)

'혁신의 확산(Diffusion of Innovations)'은 새로운 아이디어와 테크놀로지가 어떻게, 왜, 그리고 어떤 속도로 확산되는지를 설명하는 이론이다. Everett Rogers의 저서인 『혁신의 확산』은 1962년에 처음 출판되었으며, 현재 5판까지 출간되었다. Rogers는 확산이 혁신이 사회 시스템 내의 구성원들 사이에서 시간이 지남에 따라 전달되는 과정이라고 주장한다. 혁신의 확산 이론의 기원은 여러 학문 분야에 걸쳐 있다.

확산은 다섯 단계의 의사결정 과정을 통해 이루어진다. 이는 유사한 사회 시스템 내의 구성원들 사이에서 일정 기간 동안 다양한 커뮤니케이션 채널을 통해 이루어지는 일련의 과정이다. Rogers의 다섯 단계는 인지(awareness), 관심(interest), 평가(evaluation), 시도(trial), 채택(adaption)으로, 이 이론에 있어서 중요한 요소들이다. 혁신의 확산 이론은 테크놀로지의 홍보와 같은 여러 맥락에 적용되어 왔으며, 특히 테크놀로지 사용에 큰 영향을 미쳤다.

3. 신기술 관련 쟁점

지난 10년 동안 정보 통신 기술에 대한 평등한 접근이 강조되었다. 불평등한 접근성은 선진국과 개발도상국 간의 격차 또는 부유층과 빈곤층 간의 격차를 의미한다. 새로운 기술의 혜택을 누리기 위해서는 인터넷 및 기타 자원에 접근할 수 있어야 하며 도구가 필요한데, 이는 중요하고 지속적인 문제이다. 신기술과 관련된 다른 쟁점으로는 개인정보 보호, 윤리, 보안 등이 있다. 이러한 인간 중심의 문제 외에도 인증, 확장성, 지속 가능성, 특정 지역과 문화에 특화된 문제(예: 유머, 색상, 예시가 문화적 맥락에 따라 잘 작동하지 않는 경우) 등 실행과 관련하여 해결해야 할 문제가 많다.

1) 윤리, 보안 및 개인정보 보호 문제

윤리, 보안 및 개인정보 보호 문제는 일상생활에서 중요한 여러 가지 사안을 포함한다. 기술 윤리는 학습과 교육을 지원하기 위한 테크놀로지 사용과 관련된 윤리적 문제를 다루는 윤리의 하위 분야이다. 신기술 개발과 관련된 윤리는 테크놀로지 혁신을 발명하고 구현하는 것이 항상 옳은지, 결코 옳지 않은지, 상황에 따라 옳고 그른지에 대한 내용을 다룬다. 윤리는 학습에서 테크놀로지 사용과 관련한 옳고 그름의 문제와 관련이 있다. Spector(2005)는 교육자를 위한 교육적 선서를 제안했는데, 그 선서의 첫 번째는 학습자에게 해를 끼치지 않는다는 것이다. 테크놀로지를 사용으로 일부 학습자에게 불이익을 주는 것은 디지털 격차를 확대할 수 있으며, 이는 이 원칙을 위반하는 것이다.

보안은 교육에서 테크놀로지 활용의 핵심이다. 학습자 데이터의 사용은 개인화된 학습과 지속적인 개선을 위해 매우 중요하지만, 학습자 데이터를 사용하면 보안 문제가 발생할 수 있다. 학습자 데이터의 관리자로서 보안은 교육자에게 여러 가지 책임을 부여한다. 학교 관계자, 가족, 소프트웨어 개발자는 데이터 개인정보 보호, 기밀성, 보안 관행이 학습자에게 어떤 영향을 미치는지 고려해야 한다. 학교와 교육청은 학생과 그 가족에게 학교 또는 제3자(예: 온라인 교육서비스 제공 업체)가 어떤 학습자 데이터를 수집하고 있는지, 해당 데이터가 어떻게 사용될 수 있는지 알려야 할 의무가 있다.

개인정보 보호는 기술에서 특히 민감한 문제로, 일상생활에 널리 퍼져 있는 인터넷 상황에서는 더욱 중요하다. 많은 웹사이트가 사용자의 명시적인 동의 없이 사용자 이름과 비밀번호부터 주소 및 전화번호 같은 개인정보를 수집한다. 이러한 정보를 판매하는 것은 일반적으로 비윤리적인 것으로 간주되지만, 사용자가 데이터를 제공했기 때문에 종종 법적 회색 지대에 놓인다.

사례 13-1

모바일폰 보안이 지문으로 가능한가

두 사람의 지문이 동일할 가능성은 없다고 여겨지지만, 뉴욕대학교 탠던공과대학과 미시간주립대학교 공과대학의 연구자들은 지문 간 부분적인 유사성이 충분히 흔하게 발생하여, 모바일폰과 기타 전자 기기에서 사용되는 지문 기반 보안 시스템이 생각했던 것보다 더 취약할 수 있다는 사실을 발견하였다.

(https://www.sciencedaily.com/releases/2017/04/170411104603.htm 참조)

2) 품질 관리, 인증 및 지속 가능성 문제

사례 13-2

애플이 아이들을 위해 아이폰(iPhone)을 더 안전하게 만들어야 할 의무가 있는가

청소년은 하루에 최소 6시간을 화면을 보는데, 그중 대부분은 스마트폰을 사용하는 시간이다. 많은 부모가 당연히 이렇게 많은 시간을 화면 앞에서 보내는 것이 안전한지에 대해 의문을 제기하고 있다.

연구에 따르면, 디지털 미디어가 다른 종류의 중독과 마찬가지로 뇌의 동일한 영역을 자극한다. 실제로, 디지털 시대를 이끌어 온 기술 회사들이 어떤 보호 장치를 구축할 책임이 있다는 데 점점 더 많은 합의가 이루어지고 있다.

(https://www.scienti camerican.com/article/does-apple-have-an-oblig 참조)

인증과 품질 보증(Accreditation and Quality Assurance)은 측정의 품질, 투명성 및 신뢰성과 관련된 모든 측면에 대한 선도적인 정보 및 논의 포럼으로 자리 잡았다. 1990년대 이후 인터넷의 급속한 발전과 대중화에 따라 광범위한 자원의 공유와 협력이 일반적인 추세가 되었고, 이 과정에서 학습자원의 기술적 표준은 중요한 역할을 하였다.

이러한 문제는 여러 국가의 자원 공유와 관련 표준 제정과 관련이 있으며, 이는 기술 확산에 영향을 미친다. 예를 들어, 고객 측 콘텐츠와 호스트 시스템 간의 통신을 정의하는 SCORM(https://scorm.com/scorm-explained/ 참조)은 지속 가능성과 밀접한 관련이 있다.

사례 13-3

표준개발기구

표준개발기구(Standards Development Organizations: SDOs)는 건강과 안전 표준을 수립하기 위해 노력하는 기구이다. '표준'이라는 용어는 규칙, 지침, 모범 사례, 사양, 테스트 방법, 설계 또는 설치 절차 등 다양한 기술 작업을 포함한다. 표준의 크기, 범위, 주제는 매우 다양하며, 길이가 긴 모델 구축이나 전기 코드부터 좁은 범위의 시험 방법 또는 제품 사양에 이르기까지 다양하다.

지속 가능성을 위해 자원 협력과 공유 과정이 완전히 실행된 후에는 프로그램 제공의 효율성 향상과 이해관계자의 참여 유지, 그리고 예산과 자원의 재조정을 위한 정치적 지원에 노력을 집중해야 한다. 초기에는 효과적이었던 자원 협력 및 공유 전략도 시간이 지남에 따라 그 효과가 달라질 수 있다. 따라서 지속적으로 이해관계자와 대상 집단에 관련성을 유지하려면 시간이 지남에 따라 변화하는 상황과 맥락에 유연하게 적응해야 한다.

3) 문화와 지역 문제

테크놀로지의 활용은 특정 문화 및 지역과 밀접한 관계가 있다. 문화와 지역은 기술의 전이에 영향을 미칠 수 있다. 다양한 배경을 가진 새로운 학습자 그룹을 고려해야 하는데, 이들은 디지털 네이티브(digital natives: 디지털 테크놀로지의 가치를 이해하고 이를 사용할 수 있는 모든 기회를 찾는 사람)와 디지털 이민자(digital immigrants: 신기술을 늦게, 최근에, 심지어는 마지못해 받아들이는 사람; Prensky, 2001)이다. 다른 문화적 · 지역적 배경을 가진 세대는 기술과 그 기술을 수업에서 활용하는 방법에 대한 이해가 다를 수 있다.

문화적 · 지역적 차이는 인간의 행동 패턴에 영향을 미치며(O'Neil, 2006), 이러한 차이는 사람들이 학습하고 다른 사람들과 지식과 테크놀로지를 공유하는 방식에 항상 반영된다. 일부 연구자들은 문화적 차이가 학습자들이 온라인 수업에 참여하는 데 부정적인 영향을 미칠 수 있다고 주장한다(Shattuck, 2005).

사례 13-4

문화가 학습에 미치는 영향은 무엇인가 – BBC 뉴스

학교는 얼마나 중요한가? 이것은 교육연구소의 연구원인 John Jerrim이 제기한 질문이다. 이 질문에 답하기 위해 그는 호주에 거주하는 중국계 가정을 살펴보았다. 이 가정의 학생들은 호주 학교에 다니지만, 다른 호주인들처럼 수업내용을 잘 흡수하지 않는 것처럼 보였다.

그러나 국제 학력 평가 시험인 PISA 시험에서, 그들은 '영국이나 호주에 거주하는 평균 아이보다 두 학년 앞선 점수'를 받았다. 이는 가정 문화가 중요한 요소라는 것을 보여 준다.

(http://www.bbc.com/news/education-29559814 참조)

사례 13-5

교실을 넘어서: 문화가 교실에 미치는 영향

사람들이 문화 없이 성장하면, 결국 스스로 문화를 만들어 내는가? 문화는 개인을 정의하는 데 어떤 역할을 하는가? 문화는 학습에 어떤 영향을 미치는가?

문화는 사람들이 무엇을 하고 무엇을 믿는지 설명한다. 문화는 우리가 세상을 어떻게 보고 이해하려고 노력하며, 서로 어떻게 소통하는지 크게 좌우한다. 문화는 테크놀로지를 활용한 학습과 교수방식을 결정한다.

(http://www.miamiherald.com/news/local/community/miami-dade/community-voices/article36727782.html 참조)

4. 교육공학의 도전 과제

앞서 논의한 문제 외에도 Woolf(2010)의 『교육공학 로드맵(Roadmap for Education Technology)』에서 언급된 여러 가지 반복적인 문제가 있다(https://cra.org/ccc/wp-content/uploads/sites/2/2015/08/GROE-Roadmap-for-Education-Technology-Final-Report.pdf 참조). 이 보고서는 미래를 위한 제언을 포함하여, 교육에서 컴퓨팅과 테크놀로지의 역할과 영향에 대해 서술하고 있다. 일곱 가지 주요 과제와 일곱 가지 테크놀로지 권장사항이 확인되었으며, 이는 다음에 논의될 예정이다. 또한 뉴미디어 컨소시엄의 『Horizon 보고서(Horizon Reports)』에서도 유사한 과제와 고려사항을 강조하고 있다.

1) 맞춤형 교육

하나의 방법이 모든 사람에게 적합하다는 접근 방식은 다양한 학습자 집단과 신기술의 잠재력에 부합하지 않는다. 더욱이 인지심리학과 신기술에서 얻은 발견은 개별 학생의 필요와 관심에 맞는 효과적인 학습활동을 가능하게 한다.

2) 학습자 학습평가

책무성과 개선(총괄평가)뿐만 아니라 학습과 교수법 수정(형성평가)을 위해서 교사와 학생에 대한 효과적인 평가가 필요하다. 평가의 초점은 학습개선에 두어야 하며, 평가는 학습에 자연스럽게 녹아 있어 눈에 띄지 않게 진행되어야 한다. 특히 평생 학습의 관점에서 이는 더욱 중요하다.

3) 사회 학습지원

의미 있고 협력적인 학습활동을 지원하는 것은 그 어느 때보다 중요한데, 이는 직장에서 협력해서 일해야 하는 요구와 새로운 웹 2.0 기술의 가능성 덕분이다.

4) 경계의 약화

21세기에는 학습자와 교사, 개인의 능력과 학습유형, 형식 학습과 비형식 학습, 학습과 일 사이의 전통적인 경계가 모호해지면서, 비형식 학습의 중요성과 다양한 학습자의 능력과 관심사를 인식해야 할 필요성이 대두되고 있다.

5) 대체 교수전략 개발

네트워크 자원의 광범위한 보급으로 인해 교실 환경에서 교사가 더 이상 유일한 전문 지식의 원천이 아니므로 교수법을 변화시키고 그에 맞는 교사 교육이 필요하다.

6) 이해관계자의 역할 강화

교육체제 관련 이해관계자들은 학생들이 21세기 사회에서 생산적인 삶을 준비할 수 있도록 충분한 준비를 시키고 있다는 신뢰가 필요하다. 따라서 고용주, 학부모, 관리자, 교사, 학습자들은 정기적인 협의를 통해 교육시스템이 잘 작동한다는 확신을 모든 이해관계자가 가질 수 있도록 해야 한다.

7) 정책 변경사항 해결

지식 사회는 사람들이 변화하는 상황이나 요구에 적응할 수 있도록 유연성을 갖추어야 하며, 교육불평등과 디지털 격차는 사회의 안정성을 위협할 수 있으므로 반드시 해결해야 한다.

8) 『Horizon 보고서』의 도전 과제

Horizon 프로젝트(https://library.educause.edu/resources/2021/2/horizon-reports 참조)는 해결 가능한 과제, 어려운 과제, 고난도 과제로 나뉜다. 해결 가능한 과제는 우리가 이해하고 있으며 해결 방법을 알고 있는 문제로, 디지털 리터러시 향상과 형식 및 비형식 학습 통합 등이 포함된다. 어려운 과제는 우리가 알고는 있지만 해결책을 찾기 힘든 과제로, 성취도 격차와 디지털 형평성 제고가 여기에 해당한다. 고난도 과제는 정의하기조차 어려운 문제로 지식의 노후화 관리, 교육자의 역할 재고 등이 있다.

핵심 내용

1. 학습분석학, AI, 웨어러블 디바이스, 적응형 학습과 같은 신기술은 교육을 개선할 수 있는 잠재력이 있다.
2. 신기술과 관련된 문제: 윤리, 보안 및 개인정보 보호 문제, 품질 관리, 인증 및 지속 가능성 문제, 문화와 지역 문제
3. 교육공학의 도전 과제: 맞춤형 교육, 학습자 학습평가, 사회 학습지원, 경계의 약화, 대체 교수전략 개발, 이해관계자의 역할 강화, 정책 변경사항 해결, 『Horizon 보고서』의 도전 과제

학습자료

- 교육 및 학습 센터: http://www.washington.edu/teaching/teaching-resources/engaging-students-in-learning/teaching-with-technology-2/

참고문헌

Carbonell, J. R. (1970). AI in CAI: An artificial intelligence approach to computer aided instruction. *IEEE Transactions on Man-Machine Systems. Man Machine System, 11*(4), 190-202.

Di, G. D., Vincenza, C., Di, M. T., Rosita, C. M., Daniela, F., Rosella, G., & Pierpaolo, V. (2016). The silent reading supported by adaptive learning technology: Influence in the children outcomes. *Computers in Human Behavior, 55*(PB), 1125-1130.

Manyika, J., Chui, M., Brown, B., Bughin, J., Dobbs, R., Roxburgh, C., & Byers, A. H. (2011). *Big data: The next frontier for innovation, competition, and productivity*. McKinsey Global Institute. Retrieved from http://www.mckinsey.com/insights/mgi/research/technology_and_innovation/big_data_the_next_frontier_for_innovation

O'Neil, D. (2006). *What is online learning?* Retrieved from http://anthro.paomar.edu/culture_1.htm

Prensky, M. (2001). Digital natives, digital immigrants: Part 1. *On the Horizon, 9*(5), 1-6. Retrieved from https://doi.org/10.1108/10748120110424816

Rogers, E. (2003). *Diffusion of Innovations* (5th ed.). Free Press.

Russell, S. J., & Norvig, P. (2003). Artificial intelligence: A modern approach. *Applied Mechanics and Materials, 263*(5), 2829-2833.

Shattuck, K. (2005). Glimpses of the global coral gardens: Insights of international adult learners on the interactions of cultures in online distance education. *Pervasive Computing: First International Pervasive Conference Proceedings* (pp. 267-281). DBLP.

Siemens, G. (2013). Learning analytics the emergence of a discipline. *American Behavioral Scientist, 57*(10), 1380-1400.

Spector, J. M. (2005). Innovations in instructional technology: An introduction to this volume. In J. M. Spector, C. Ohrazda, A. Van Schaack, & D. A. Wiley (Eds.), *Innovations in instructional technology: Essays in honor of M. David Merrill*. Routledge.

Stern, M., & Woolf, B. P. (2000). Adaptive content in an online lecture system. *Proceedings of Adaptive Hypermedia and Adaptive Web-Based Systems* (pp. 227-238). DBLP.

Wang, S. L., & Wu, C. Y. (2011). Application of context-aware and personalized recommendation to implement an adaptive ubiquitous learning system. *Expert Systems with Applications, 38*(9), 10831-10838.

Woolf, B. P. (2010). *A roadmap for education technology*. Retrieved from https://cra.org/ccc/wpεcontent/uploads/sites/2/2015/08/GROE-Roadmap-for-Education-Technology-Final-Report.pdf

Yang, T. C., Hwang, G. J., & Yang, J. H. (2013). Development of an adaptive learning system with multiple perspectives based on students' learning styles and cognitive styles. *Journal of Educational Technology & Society, 16*(4), 185-200.

주요 용어

1차 사용자(primary users) 산출물을 실제로 사용하는 사람을 의미한다.

2차 사용자(secondary users) 산출물을 간헐적으로 사용하거나 중개자를 통해 사용하는 사람을 의미한다.

3차 사용자(tertiary users) 해당 산출물의 사용으로 영향을 받거나 구매 결정을 내릴 수 있는 사람을 의미한다.

ADDIE ADDIE 모델은 교수설계자와 훈련 개발자가 사용하는 일반적 절차를 제시하는 프레임워크이다. 효과적인 교육 및 수행 지원 도구를 구축하기 위한 지침으로, 분석, 설계, 개발, 실행, 평가의 다섯 단계로 구성된다.

ARCS 모델 학습환경에서 학습자의 동기를 자극하고 유지하기 위해 동기 유발 측면을 설계하는 문제 해결 중심 접근 방식이다.

Bloom의 분류법(Bloom's taxonomy) 인지적 영역의 하위 영역인 지식, 이해, 적용, 분석, 종합, 평가의 여섯 가지 수준을 의미한다. 여섯 단계는 가장 단순한 행동부터 고차원적인 사고 행동까지 위계적으로 분류된다.

CIPP 평가 모델 평가는 상황 평가, 투입 평가, 과정 평가, 산출 평가의 네 가지 측면으로 적용된다.

Gagné의 학습유형 ① 언어 정보(예: 사실), ② 지적 기능(예: 규칙을 사용하여 문제 해결), ③ 인지 전략(예: 문제 상황을 해결하기 위한 과정 선택), ④ 운동 기능(예: 자전거 타기), ⑤ 태도(예: 수학에 대한 반감)로 구성된다.

Mayer의 멀티미디어 학습원리(Mayer's principles of multimedia learning) 멀티미디어 학습에 대한 인지이론은 단어와 그림 간의 의미 있는 연결을 학습자가 형성하려고 시도할 때, 단어 또는 그림만 있을 때보다 더 깊이 있는 학습이 이루어진다는 아이디어에 기반을 두고 있다. 이 이론은 지난 20년간 약 100건의 연구를 통해 개발된 12가지 멀티미디어 학습 또는 교수 원리를 포함한다.

경쟁자 분석(competitor analysis) 주요 목적은 기능, 사용성, 제품 설계를 위한 핵심 기술에 대한 참조를 제공하여 설계자가 대상 사용자의 핵심 요구사항을 탐색하고, 경쟁 제품이 대상 사용자의 요구사항을 어떻게 충족하는지 알아볼 수 있도록 돕는 것이다.

교수체제(instructional system) 교육체제 내의 하위 요소이며, 교수체제와 관련된 요소들과 상호작용(예: 자원, 평가, 교사, 학습자, 스캐폴딩 등)으로 설명할 수 있다. 교육과정 역시 더 큰 교수체제 내의 하나의 요소로 간주할 수 있다. 요약하자면, 교육체제는 여러 하위 체제적 관점에서 정교화된다.

교육체제(education system) 인간이 만든 시스템으로, 사회의 하위 시스템으로 간주된다. 교육체제는 사회(예: 학생)로부터 투입을 받아 사회(예: 졸업생)에 산출을 제공한다. 또한 교육체제는 학교 시스템, 교육과정 시스템, 성적 시스템 등과 같은 하위 시스템의 집합으로 개념화된다.

교육 프로젝트(educational project) 바람직한 교육적 성과를 달성하기 위해 기획된 노력으로, 예산, 자원, 명확한 시작일, 기간, 합리적으로 잘 정의된 목표와 목적이 있다.

교육공학(educational technology) 적절한 과학기술적인 과정과 자원을 창출하고, 활용하고, 관리함으로써 학습을 촉진하고 수행을 향상시키기 위해 연구하고 윤리적으로 실천하는 학문이다.

구성주의(constructivism) 구성주의는 학습이 환경과의 상호작용 과정에서 내적 심리적 표상을 구성하는 과정이라고 본다. 학습자를 돕는다는 것은 학습자가 자연, 규칙성, 사물 간의 내적 연결을 이해하도록 돕는 것을 의미한다.

기능 목록(function list) 특정 요구사항을 충족하도록 설계된 기능들을 통합한 것으로, 기능간의 연관성, 중요도, 비고사항 등을 포함한다.

기능성 게임(serious game) 또는 응용 게임 순수한 오락 이외의 주된 목적을 가지고 설계된 게임이다. 'serious'라는 형용사는 일반적으로 국방, 교육, 과학 탐사, 의료, 재난 관리, 도시 계획, 공학, 정치 등과 같은 산업 분야에서 활용되는 비디오 게임을 지칭할 때 사용된다.

내용 분석(content analysis) 텍스트의 내용을 분석하는 방법이다. 텍스트에는 일반적으로 채팅, 토론 게시판 및 로그 파일 데이터가 포함된다. 내용 분석 방법은, ① 코딩 체계 설정, ② 텍스트 코딩, ③ 결과 분석 단계로 구성된다.

논리 모델(logic model) 특정 노력에 대한 변화 이론을 시각적으로 표현한 것으로, ① 현재 상황의 주요 측면, ② 노력과 관련된 활동(투입), ③ 그러한 활동의 예상 결과(산출), ④ 노력의 단기, 중기, 장기 결과를 나타낸다.

대상 사용자(target user) 출판물, 광고, 기타 메시지의 의도된 대상 또는 독자층을 의미한다.

매력성(desirability) 교육공학에서 매력성은 교육공학 활동의 매력도와 참여도 또는 교사와 학생의 만족스러운 수용도를 의미한다.

메이커스페이스(makerspaces) 공통 관심사를 가진 사람들이 모여 모든 종류의 물건이나 구조물을 만드는 열린 커뮤니티 실험실이다. 메이커스페이스는 일반적으로 3D 프린터와 함께 다양한 종류의 제작 기술을 갖추고 있으며, 모든 연령대의 학습자가 다양한 종류의 디자인을 만들고 공유한다.

문제 분석(problem analysis) 상황의 부정적인 측면을 구조적으로 조사하여 그 원인과 결과를 규명하는 것이다.

밀도(density) 밀도는 네트워크의 연결 정도를 나타낸다. 이는 행위자가 가진 관계의 수를 행위자가 가질 수 있는 총 관계의 수로 나눈 값이다.

사용성(usability) 교육공학의 사용 용이성을 의미하며, 학습 용이성, 효율성, 기억 용이성, 만족도로 구성된다.

사용자 경험(User Experience: UX) 제품, 시스템, 서비스를 사용하거나 사용할 것으로 예상되는 사람의 인식과 반응을 의미한다.

사용자 중심 디자인(User-Centered Design: UCD) 최종 사용자가 디자인이 구체화되는 방식에 영향을 미치는 디자인 과정을 통칭하는 개념이다.

사회연결도(sociogram) 사회연결망의 전체 또는 일부 상황을 보여 주기 위한 시각화이다. 사회연결도에서 노드는 행위자, 선은 행위자 간의 관계, 화살표 방향은 정보의 흐름을 나타낸다.

사회연결망(social network) 하나 이상 특정 유형의 상호의존성으로 묶여(연결) 있는 '노드'라고 하는 개인(또는 조직)으로 구성된 사회 구조이다.

사회 학습(social learning) 개인의 이해를 넘어, 사회연결망 내의 행위자 간 상호작용을 통해 더 넓은 사회 단위나 실천 공동체 내에 자리 잡게 되는 인지 변화 과정이다.

설계 기반 연구(design-based research) 교육 혁신의 계획과 실행을 위한 체계적인 접근으로, 반복적 설계 과정과 실천가들과의 지속적인 협업 및 참여를 강조한다.

설계 방법론(design methodology) 문제 정의, 해결, 설계에서 인간, 비즈니스,

테크놀로지 요소를 통합하는 혁신적 접근으로 발전한 강력한 방법론이다.

시나리오 분석(scenario analysis) 다양한 가능한 결과('대안적 세계'라고도 함)를 고려하여 미래에 발생할 수 있는 사건을 분석하는 과정이다.

시스템 또는 체제(system) 두 개 이상의 상호작용하고 상호 연결된 요소의 조합으로, 유기적이거나 통합 또는 조정된 전체로 기능한다.

연결주의(connectivism) 학습에서 사회적 · 문화적 맥락의 역할을 강조하는 학습 가설로서 카오스, 네트워크, 복잡성 및 자기 조직화 이론에서 탐구하는 원리를 통합한다. 연결주의의 핵심은 노드와 연결로 이루어진 네트워크를 은유한 것이다.

이해관계자(stakeholder) 직원, 고객, 시민 등 조직, 사회에 관여하므로 조직에 대한 책임과 성공에 대한 이해관계를 가진 사람을 말한다.

인본주의(humanism) 인간의 전인적 발달에 초점을 두고 존엄성과 가치를 강조하며, 인간의 건강과 통합성에 주목한다.

인지부하이론(cognitive load theory) 단기 기억의 한계는 효과적인 교육을 설계할 때 가장 먼저 고려해야 할 사항이며, 내재적 인지부하는 학습과제에 내재되어 있어 조작이 불가능하지만 불필요한 방해 요인으로 인한 외재적 인지부하는 최소화해야 한다는 이론이다.

인지주의(cognitivism) 학습은 자극-반응의 순서가 아니라 인지구조의 형성이다. 학습자는 단순히 기계적으로 자극을 받아들이고 수동적으로 반응하는 것이 아니라, 자극을 처리하고 적절한 반응을 결정한다.

인터랙티브 화이트보드(Interactive Whiteboard: IWB) 화이트보드 형태의 대형 상호작용 디스플레이이다. 독립적으로 사용할 수 있는 터치스크린 컴퓨터나 프로젝터와 연결하여 컴퓨터를 제어하는 터치 패드로 사용할 수도 있다. IWB는 유치원부터 대학 교실, 기업 회의실과 작업 그룹, 프로 스포츠 코칭을 위한 훈련실, 방송 스튜디오 등 다양한 환경에서 활용된다.

적응성(adaptability) 교육공학에서 적응성은 주로 학습자의 다양성과 학습 선호도를 다룬다.

적응형 학습(adaptive learning) 학습자의 성과에 따라 자료 제시를 수정하는 컴퓨터 기반 및 온라인 교육시스템이다. 최고 수준의 시스템은 세분화된 데이터를 수집하고 학습분석학을 활용하여 보다 정교한 맞춤형 학습지원이 가능하다. 관련 학습관리 시스템은 종합적인 관리, 문서화, 진행 상황 추적 및 보고, 사용자 관리 기능을 제공한다.

중심성(centrality) 행위자가 가진 관계의 수를 나타내며, 행위자가 더 많은 관계를 맺을수록 중심성이 높아진다. 연결망에 방향성이 존재하는 경우, 중심성을 설명하는 두 가지 지표로 내향 연결 정도와 외향 연결 정도가 있다

증강 현실(Augmented Reality: AR) 현실 세계의 맥락이나 상황 위에 컴퓨터 기반의 정보 계층을 덧입혀 현실을 확장하거나 보완한다.

지능형 컴퓨터 보조 교수(Intelligent Computer-Assisted Instruction: ICAI) 시스템 특정 분야에서 학습자의 학습을 자극하고 조절하기 위해 지식 표현 및 상호작용 수행에 AI 기술을 활용하는 컴퓨터 프로그램이다. 지능형 교수시스템에서 학습자는 교육환경과 능동적으로 상호작용하며, 학습자의 흥미와 오해가 튜토리얼 대화의 흐름을 이끌어 간다.

지능형 튜터링 시스템(Intelligent Tutoring System: ITS) 인간 튜터의 행동과 안내를 모방하도록 설계된 컴퓨터 소프트웨어이다. 시스템이 질문을 던지고, 답변

을 분석하고, 맞춤형 교육과 피드백을 제공하여 학생들이 다양한 과목을 학습하도록 지원한다.

지식 습득/구축(knowledge gain/building) 커뮤니티에 가치 있는 아이디어를 생산하고 지속적으로 개선하는 것으로, 개인과 그룹이 상호작용적 질문, 토론, 지속적인 아이디어 개선을 통해 더 깊은 이해에 도달하는 것을 포함한다.

초기 요구 분석(original requirements analysis) 프로젝트 시작 단계에서 제안자가 제시한 가공되지 않은 요구사항 또는 요구 조건을 의미한다.

컴퓨터 보조 교수(Computer-Assisted Instruction: CAI) 개별 학습자가 자신의 속도와 능력에 따라 원하는 교육목표를 달성할 수 있도록 학습자와 컴퓨터 장치(소프트웨어로 유용한 교수 자료가 있음) 간에 의도적인 상호작용이 이루어지는 교수방법이다.

클라우드 컴퓨팅(cloud computing) 사용자의 장치에 설치되지 않고, 전문 데이터 센터의 인터넷을 통해 제공되는 확장 가능한 온디맨드 서비스 및 도구를 의미한다.

탐구 기반 학습(inquiry-based learning) 접근법 학습자가 특정 질문이나 복잡한 문제를 중심으로 지식을 학습하는 방법이다. 교사는 학습자가 아이디어를 제시하고, 질문을 도출하며, 웹에서 관련 자료를 수집하는 과정을 스캐폴딩하며 지원하며, 이 과정에서 문제 설정은 매우 중요하다.

테크놀로지 강화 탐구 학습(technology-enhanced inquiry learning) 탐구 환경에서 학생의 학습을 지원하기 위해 교육공학을 사용하는 것을 의미한다. 이 개념은, ① 탐구 학습의 정의, ② 탐구 학습에서 정보 접근과 인지를 지원할 수 있는 교육공학에 대한 논의, ③ 테크놀로지 강화 탐구 학습이 교육에 미치는 영향에 대한 논의를 제시한다.

테크놀로지 또는 기술(technology) Rogers(1995)에 따르면, 테크놀로지는 "원하는 결과를 달성하는 과정에서 인과 관계의 불확실성을 줄이는 도구적 행동의 설계"이다. 기술에는 일반적으로, ① 기술을 물질적 또는 물리적 대상으로 구현하는 도구로 구성된 하드웨어 측면, ② 도구의 정보 기반을 구성하는 소프트웨어 측면의 두 가지 구성 요소가 있다.

편안함(comfortability) 교육공학에서 편안함은 교육공학을 사용할 때의 신체적 웰빙을 제공하거나 경험하는 것과 관련된다.

프로젝트(project) 정해진 시간과 주어진 예산 내에서 명확하게 정의된 목표를 달성하기 위한 일련의 활동 또는 구조를 의미한다.

학습(learning) 인간의 수행 또는 수행 잠재력의 지속적인 변화로 정의되며, 이러한 변화에는 개인의 능력, 태도, 신념, 지식, 기술(skills) 등이 포함된다.

학습경험(learning experiences) 교육제품 또는 학습환경과의 상호작용에서 학습자 관점에서 바라본 UX를 의미한다.

학습공간(learning spaces) 학습과 교수를 지원, 촉진, 자극 또는 향상시키기 위해 설계되며, 비형식, 가상 환경이 모두 포함된다.

학습관리 시스템(Learning Management System: LMS) 학생에게 학습자료와 수업의 관리 및 제공을 지원하기 위해 설계된 웹 기반 소프트웨어 프로그램의 집합이다. LMS에는 학생 등록, 자료(텍스트, 오디오 및 비디오) 제공, 사용자 로그인 추적, 온라인 채팅 지원, 성적 계산, 평가 관리, 사용자 제출물 업로드 및 저장을 위한 도구들이 있다.

학습목표(learning objectives) 학습자가 학습의 결과로 알고, 이해하고, 수행해야 할 것으로 기대되는 지식, 기술 또는 행동의 집합이다. 학습목표는 시간이 지남에 따라 학습자가 습득한 지식(인지적) 또는 기술 및 행동(정의적)을 결정하기 위해 측정될 수 있다.

학습분석학(learning analytics) 대규모 데이터 세트와 학습자 및 학습환경에 대한 동적 정보를 활용하여 학습과정, 학습환경, 교육적 의사결정을 실시간으로 모델링하고 예측하며 최적화하는 데이터 기반 접근 방식이다.

학습유형(learning type) 학습자가 습득해야 하는 지식과 기술의 유형을 의미한다.

학습자 경험의 가치(value) 교실 가구 및 배치 변경, 장비 사용과 같은 교실의 변화를 학습자에게 바람직하거나 가치 있게 만드는 긍정적 또는 부정적 품질을 의미한다.

학습자 중심 디자인(Learner-Centered Design: LCD) 소프트웨어 설계 시 학습자의 성장과 동기적 요구를 지원하는 것을 중요하게 여긴다.

행동주의(behaviorism) 학습을 설명하기 위해 직접 관찰 가능한 현상에 거의 전적으로 초점을 맞추는 관점이다. 행동주의의 핵심 개념은 학습이 자극–반응의 연쇄 과정이라는 것이다.

협동 학습(cooperative learning) 소그룹 학습이라고도 불리며, 소그룹의 학생들이 공동의 과제를 함께 수행하는 교수전략이다. 과제는 여러 단계의 수학 문제를 함께 푸는 것처럼 간단할 수도 있고, 새로운 종류의 학교를 설계하는 것처럼 복잡할 수도 있다. 어떤 경우에는 각 그룹 구성원이 개별적으로 과제의 일부를 책임지고, 어떤 경우에는 그룹 구성원이 공식적인 역할 분담 없이 함께 작업한다.

협력 학습(collaborative learning) 두 명 이상의 사람들이 함께 무언가를 배우거나 배우려고 시도하는 상황을 말한다. 개별 학습과 달리 협력 학습에 참여하는 사람들은 서로의 자원과 역량을 활용한다(서로에게 정보 요청, 아이디어 평가, 작업 모니터링 등).

찾아보기

인명

ㅍ

ㅎ

저자 소개

Ronghuai Huang

중국 베이징사범대학교

J. Michael Spector

미국 노스텍사스대학교

Junfeng Yang

중국 항저우사범대학교

역자 소개

소효정(Hyo-Jeong So)

미국 인디애나대학교 교육공학 박사

현 이화여자대학교 교육공학과 교수

이재영(Jae Young Lee)

미국 펜실베이니아주립대학교 인적자원개발 박사

현 이화여자대학교 교육공학과 조교수

미래교육과 교육공학

Educational Technology

-A Primer for the 21st Century-

2025년 10월 20일 1판 1쇄 인쇄
2025년 10월 30일 1판 1쇄 발행

지은이 • Ronghuai Huang · J. Michael Spector · Junfeng Yang
옮긴이 • 소효정 · 이재영
펴낸이 • 김진환
펴낸곳 • (주) 학지사
04031 서울특별시 마포구 양화로 15길 20 마인드월드빌딩
대표전화 • 02)330-5114 팩스 • 02)324-2345
등록번호 • 제313-2006-000265호

홈페이지 • http://www.hakjisa.co.kr
인스타그램 • https://www.instagram.com/hakjisabook

ISBN 978-89-997-3597-4 93370

정가 23,000원